# 一本书掌握财务分析

孙伟航【著】

ZHEJIANG UNIVERSITY PRESS
浙江大学出版社

# 数据分析是做财务决策的基础

鲁迅有句名言：“在我的后园，可以看见墙外有两株树，一株是枣树，还有一株也是枣树。”要说做财务决策的基础是什么，第一是数据分析，第二还是数据分析。

做数据分析需要我们读懂数据，而数据最直观的体现就在财务报表中，因此读懂财务报表就是进行数据分析的基础。如果你不会阅读财务报表，那么就不能快速而清晰地知道一家企业的经营情况，企业处于行业中的什么地位，企业产品是否受市场欢迎，企业的前景如何、管理效率又如何，企业的发展阻力会出现在什么地方，是否存在潜在风险，又是否值得投资，等等。

财务报表是一种特殊语言，如果你足够熟练、足够仔细，你可能还会发现同一家企业不同时期的财务报表会呈现出不同的特性，就像一个作家在不同时期写出的词句，会呈现出不同的表达风格一样。虽然这种差异可能十分细微，但只要你用心品味，就一定能够发现它们之间的不同。另外，财务报表还会因为编制者的不同而不同，如同我们每个人写出的字体体现了我们不同的性格一样，不同的人编制的财务报表也有着不同的性格。

当拿到伟航的这本书时，我真为她感到高兴。我们常说财务与生活密不可分，伟航就通过这本书告诉了我们财务是如何影响生活的。这是一本融汇了她多年工作经验的书，伟航用她丰富的实战经验对如何入手阅读财务报表、如何分析、如何利用数字等问题一一进行了详细阐述。无疑，这本书可以有效帮助阅读财务报表的朋友从财务报表中提取关键信息，使之明白财务报表的各个项目所反映出来的情况代表着什么，财务与业务之间是如何相互影响的，报表之间又存在怎样的勾稽关系，等等。读完书稿，我能够感受到，伟航确实是在用心帮助报表使用者有效阅读财务报表。

这本书的精彩之处还在于，伟航在每一个重要的报表项目下都告诉了我们这个项目的作用以及它是如何影响财务报表的，并且在书中配置了大量的案例，能让读者非常直观、真实地感受到数字是如何变化的，以及数字到底告诉了我们什么。看懂财务报表，才能更好地拨开数字之间的迷雾，洞悉隐藏在财务数字背后企业的庐山真面目。

翻开这本书你会发现，作者对理性的财务进行了柔性阐述，书中没有晦涩难懂的语言，也没有让人痛苦的公式，她就这样娓娓道来，真诚地、朴实地向我们讲述着财务报表中的“故事”。

请你现在就打开这本书吧！

马靖昊

《新理财》杂志社社长

# 发现数字之美

我接触过的几乎每一位企业负责人都问过我同一个问题，那就是要怎么看公司的财务报表？

实际上，这个问题不仅困扰着一些企业负责人，也同样困扰着一些财务行业从业者。在全面数字化的当下，越来越多的数据经过软件的处理自动生成财务信息，让越来越少的人去主动思考"为什么是这个数据""这个数据代表着什么"以及"要如何利用这个数据"等问题。那么，财务报表体现的这些数字到底代表着什么意义？我们又要如何解读这些数据呢？

前几天，一位创业的朋友对我说："我知道财务报表很重要，可我一看到这几张报表就头大。"这可能是大多数人对阅读财务报表的感受。那么，想一想，我们为什么会一边明白财务报表如此重要，一边又觉得财务报表不知所云、让人无从下手呢？一方面，财务报表确实涉及较多的专业术语，这些术语让人听起来不免觉得绕口难懂，而既专业又拗口的财务语言让人望而却步，挡住了我们前进的脚步；另一方面，我们总觉得要看懂财务报表需要我们系统地学习财务知识，而系统学习财务知识是非常吃力的。就这样，还没看到庭院内的风景，我们就被厚重的大门给吓退了。

其实我们是被自己的意识给吓住了。所有人都告诉你，财务语言晦涩难懂，这就在我们的思维深处埋下了财务知识很难、财务报表看不懂的种子。表现出来的就是，我们知道财务报表很重要，但我们就是不想看，从心里就不想看。

被画家身份掩藏了发明家、建筑家、思想家、作家等身份的达·芬奇有句话说得很直白，他说："所有的知识都来自人们的感受。"

所以，我们不妨先动手解开束缚自己思维的绳索，去重新发现数字之美，感受数字之魅。数字的美在于其可读性、可计算性；数字的魅在于其可变性、可影响性、可预测性。要知道，每一个数字背后都有故事，都是我们企业每一次经营行为、消费行为、决策行为等谱写出来的故事。再往深层想一下，我们看到的数字，有时候颇能带给我们"运筹帷幄而决胜于千里之外的空间与时间之感"。

只有明白了数字之美、数字之魅，我们才能真正去理解数字、分析数字。然而，漂亮的数字和实际情况是两回事——中间还隔着财务准则，以及使用准则的企业。

在我看来，分析财务数据的过程就像解读侦探小说那层层设计的谜语、暗号的过程，每个报表项目的背后都藏着各种可能，你能够像古生物学家那样，凭一块下颌骨或一条胫骨推演出整个恐龙。是不是很有意思？现在，不妨试着用这样的思维来推开那道厚重的大门。

《吕氏春秋》中说："凡持国，太上知始，其次知终，其次知中。三者不能，国必危，身必穷。"意思是说，但凡操持国务：最好能够把握事情的源头，知道事情是怎么开始的；其次是把握结果，知道最终的走向；再次是把握过程，知道中间会发生什么。如果这三项都没做到，不知道自己处于什么状态，那么这个国家必定危急、没有希望，个人也会陷入困境。

企业经营同理。财务报表贯穿企业经营的始终，只有看懂财务报表，才能时刻掌握经营的状况。你可以不懂财务，但你必须要看懂财务报表：从内读，看管理、看效率；从外读，看有没有投资价值。

所谓数据分析，是建立在数据之上的。也就是说，数据是分析的基础。所以我在本书中重点介绍了财务报表中那些会影响数据的情况。对每一个重要的报表项目都进行了展开说明，并辅之以相关案例。另外，我们要知道的是，实际上我们在日常工作中并不会采用所有的分析方法，比如战略分析中所列举的几种方法，可能有时我们只会使用其中一种，也可能有时我们会结合起来使用，但鲜少在同一时期把所有的方法都用尽的。

我始终相信，数字，有着一种温柔的力量。本书如若能带给您一丝帮助，就算有所成。

孙伟航

# 财务平衡的艺术

我先给大家提三个小问题，读者朋友可以拿出纸笔回答一下。

你平时看财务报表吗?

你觉得财务报表有什么用?

你是怎么看财务报表的?

相信在看这本书的人有很多是公司的管理者，也都具备一定的管理能力，但是在此我想颠覆一下大家的认知。

我们经营企业时最关心的是什么?是不是这个业务能赚多少钱?

先给大家讲个故事吧。

摩拜单车的创始人王晓峰在给公司员工做培训的时候问了一个问题——“什么是销售”。这个问题看似很简单，在场的也不乏公司的销售明星，但被这么猛的一问，一时半会还真有些说不清楚。所以答案也都各异，但回答的主题却类似，王晓峰把他们的答案总结成了一句话——“把货卖出去”。

这个答案很中肯对吧?在很多人看来销售就是把货卖出去，很多企业为了把货卖出去还会制定各种各样的销售手段，甚至进行大量的补贴。但是王晓峰认为这个答案只回答了一半。他认为销售是一个闭环，把货卖出去只进行了一半，还需要把钱收回来才算完成销售。

实际上，这已经很接近企业的本质了，从财务认知思维的角度来看，单纯认为销售是“把货卖出去”却忽视了两点：一个是成本管理，另一个是货币管理。

一方面，为销售增加大量的补贴会推高公司的获客成本，进而会减少公司的利润。另一方面，为销售而销售会使大部分人把目标锁定在开发新客户上，从而忽视老客户的价值，而将老客户维护好，却是可以减少企业后续的边际成本的。

把货卖出去只实现了销售的一半，还要把钱收回来才算完成销售，也就是实现了企业经营从现金到现金的循环过程。为什么说企业经营是从现金到现金的循环？大家可以先记住这个问题。

把货卖出去体现在财务报表上就是在增加了收入的同时也增加了应回收的销售欠款，而只有把钱收回来，把增加的应回收的欠款转化成现金，才算完成了销售。

如果不看财务报表，只考虑把货卖出去，我们看到的是库存的减少和销售的增加，但是借助财务报表，我们能看到货卖出去了不假，但钱却没有收回来。

所以，财务报表有什么用？

提升你的管理能力从而帮助你更好地管理企业的吗？

不，它们是提升我们的格局的，将使我们看问题的角度更加开阔，更加多元。看懂财务报表要建立一种财务的思维。

我再给大家讲个故事。

想必这幅画大家都知道吧，达·芬奇的《最后的晚餐》（见图 0–1），他开始创作于 1494 年。

图 0-1　达·芬奇画作《最后的晚餐》

我们知道，任何著名的《圣经》故事都不会只有一个版本的美术表现形式，《最后的晚餐》也一样。这个《圣经》中耶稣与十二门徒的故事被反复表现在美术画作中，在达·芬奇创作这幅画之前还有之后，都有不少很有名的画家也画过这个题材，我们可以先来看一下这些画作（见图 0–2）。

但对我们来说，为什么一提起《最后的晚餐》，我们首先想到的就是达·芬奇的这幅呢?

其实达·芬奇在最开始构思这幅画的时候，布局和后面我们看到的这些是没有差别的，他当时的着重点也是在人物的表情上，我们可以看一下他当时画的草图（见图 0–3）。

图 0-2　其他各个版本的《最后的晚餐》

图0-3 达·芬奇《最后的晚餐》草图

这幅草图和其他画家的画作在布局上是不是很像？犹大是被孤立的。而我们现在所看到的成品却不是这样的，从布局上就打破了传统，将犹大放在了十二门徒之中。是什么让达·芬奇摒弃了这样的传统创作形式，开创了新的画法，并使《最后的晚餐》最终成为传世之作？这就不得不提起一个人了——卢卡·帕乔利。卢卡·帕乔利是意大利数学家，也被称为现代会计学之父。

提起意大利，大家不要以为这只是个艺术的国度，文艺复兴的发源地。熟悉欧洲史的人都应该清楚，威尼斯、佛罗伦萨以及热那亚，是当时商人们经常聚集的贸易中心。也就是说，这几个城市也是当时的经济中心。而文艺复兴更是带来了一场科学与艺术的革命，这场革命一扫中世纪的黑暗，使经济得以复苏，产生了资本主义的萌芽。

对威尼斯和佛罗伦萨大家可能还比较熟悉，莎士比亚写过《威尼斯商人》，而佛罗伦萨是文艺复兴的中心，那为什么会提到热那亚呢？其实热那亚商人同样影响了我们今天的商业。在11世纪的地中海地区活跃着两个著名的商人群体，马格里布商人和热那亚商人。如果说马格里布商人是靠道德和诚信来维护商业的，那么热那亚商人就是靠制度来维护商业的，热那亚商人和马格里布商人做出了不同的选择，收获了不同的结果，最终热那亚商人取代了马格里布商人。

我们可以在中世纪意大利的地图上找一下这三个地方，它们正好组成一个三角形。商人们聚集的地方往往是经济发达的地方，他们的往来贸易带动了簿记的发展。此时簿记使用的还是单式记账法，这三个城市都有着自己自成一派的簿记方法，其中威尼斯商人在热那亚簿记和佛罗伦萨簿记的基础上形成了威尼斯簿记，这是当时最完整的记账方法。

卢卡·帕乔利在长达十几年的跟踪研究之后认为，这种单式记账法有些像叙事文，不够简单明了，功能也不够全面。于是卢卡·帕乔利就将其改进一番，自创了一种方法，就是我们所熟知的复式记账法。他提出了“借记”与“贷记”——通俗理解就是，在记录这一事件的同时，把相对应的联动事项也记录出来，并且将其写进了他的著作《算术、几何、比及比例概要》。复式记账法被一直沿用到了今天，相信你也听说过财务常说的那句“有借必有贷，借贷必相等”。

你别看这书书名绕口，当年出版时，全城人民可是抬着他的书稿大肆游行进行庆祝的，简直就是一场盛世大联欢。那这本传世之作是什么时候发表的呢？ 1494 年。

这个时间是不是很耳熟？还有印象吗？没错，达·芬奇也是在这一年开始创作《最后的晚餐》的。可能你会说这有什么联系呢？也不过就是撞了年份而已。这就不得不说一下卢卡·帕乔利的另一个身份了，他不但是现代会计学之父，他还是达·芬奇的老师，可以说达·芬奇深受他这位老师的影响。我们知道，达·芬奇涉猎很广，他不仅是画家，同时也是解剖学家、天文学家、数学家等。而他的这位老师更厉害，简直就是一位典型的传奇式全能型人才。达·芬奇后来还为他老师的另一著作《神圣比例》画了全书的插画。可以说达·芬奇的这幅画作与他老师的影响是分不开的。

我们可以再仔细观察下这幅画，有没有什么特别的发现？你可以找一下这幅画的原点，看一下耶稣的额头，这是这幅画的中心。而耶稣的十二门徒与他处于同一水平线上，并分列他的两边，每边各 6 人，又分每 3 人一组在激烈地讨论着。我们可以感受到争吵，也可以感受到爱的包容，犹大不再被孤立在一侧，依然是耶稣的门徒。明与暗，善与恶，都巧妙地体现在这一幅画面中，你感受不到违和，有的只是平和，这就是这幅画的魅力。

你可以上下左右对折，或者自己画一条线试试，你就会惊奇地发现它是如此对称，这一巧妙的布局让我们感受到了前所未有的震撼，也使整幅画作更加的丰富。这就是这幅画的“平衡之美”，也是会计学的思维理论在艺术中的体现。

有没有很惊讶？没想到深奥乏味的会计学竟然也能如此文艺。有没有颠覆你的认知？

那么，“平衡之术”在财务中还体现在哪里呢？

想一想让你头痛的财务报表，是不是就体现了平衡之术？所以，读懂财务报表靠的是财务思维方式，而不是技巧。

目录

# 第一章　阅读财务报表的前提

## 一、财务报表都包括什么？

既然要读懂财务报表，就要先认识财务报告。你能告诉我财务报告都包括什么吗？

实际上，官方的财务报告大多是由四表一注组成的，四表指的是资产负债表、利润表、现金流量表、所有者权益变动表，一注指的是财务报表附注。有些人也将所有者权益变动表称作留存收益变动表、股东权益变动表，把利润表叫作损益表，实际上只是叫法不同而已，就像一个人可以有很多个名字一样。其中又数资产负债表和利润表最为大家所熟识，在英文中资产负债表被称为“balance sheet”，直译过来就是“平衡表”的意思，这是“平衡之术”在财务报表中最直观的体现了。有的财务报告还包括其他应当在财务会计报告中披露的相关信息和资料。同时，企业自己出具的财务报告一般不含审计意见，而上市公司的年报必须包含审计意见。

财务报告按照编报期间的不同又被分为月度报告、季度报告、半年度报告和年度报告（见表 1–1，表 1–2）。上市公司在每年的 4 月 30 日前要公布上年度的财务报告，也就是说必须在 2021 年的 4 月 30 日前公布 2020 年的年报，而非上市公司则没有这个披露义务。年度财务报告的“年”指的是“会计年度”，而不是我们所说的“自然年”。我国的《会计法》把会计年度规定为从公历的 1 月 1 日起至 12 月 31 日止，这就使得国内的会计年度和自然年正好重合，这让我们想当然地认为会计年度就是自然年，实际上，会计年度并不等同于自然年。比如说我们常看到的某些从年度中间开业的企业，它们的年度报告涵盖期就短于一年。

如果我们看一些上市公司的年报就会发现，有很多公司实际上并没有按照我们所说的自然年来划分它们的会计年度，比如阿里巴巴，它的会计年度就是从每年的4月1日开始，到第二年的3月31日截止，所以我们说的第一季度，对于阿里巴巴来说却是第四季度。除了阿里巴巴，还有很多非上市公司也会根据自己的需要采取这样的方法。美国对会计年度并没有具体的规定，上市公司可以自己决定会计年度起止日期，因此美国上市公司会计年度和自然年重合的情况就不会这么多。

月度报告、季度报告和半年度报告也被称为中期财务报告，它由资产负债表、利润表、现金流量表和附注组成。与年度财务报告相比，中期财务报告是以短于一个完整的会计年度的报告期间的数据为基础编制的，它并不包括所有者权益变动表，企业可以根据需要自行决定是否编制。但是它们所要遵循的会计政策原则是相同的。

大家可以看到在这一份财务报告中，有名为“合并资产负债表”的报表（见表1–1），还有名为“母公司资产负债表”的报表（见表1–2）。不只是资产负债表，包括利润表、现金流量表、所有者权益变动表在内的报表都是两套，一套的标题是“合并 ×× 表”，另一套的标题是“母公司 ×× 表”。你可能要奇怪了，这到底要看哪套呢？

**表1-1　永辉超市2019年合并资产负债表**

单位：元

| 项目 | 附注 | 2019年12月31日 | 2018年12月31日 |
|---|---|---|---|
| 流动资产： | | | |
| 货币资金 | | 7,128,601,433.82 | 4,732,524,365.52 |
| 发放贷款及垫款 | | 1,794,639,304.67 | 525,207,580.42 |
| 结算备付金 | | | |
| 拆出资金 | | | |

编制单位：永辉超市股份有限公司。

**表 1-2 永辉超市 2019 年母公司资产负债表**

单位：元

| 项目 | 附注 | 2019 年 12 月 31 日 | 2018 年 12 月 31 日 |
|---|---|---|---|
| 流动资产： | | | |
| 货币资金 | | 3,344,345,985.99 | 1,577,727,832.79 |
| 交易性金融资产 | | | |

编制单位：永辉超市股份有限公司。

这就要先解释一下母公司报表和合并报表的区别了。母公司指的是上市公司本身，所以母公司财务报表反映的是上市公司的财务情况。而上市公司通常不会只是单独的一家公司，它往往有很多的控股子公司，所以合并报表反映的就不仅仅是上市公司自身的财务情况了，它还包括其他控股的子公司的财务情况。在一般情况下，我们关注的是上市公司整体的财务状况，所以我们在阅读财务报表时，应该多加关注的是合并财务报表。

实际上，如果按照编报主体的不同，财务报表可以被分为个别财务报表和合并财务报表。个别财务报表指的就是由企业在自身会计核算基础上对账簿记录进行加工而编制的财务报表，它反映企业自身的财务状况、经营成果和现金流量情况。合并财务报表是以母公司和子公司组成的集团为会计主体，根据母公司和所属子公司的财务报表，由母公司编制的综合反映集团财务状况、经营成果和现金流量情况的财务报表。

从这里就可以看出，财务报告实际上是用来反映财务状况、经营成果、现金流量等情况的。实际上这也正是财务报告的含义：财务报告就是指企业对外提供的反映企业某一特定日期的财务状况和某一会计期间的经营成果、现金流量等会计信息的文件。财务状况、经营成果、现金流量对应的正是资产负债表、利润表、现金流量表。

我们可以用一句话分别来概括这几张表。

资产负债表告诉你，在某一个时点，公司有多少资产，这些资产是谁给的。

利润表告诉你，在某一段时间内，公司是赚了还是赔了。

现金流量表告诉你，在某一段时间内，公司的现金是怎么变化的。

所有者权益变动表告诉你，在某一段时间内，公司股东的权益发生了怎样的变化。

## 二、你如何阅读财务报表?

我们知道了财务报告的组成，那要怎么着手阅读呢？通常一份上市公司的财务报告都有200多页，有的甚至更多，要一字一句地去读吗？

答案是否定的。显然这样的阅读方法不科学，会花费我们大量的时间不说，收获通常也不会很大。不知道你们是否还记得诸葛亮草船借箭的故事。有一天周瑜对诸葛亮说要和曹军在水上交战，要他负责赶制出10万支箭。诸葛亮欣然答应，并承诺3天之内如数奉上所需弓箭。随后诸葛亮向鲁肃借来20只船，每只船上30名军士，并放上1000多个草靶子。这些船在第三天半夜借着大雾向曹操的军营驶去，诸葛亮让士兵擂鼓呐喊，大雾弥漫，军情虚实不清，多疑的曹操不敢贸然出兵，只命弓弩手攻之，结果正中诸葛亮的计谋，所需弓箭悉数到手。

诸葛亮还真是借力的高手。实际上，在阅读财务报告时，我们也可以成为借力高手。

当我们拿到一份财务报告时，并不是说要从头到尾一字一句地阅读，也不是说要直接去阅读后面的财务报表。我相信绝大多数人都会直接翻到财务报表部分去看利润表中的收入和利润。但是财务高手通常不会这样做。他们会先翻到审计报告那里，去阅读审计意见。有些审计报告会以表格的形式直接给出审计意见类型，但大多数都是以“审计意见”的形式进行详细表述的。

我们知道，经审计的财务报告都会有注册会计师的审计意见，这就相当于注册会计师们已经帮我们把了一道关了，我们可以借这个力对公司的财务情况做出一个初步的了解判断。

所以我们首先需要明白，审计意见都有哪些类型，又分别代表着什么。

## 三、关注审计意见

直观来讲，审计意见是注册会计师对一家公司的财务报告情况给出的意见表示。通常分为四种：无保留意见、保留意见、无法表示意见和否定意见。这四种审计意见又被分为两类，也就是我们通常所说的“标准”审计意见和“非标准”审计意见。“标准”审计意见毫无疑问是针对无保留意见所说的，而剩下的三种情况就被统称为“非标准”审计意见。那是不是可以说，无保留意见的审计报告就是完全没有瑕疵的审计报告，而非无保留意见的审计报告，就是财务造假了呢?

显然不能。

## （一）熟悉各类型的审计意见

### 1. 无保留意见

无保留意见是当注册会计师经过一定的审计程序，认为财务报告在所有重大方面都按照适用的财务报告编制基础编制，并实现公允反映时发表的审计意见。

也就是说，注册会计师只在意财务报告有没有在所有重大方面都按照适用的财务报告编制基础编制，有没有公允地反映情况，如果以上要素都满足了，所发表的审计意见就可以是无保留意见。一方面，看财务报表的编制，是不是按照法律规定要求采用的报告编制基础进行的，比如按照企业会计准则和相关会计制度的规定。另一方面，看是不是如实按规定公允地反映了情况。

我们要明白的是，财务报表审计是注册会计师对于财务报表不存在重大错报提供的合理保证，而不是绝对保证。

无保留意见审计类型的审计报告可以参看以下引文。

**永辉超市2019年审计报告**

**一、审计意见**

我们审计了永辉超市股份有限公司（以下简称永辉超市公司）财务报表，包括2019年12月31日的合并及公司资产负债表，2019年度的合并及公司利润表、合并及公司现金流量表、合并及公司股东权益变动表以及相关财务报表附注。

> 我们认为，后附的财务报表在所有重大方面按照企业会计准则的规定编制，公允反映了永辉超市公司 2019 年 12 月 31 日的合并及公司财务状况以及 2019 年度的合并及公司经营成果和现金流量。

从以上引文可以看到，审计报告的第一部分就是审计意见，指出被审单位、审计的是哪一期间的什么财务信息，以及得出什么审计意见。无保留意见类型的审计报告不会直接说“无保留意见”，而是使用“财务报表在所有重大方面按照适用的财务报告编制基础（比如企业会计准则编制），公允反映了……”的措辞来表示。而非无保留意见的审计类型，比如保留意见，就会采用将“审计意见”直接改为“保留意见”这样的表示方法。也就是说，如果审计报告第一部分的标题为“审计意见”，该公司的审计意见类型就被默认为“无保留意见”。

2. 保留意见

而非无保留意见，也就是除了无保留意见以外的其他审计意见，保留意见就是其中一种。比如康美药业的财务报告就被给出了保留意见。

何谓保留意见？顾名思义就是，报告我看了，但我保留我的意见。或者是，注册会计师可以获得充分、适当的审计证据，这些财务报告就整体而言也是公允的，但是还存在对财务报告产生重大影响的错报，所以只能发表保留意见。或者是，审计范围受到限制，无法获取充分、适当的审计证据来作为发表意见的基础，这部分没查清，但是这些可能存在的错报却是不具有广泛性的，这也没法做出肯定的意见表示，那就保留意见吧。基本上基于这两种情况会被出具保留意见。

是不是听着有些拗口？就比如别人让你评价一个人，你说“嗯，不好说，说不准，我持保留意见”。又比如你去体检，医生检查一番后给你一个“留院观察”的结果一样。表现在财务报告上，就是注册会计师觉得错报虽然单独或汇总起来对财务报告影响重大，但是它不具有广泛性，暂时只影响这一部分，那就先保留意见吧，观察观察再说。就是这个道理。

我们可以看一下康美药业的审计报告，康美药业的财务报告在 2018 年度和 2019 年度连续两年被出具保留意见。

## 康美药业 2018 年审计报告

**一、保留意见**

我们审计了康美药业股份有限公司（以下简称康美药业）财务报表，包括2018年12月31日的合并及母公司资产负债表，2018年度的合并及母公司利润表、合并及母公司现金流量表、合并及母公司所有者权益变动表以及相关财务报表附注。

我们认为，除“形成保留意见的基础”部分所述事项产生的影响外，后附的财务报表在所有重大方面按照企业会计准则的规定编制，公允反映了康美药业2018年12月31日的财务状况以及2018年度的经营成果和现金流量。

**二、形成保留意见的基础**

1、中国证券监督管理委员立案调查事项

2018年12月28日，康美药业收到中国证券监督管理委员会下达“调查通知书”（编号：粤证调查通字180199号），因公司涉嫌信息披露违法违规，根据《中华人民共和国证券法》的有关规定，中国证券监督管理委员决定对公司立案调查。由于该立案调查尚未有结论性意见或决定，我们无法确立立案调查结果对康美药业2018年度财务报表整体的影响程度。

## 康美药业 2019 年审计报告

**一、保留意见**

我们审计了康美药业股份有限公司(以下简称康美药业或公司)财务报表，包括2019年12月31日的合并及母公司资产负债表，2019年度的合并及母公司利润表、合并及母公司现金流量表、合并及母公司所有者权益变动表以及相关财务报表附注。

我们认为，除“形成保留意见的基础”部分所述事项可能产生的影响外，后附的财务报表在所有重大方面按照企业会计准则的规定编制，公允反映了贵公司2019年12月31日的合并及母公司财务状况以及2019年度的合并及母公司经营成果和现金流量。

> **二、形成保留意见的基础**
>
> （一）2019 年 12 月 31 日，康美药业应收其关联方普宁市康淳药业有限公司和普宁康都药业有限公司（实际控制人均为马兴田）非经营性占用资金的款项余额合计为 948,112.62 万元。如财务报表附注十三、其他重要事项所述，康美药业实际控制人马兴田承诺将在 2020 年至 2022 年期间拟以现金分期代偿还资金占用方非经营性占用的全部资金及相关利息。因涉及分期偿还，我们无法就该代偿方案的可执行性获取充分、适当的审计证据。

其一，康美药业 2018 年度被证监会立案调查且尚未在当年的 12 月 31 日获得结论性意见或决定，这对 2018 年度财务报告的整体影响程度无法确定；其二，康美药业向关联方提供资金未能获取充分、适当的审计证据，导致注册会计师无法确定康美药业在财务报表中对关联方提供资金发生额及余额的准确性，也无法对关联方资金往来的可回收性做出合理估计；其三，因康美药业下属子公司部分工程项目存在资料不完整的情况而无法获得有效的审计证据证明该交易是否完整、准确，是否对财务报表产生影响……故注册会计师 2018 年对康美药业财务报告出具保留意见。而 2019 年度康美药业又因为关联方非经营性占用资金，个别在建工程不能提供完整资料，以及针对存货跌价准备、发出商品、应收账款和对应的营业收入无法获取充分、适当的审计证据而被出具保留意见。

3. 无法表示意见

除了保留意见的非无保留意见审计类型外，还有无法表示意见类型和否定意见类型的审计意见，在此我们先看第一种。

比如雏鹰农牧 2019 年 4 月公布的 2018 年年报，就在审计报告中写明：雏鹰农牧因资金短缺，无法偿付到期债务而涉及较多的司法诉讼，导致部分银行账户、资产被司法冻结，生产经营受到不利影响，持续经营存在不确定性，还有雏鹰农牧未完整提供未纳入合并范围的被投资单位审计报告和财务报表，而已提供的被投资单位部分股权投资存在减值迹象，以及雏鹰农牧与部分管理层未识别为关联方的单位之间存在大额资金往来等诸多情况，使得注册会计师不能获得充分、有效的审计证据，所以出具了无法表示意见。

对于无法表示意见的审计意见，我们就要重视了，因为它意味着就连该公司聘请的注册会计师们都不能获得充分、适当的审计证据，审计范围严重受限，产生的影响很可能会是重大且具有广泛性的。也就是说，因为被审计单位可能存在未发现的错报，但审计范围却受到了限制，注册会计师无法获取充分、适当的审计证据作为形成审计意见的基础，那也就只能发表无法表示意见了。此种情况下，注册会计师是不对后附的财务报表发表审计意见的。这就相当于有人问你对一个人的看法，却又不让你见到这个人，你又能如何做出评价呢?

又比如长春经开 2019 年年报就被负责审计的德勤会计师事务所出具了无法表示意见，这是因为长春经开违规以子公司持有的定期存款质押方式为第一大股东的借款提供担保，质押的定期存款的金额为 9.95 亿元，占合并资产负债表总资产的 34.98%。仅此一项，长春经开财务报告就被出具了无法表示意见。实际上，别看仅此一项，其影响是重大的。长春经开的当期货币资金为 11.83 亿元，其中就包括这 9.95 亿元被质押的定期存款，占到货币资金的 84.11%，这笔被质押的定期存款能不能被收回，是否还有其他的对外担保和负债没有披露，这些都不得而知。

**长春经开 2019 年审计报告**

**一、无法表示意见**

我们接受委托，审计长春经开（集团）股份有限公司（以下简称长春经开）的财务报表，包括 2019 年 12 月 31 日的合并及母公司资产负债表，2019 年度的合并及母公司利润表、合并及母公司现金流量表、合并及母公司股东权益变动表以及相关财务报表附注。

我们不对后附的长春经开财务报表发表审计意见。由于“形成无法表示意见的基础”部分所述事项的重要性，我们无法获取充分、适当的审计证据以作为对财务报表发表审计意见的基础。

**二、形成无法表示意见的基础**

如财务报表附注（五）所述，长春经开未履行审批决策程序以子公司持有的定期存款质押方式为第一大股东万丰锦源控股集团有限公司（以下简称万丰锦源）借款进行担保。于2019年12月31日，为万丰锦源借款担保而质押的定期存款合计金额为人民币995,240,000.00元，占长春经开合并资产负债表总资产金额比例达到34.98%。但是截至审计报告日，我们未能获取充分、适当的审计证据以判断长春经开被质押的定期存款的可回收性以及是否存在预期信用损失，我们也无法确定是否还存在其他未披露的对外担保或负债。

4. 否定意见

除了保留意见和无法表示意见，非无保留意见中还有一个否定意见的审计类型。

否定意见，简单来说就是直接否决，不认同。简单粗暴，干净利落。也就是说，在获取了充分、适当的审计证据后，一番审计程序走下来，发现错报不管是单独还是汇总起来对财务报表的影响都是既重大又广泛的，那也就没什么好说的了，直接否定——你说的，我完全不认同。

否定意见类型的审计意见也说明注册会计师认为财务报表整体是不公允的或没有按照适用的会计准则的规定编制。

例如2019年度上市公司财务报告中唯一被出具否定意见的富控互动，其财务报告就涉及包括预计负债、应付利息的转回，债权转让的冲回，重要子公司审计受限、表外担保、股权转让、股利分配等10余项事项无法确认。

**富控互动2019年审计意见**

**一、否定意见**

我们审计了上海富控互动娱乐股份有限公司（以下简称富控互动）的财务报表，包括2019年12月31日的合并及公司资产负债表，2019年度的合并及公司利润表、合并及公司现金流量表、合并及公司股东权益变动表以及相关财务报表附注。

我们认为，由于“形成否定意见的基础”部分所述事项的重要性，后附的财务报表没有在所有重大方面按照企业会计准则的规定编制，未能公允反映富控互动2019年12月31日的合并及公司财务状况以及2019年度的合并及公司经营成果和合并及公司现金流量。

5. 关键审计事项

除了上述的四种审计意见类型，我们在审计报告中还会看到一个叫作“关键审计事项”的部分，在无保留意见类型的审计报告中，它位于审计意见的下面。这个是2017年改革后新增加的，现在在上市实体整套通用目的的财务报表审计报告中都要增加这一部分。即使不存在关键审计事项，也需要在无保留、保留和否定意见的审计报告中增加关键审计事项部分，这也是为了使上市实体整套通用目的的审计提高透明度。但是在有些时候，即使存在关键审计事项，但因为法律规定禁止公开披露某事项，或者是合理预期沟通某事项造成的负面后果超过产生的公众利益方面的益处并且不存在其他关键审计事项，也是可以披露为不存在关键审计事项的。你会看到如下的表述：“我们确定不存在需要在审计报告中沟通的关键审计事项。”举个例子，比如涉及某项机密时，有相关法律禁止公开披露，就不会出现在关键审计事项中。

在关键审计事项部分披露的关键审计事项一定是已经得到满意解决的事项，既不存在审计范围受到限制，也不存在双方之间尚有意见分歧的情况。可以说，这部分反映的，是注册会计师在审计过程中认为对财务上最为重要的事，比如赢利或亏损、合同的收入确认等。

比如贵州茅台关于收入的关键审计事项。

**贵州茅台2019年审计报告**

**三、关键审计事项**

关键审计事项是我们根据职业判断，认为对本期财务报表审计最为重要的事项。这些事项的应对以对财务报表整体进行审计并形成审计意见为背景，我们不对这些事项单独发表意见。

我们在审计中识别出的关键审计事项汇总如下：

（一）营业收入的确认

（二）关联方及关联交易的披露

| 关键审计事项 | 该事项在审计中是如何应对的 |
| --- | --- |
| （一）营业收入的确认 | |
| 相关信息披露详见“三（十八）收入”“六（二十八）营业收入、营业成本”。<br>2019 年度，财务报表所示营业收入发生额为人民币 8,542,957.35 万元。贵州茅台对于茅台酒及系列酒销售产生的收入是在商品所有权上的风险和报酬已转移至客户时确认的，根据销售合同约定，通常以客户收货确认作为销售收入的确认时点。<br>由于营业收入是贵州茅台的关键业绩指标之一，我们将贵州茅台营业收入的确认作为关键审计事项。 | 2019 年度财务报表审计中，我们执行的审计程序主要包括：<br>1. 了解和评价管理层与收入确认相关的关键内部控制的设计和运行有效性；<br>2. 选取样本检查销售合同，识别与商品所有权上的风险和报酬转移相关的合同条款与条件，评价收入确认时点是否符合企业会计准则的要求；<br>3. 结合产品类型对收入以及毛利情况执行分析，判断本期收入金额是否出现异常波动的情况；<br>4. 对本年记录的收入交易选取样本，核对收入确认时的原始凭单，包括发票、销售合同及出库单，评价相关收入确认是否符合公司收入确认的会计政策；<br>5. 选取接近年末的销售交易样本，检查相关支持性文件（包括发货单或客户确认已收货的文件）的样本，以评估收入是否在适当的会计期间内确认。 |
| （二）关联方及关联交易的披露 | |
| 相关信息披露详见财务报表附注“十一、关联方关系及其交易”。<br>贵州茅台 2019 年度存在与关联方之间涉及不同交易类别且金额重大的关联方交易，包括向关联方销售商品、采购原材料和接受劳务、获得资金（吸收存款）和提供贷款等。<br>关联方关系的识别以及关联方交易披露的完整性是审计关注的重点。因此我们将关联方关系及其交易的公允性、披露的完整性确定为关键审计事项。 | 2019 年度财务报表审计中，我们执行的审计程序主要包括：<br>1. 了解贵州茅台识别关联方的程序，评估并测试了贵州茅台识别和披露关联方关系及其交易的内部控制。<br>2. 向管理层和治理层获取信息以识别所有已知关联方的名称，并就该信息的完整性执行以下的审计程序：<br>（1）将其与财务系统中导出的关联方关系清单以及从其他公开渠道获取的信息进行核对；<br>（2）复核重大的销售、采购和其他合同，以识别是否存在未披露的关联方关系；<br>（3）复核股东记录、股东名册、股东或治理层会议纪要等法定记录，识别是否存在管理层未告知的关联方。<br>3. 取得管理层提供的关联方交易发生额及余额明细，实施了以下程序：<br>（1）将其与财务记录进行核对：<br>（2）抽样检查关联方交易发生额及余额的对账结果；<br>（3）抽样函证关联方交易发生额及余额。<br>4. 检查关联方关系及交易是否已按照企业会计准则的要求进行了充分披露。<br>5. 将关联交易价格与非关联方价格进行比较，核实关联交易的公允性。 |

6. 强调事项

除此之外，还要关注审计报告中带有说明事项的文字。比如“强调事项”。凡是需要做出说明的事项，都是对我们阅读财务报表有着至关重要的事项。

例如康美药业 2019 年年报中包含的“强调事项”，就说明了因为康美药业前期存在重大错报，对财务报表进行了重述，2019 年度财务报表是在对比较信息[①]进行重述后的基础上编制的。同时也对康美药业 2019 年的内部控制审计报告被出具了否定意见进行了说明。

**康美药业 2019 年审计报告**

**三、强调事项**

我们提醒财务报表使用者关注，如财务报表附注十三、（一）前期会计差错更正所述，因以前年度存在重大错报，康美药业对财务报表进行了重述，2019 年度财务报表是在对比较信息进行重述后的基础上编制的。由于康美药业的财务报告内部控制存在重大缺陷，我们对其 2019 年 12 月 31 日的财务报告内部控制出具了否定意见的审计报告。本段内容不影响已对财务报表发表的审计意见。

根据中国注册会计师协会发布的《上市公司 2019 年年报审计情况分析报告》来看：

“截至 2020 年 9 月 30 日，沪深两市共有 3813 家上市公司披露了 2019 年年报，41 家会计师事务所为上市公司出具了 2019 年度财务报表审计报告和内部控制审计报告。

“3813 家上市公司中，3640 家上市公司财务报表被出具无保留意见，173 家上市公司被出具非无保留意见。3640 份无保留意见审计报告中，

① 比较信息是指包含于财务报表中的、符合适用的财务报告编制基础的、与一个或多个以前期间相关的金额和披露。比较信息包括对应数据和比较财务报表。《企业会计准则第 30 号——财务报表列报》第八条明确规定：“当期财务报表的列报，至少应当提供所有列报项目上一可比会计期间的比较数据，以及与理解当期财务报表相关的说明。”当存在重大会计政策变更、重大会计差错，或者企业执行的会计制度发生变化而引起财务报表格式变化，或者发生共同控制下的企业合并，均要求对比较信息做出相应调整。

101 份含有强调事项段或‘与持续经营相关的重大不确定性’段（以下简称持续经营事项段）。其中，无法表示意见审计报告 46 份，否定意见审计报告 1 份。”

简单来说，标准“无保留意见”是最好的情况。如果非要对其他几类进行一个高低排序的话，可以按严重程度从高到低简单排列为“否定意见”>“无法表示意见”>“保留意见”，它们同时也都比带强调事项的无保留意见要严重。

那么是不是看到标准无保留意见的审计报告就可以放心了呢？

如果是这样，也不会有那些前一年还持有无保留意见的审计报告，第二年就被证监会立案调查的企业了。比如康美药业 2018 年度被证监会立案调查，而它 2017 年度的审计意见就是无保留意见类型。再比如轰动一时的安然公司财务造假案，被曝光前，安然公司也是被出具了无保留意见的审计结果的。

### （二）客观把握审计报告

这些财务造假为什么没有被审计出来？

监管机构反复提到审计机构的独立性。会计师事务所做审计是市场行为和有偿服务，会计师事务所的经费和收入来源是需要和审计客户协商的，其发现问题也只能提请企业进行调整或披露，是没有行政强制力的，其审计很大程度上依赖于企业及相关单位的配合和协助。面对有合作关系甚至是长期合作关系的企业，实际上它的独立性就很难获得保障了。

所以真正的财务高手不会轻易地相信任何一份标准无保留意见的审计报告。他们通常会考虑这份审计报告在多大程度上保持了独立性，是不是完全做到了客观公正。可以说审计报告中没有一个字是废话，但即使是这样，依然要对财务报告做出客观的判断。

你可能要说了，有没有判断标准？

给大家提供三个指标进行把握。

（1）会计师事务所任期时长；

（2）有没有相互业务往来；

（3）有没有相互任职。

### 1. 会计师事务所任期时长

中国人讲究交情对吧？时间长了就处出感情了，从最开始的不相识到最后的感情深，审计机构和审计客户的合作也是如此。最开始不相识，很多业务会不熟悉，审计质量也会偏低。随着时间流逝，对审计客户越来越熟悉，审计质量也会提升，有问题也会更加及时发现。但是当时间慢慢变长，双方之间越来越熟悉，就会变得放松警惕，审计质量也会下降。如果把这个过程画成图，你会发现这是一个反微笑曲线，类似于这样——∩。那么审计质量从低到高，再从高到低需要多久呢？

大约为 6 年。

当审计任期小于 6 年时，审计任期的增加对审计质量具有正面的影响。但当审计任期超过这一年限时，审计质量会显著下降。

你可以猜一下康美药业与它的审计机构合作了几年（见表 1-3）。

**表 1-3　康美药业聘任、解聘会计师事务所情况**

单位：万元

| 事务所名称、报酬及审计年限 | 原聘任 | 现聘任 |
|---|---|---|
| 境内会计师事务所名称 | 广东正中珠江会计师事务所（特殊普通合伙） | 立信会计师事务所（特殊普通合伙） |
| 境内会计师事务所报酬 | 500.00 | 620.00 |
| 境内会计师事务所审计年限 | 19 | 1 |
| 境外会计师事务所名称 | — | — |
| 境外会计师事务所报酬 | — | — |
| 境外会计师事务所审计年限 | — | — |

### 2. 有没有相互业务往来

第二个指标是有没有相互业务往来，即审计机构和被审计客户之间除了审计业务之外还有没有其他业务往来。

比如最为常见的咨询业务，审计机构除提供审计业务之外还为该客户提供咨询服务，这样对审计机构的独立性也会产生影响。安达信对世通的审计失败就有很大一部分原因在于此。安达信在对世通提供审计的十多年里还同时提供咨询服务，比如在 2001 年安达信向世通收取的 1680 万美元的服务费中，有 1200 多万美元都是税务咨询等其他服务费，而审计收费只有 440 万美元。

在这种情况下，安达信的独立性就很难得到保证了。如果安达信丢失这么一个客户，那它的损失就不言而喻了。

再比如说为审计客户提供法务服务，担任审计客户的首席法律顾问，甚至帮客户寻找董事、高级管理人的候选人等，所以在关注有没有相互的业务往来之外，经验丰富的财务高手们还会关注公司的董事、监事以及高管人员的任免情况，特别是关注有没有相互任职的现象。

3. 有没有相互任职

你可能会听说某会计师事务所的人员跳槽去了其审计客户那里担任高管，或者是有审计客户的高管人员跳槽去了审计机构那里任职。这种司空见惯的人员流动在实务中是再普遍不过了，但是，实际上它却存在着很大的隐患。

举个例子。你本来在一家企业担任财务总监，然后跳槽去曾经的审计机构担任签字会计师。或者你本来在事务所担任签字会计师，然后跳槽去被审计客户担任财务总监。这样身份的转换方式在财务上就被称为“旋转门”，一方面双方的工作经验使得双方会更加了解，另一方面这种密切关系也会让会计师事务所的独立性受到影响。所以经验丰富的财务高手们还会特别关注一下财务报告中披露的企业高管的背景信息，特别是留意其中有没有相互任职的“旋转门”情况。

实际上这种情况并不少见，安然事件中，就有 100 多位财务人员来自原审计机构安达信会计师事务所，包括安然公司的财务总监，而且很多违规操作还是这位财务总监直接经手的。

美国国会在 2002 年通过了《萨班斯 – 奥克斯利法案》，我们通常称之为《萨班斯法案》，其中一个重要的条款就是禁止审计师给审计客户提供许多非审计服务，其理由就是担心审计师在对投资者和债权人所依赖的财务报表出具意见时，非审计服务会干扰审计师的客观性。

我们可以通过这三个指标对审计意见类型进行再判断，以帮助我们获得较为正确的信息。

知道了这几种类型代表着什么，我们再看到审计报告的时候就能迅速做出判断了。

审计报告除了我们所看到的几张报表外，还有报告主体和后面的附注。报告主体用来说明审计意见，有没有需要单独列示的关键审计事项，以及企业管理层、治理层们对财务报表的责任和注册会计师对财务报表审计的责任。后面的附注则是用来说明财务报表中的个别相关事项。

现在是不是要去阅读财务报表了？

别着急，还得再等会，俗话说“磨刀不误砍柴工”，审计意见帮我们把了第一道关，让我们不至于在错误的报告中浪费时间，毕竟基于错误的数据进行的分析，再多也都是枉然。接下来还有第二道。

所以接下来要阅读的是报表附注。

## 四、关注报表附注

你有没有这样的经历？

去银行买理财产品，理财专员通常会让你签很多字，我们对这些合同或者协议大都是指哪儿签哪儿，充其量也就是拿眼扫一下看个大概。在手机上办理某业务时，更是对弹出的协议直接点同意。这样我们往往会漏掉很多重要的信息，并且越是犄角旮旯的小字，越是隐藏着对我们至关重要的信息，所以我们要特别关注这些藏在边角缝隙里的小字。那么财务报表实际上也一样，报表附注就是这么一个藏在犄角旮旯被我们所忽视的存在。事实上，附注中往往藏着最重要的信息。因为附注是对财务报表中所列示项目的文字描述或明细资料，以及对未能在这些报表中列示项目的说明。它是与报表相互对应的，这些资料和说明就奠定了附注的重要性。

那么附注资料那么多，要看哪些呢？

重点关注会计政策或者是会计估计有没有发生变化。

为什么要特别关注这些变化呢？因为这些变化，是公司最常用的调节利润的手段之一。

举个例子好了，假如公司购入了一套生产设备，花费 200 万元，企业选择了用平均年限法来计提折旧（也有人称之为直线法），预计该设备可以使用 5 年，残值率是 5%，那么一年的折旧是多少呢？

200 ×（1–5%）÷ 5=38（万元）

假如年底一盘算，这一年太难了，没有利润不说，企业还略有亏损，怎么办呢？这样难看的数据实在没法向股东们交代，如果是你，要怎么快速增加利润呢？

此时你如果把折旧年限从 5 年延长到了 10 年，那么这时的折旧是多少呢？

200 ×（1–5%）÷ 10=19（万元）

那么利润也就增加了 38–19=19 万元。你看，只是延长了折旧年限，利润瞬间就增加了，业绩也就这么做了出来。实际上，有很多公司会选择用这样的方法来调节利润。

比如厦门钨业在 2015 年出现亏损的情况下，在 2016 年改变了固定资产的折旧年限，这一改变使当期利润增加了 1900 万元，帮助企业实现了扭亏为盈（见表 1–4）。

**表 1-4　厦门钨业 2016 年变更固定资产折旧年限**

| 会计估计变更的内容和原因 | 审批程序 | 开始适用的时点 | 备注（受重要影响的报表项目名称和金额） |
|---|---|---|---|
| 对各类固定资产重新核定了折旧年限 | 第七届董事会第十次会议通过 | 2016 年 7 月 1 日 | 增加公司 2016 年度利润总额 1,909.59 万元、归属于上海公司股东的净利润 1,398.50 万元 |

又比如鞍钢股份在 2011 年和 2012 年连续两年亏损的情况下也选择了改变折旧年限，将其固定资产中的房屋、建筑物的折旧年限从 30 年变更为 40 年，将传导设备、机械设备的折旧年限从 15 年变更为 19 年，动力设备的折旧年限从 10 年变更为 12 年，这一操作使鞍钢股份 2013 年的利润增加了 9 亿元，完成了扭亏为盈（见表 1–5）。

**表 1-5　鞍钢股份 2013 年变更固定资产折旧年限**

| 固定资产类别 | 变更前 | | 变更后 | |
|---|---|---|---|---|
| | 预计使用年限 / 年 | 年折旧率 /% | 预计使用年限 / 年 | 年折旧率 /% |
| 房屋 | 30 | 3.17 | 40 | 2.38 |
| 建筑物 | 30 | 3.17 | 40 | 2.38 |
| 传导设备 | 15 | 6.33 | 19 | 5.00 |
| 机械设备 | 15 | 6.33 | 19 | 5.00 |

续表

| 固定资产类别 | 变更前 | | 变更后 | |
|---|---|---|---|---|
| | 预计使用年限 / 年 | 年折旧率 /% | 预计使用年限 / 年 | 年折旧率 /% |
| 动力设备 | 10 | 9.50 | 12 | 7.92 |
| 运输设备 | 10 | 9.50 | 10 | 9.50 |
| 工具及仪器 | 5 | 19.00 | 5 | 19.00 |
| 管理用具 | 5 | 19.00 | 5 | 19.00 |

本次会计估计变更对集团业务范围无影响，减少本公司 2013 年度固定资产折旧额 12 亿元，增加股东权益及净利润 9 亿元。

再比如八一钢铁，在 2015 年的时候不仅变更了折旧年限，同时还变更了残值率，将残值率从 3% 变更为 5%，这一操作也使其当年的净利润增加了 3 亿元，并使其在 2016 年实现了扭亏为盈（见表 1–6）。

**表 1-6　八一钢铁 2015 年变更固定资产折旧和残值率**

| 会计估计变更的内容和原因 | 审批程序 | 开始适用的时点 | 备注（受重要影响的报表项目名称和金额） |
|---|---|---|---|
| A. 公司持续加大固定资产定期检修和技术改造力度，对房屋进行定期修缮，对设备及生产线进行维护保养，不断提高设备的使用性能，明显延长了固定资产的实际使用寿命，原有折旧年限已不能客观反映公司固定资产的实际使用情况。<br>B. 公司原对固定资产预留 3% 残值率，因考虑到更新改造过后的固定资产寿命终了时回收价值有一定变化，故本次对固定资产预留了 5% 的残值率。 | 本公司于 2015 年 6 月 19 日召开第五届董事会第十二次会议，审议批准了《公司会计估计变更的议案》。 | 本次会计估计变更自 2015 年 4 月 1 日起执行。 | 该项会计估计变更采用未来适用法，此项估计变更影响本年度净利润增加数为 301,257,863.89 元。 |

除了我们提到的这些企业，曾经通过改变折旧政策来调节利润的企业还有山东钢铁、河北钢铁、方太钢铁、马钢股份、一汽轿车、富春环保等企业。我们可以发现这些企业之间存在一个共性，就是它们都是重资产企业，固定资产都比较多，这样通过改变折旧政策来调节利润才能达到立竿见影的效果。而对于那些轻资产的企业，它们并没有过多的固定资产，这样操作的效果就不那么明显了。

当然，除了改变折旧年限以外，报告附注还会说明改变折旧计提方法、应收账款的坏账计提比例等情况。所以关注附注，是我们阅读报表的关键所在。

你可能会觉得这个方法这么好用，为什么国家不禁止呢？实际上，允许会计政策或会计估计变更的初衷是更真实地反映企业经营情况。

由于企业经济业务具有复杂性和多样性，某些经济业务在符合会计原则和计量基础的要求下，可以有多种会计处理方法，即存在不止一种可供选择的会计政策。同时，企业进行会计估计，通常都是根据当时的情况和经验，依据所获得的信息和资料进行的，那么随着时间的推移，以及环境的变迁，积累了更多的信息和经营经验后，当时选择的会计政策或所做出的会计估计的基础可能会发生变化，因此，所依据的信息和获得的资料也会发生变化。而往往最新获得的信息最接近目标信息，那么以此为基础所做出的会计政策选择或会计估计就更接近市场、更接近实际。从这个原理上来看，会计本质上是灵活的，是需要更真实地反映经营情况的。

比如企业原根据当时能够得到的信息，对应收账款每年按其余额的5% 计提坏账准备。经过一段时间的欠款追收，发现收回的可能性在变小，根据现在的情况来看，判定不能收回的应收账款比例已经达到了 15%，企业就可以根据需要改按 15% 的比例计提坏账准备。

当然，这里需要说明的是，会计估计变更并不意味着以前的会计估计就是错误的，只是由于情况发生变化，或者掌握了新的信息，积累了更多的经验，使得变更后的会计估计能够更好地反映企业的财务状况和经营成果。

但这也不是说想变就变，可以随心所欲随便变更，只有在以下两种情况下才可以变更。

情况一：法律、行政规定或者国家统一的会计制度等要求变更。比如财政部出台新的会计政策时。

情况二：会计政策变更能够提供更可靠、更相关的会计信息。比如企业原本采用成本模式对投资性房地产进行后续计量，但是现在企业可以从市场上持续获得同类或类似房地产的市场价格，可以对投资性房地产的公允价值进行合理的估计，就需要改为采用公允模式进行后续计量，以便更真实地反映其价值。

那么如何判断企业进行会计政策的变更是合理且正常的呢？

这就需要关注企业的需求了——有没有扭亏为盈的业绩压力？另外，还要看这种变更是特例还是常例。如果是整个经济形势发生改变，那么通常是会影响整个行业的。当企业与整个行业同时期的数据偏差过大时，就要拿出小本本记一下了。如果是常例，企业经常这样频繁变更，那也要画道警戒线了。

# 第二章　财务报表的整体画像

有了审计意见的把关以及附注的说明，基本上对一家企业就有一个大致的印象了，接下来就可以阅读财务报表了。

你有没有这样的经历，给你一张财务报表，看完也就看完了，所有的数字还是躺在报表上的数字，甚至连是真正的亏了还是赚了都分不清?

接下来，我们先对三张报表做一个简单的侧写，帮助我们建立财务印象。

## 一、资产负债表

前面我们说了财务报告大多由资产负债表、利润表、现金流量表和所有者权益变动表以及报表附注组成的。在这之中，我们见得最多的就是资产负债表和利润表，不过随着大家对现金流的重视，现金流量表的地位也被逐渐提升，这也算是崭露头角争得一席之地了。实际上这三张表，基本就能把我们想知道的讲清楚了。

其实对这些表大家并不陌生，我们在很多的经济环境中都见过这些表。就连家里每个月买了多少菜还剩多少米，家庭巧妇们都会制作一份“现金流水日志”出来，这个流水日志就是一张家庭的现金流量表。这也就很好地诠释了现金流量表是以收付实现制为编制基础的。

那么，相对应来说，资产负债表和利润表使用的则是权责发生制。字面理解就可以，资产负债表和利润表是权利和责任发生时的数据，表现出来的也就是已经发生的事情、现行条件下要承担的事情，也就是财务上通常所说的历史价值。

在江湖上资产负债表一直都是龙头老大，真要一表知全貌，也就非他莫属了。你们觉得为什么资产负债表的地位会这么高？

首先，我们知道，资产负债表能告诉我们一家公司的量级。也就是说这家公司处在哪个发展水平，是十万量级的，还是百亿量级的。就像我们看一个人，首先从他的外表打扮上就能判断个七七八八。资产负债表就有这个作用，它能告诉我们这家公司是一叶扁舟型的小船，还是航空母舰级的大船——因为虽然都是船，价值完全不同。

其次，资产负债表还能告诉我们这艘船是怎么来的。是从小船一路进阶成了大船，还是直接造的就是大船。另外，关于这艘船有没有破，有没有糊了层贴纸装成航母，而这层贴纸是否还是借来的，也能从资产负债表中得到答案。除此之外，它还能告诉我们这艘船有没有一拖三，它是单打独斗还是子孙满门能让它一呼百应。

是不是很好奇这些都是怎么从一张表中看出来的？

让我们先来搞明白资产负债表的性质。首先它是个时点表，也就是说，它告诉我们的是，截止到某一个时间点，这家公司的资产状况如何。而资产负债表的结构，不管是左右结构还是上下结构，它的恒等式都只有一个，那就是：资产 = 负债 + 所有者权益。

总资产就是我们说的量级，总资产的多少也决定着这家企业的大小——大型、小型还是微型。资产又分流动资产和非流动资产。花起来方便的，变现能力强的，就是流动资产。比如现金，拿出来就能买到东西。比如存货，产品卖出去就是钱。不好处理的，不好变现的，就是非流动资产。比如厂房，急着脱手没人买，怎么办，只能干着急呀。比如长期股权投资，对方破产了，那么连带我们的资产也打了水漂。对方要是经营得风生水起，连带着我们也受益，关键时候还是我们能一呼百应的“兄弟”。

我们的生产经营主要依靠着流动资产，资产像水一样，流动起来才能带来生气，各种鱼虾才会多起来。这就是流转的含义。产品卖了就能变成钱，也就是货币资金和应收账款；钱多了就可以买地盖楼，投资其他公司，也就是固定资产、投资性房地产、长期股权投资。当然也有滥竽充数的鱼虾，我们会在后面说说如何把这些鱼虾揪出来。

我们来看，资产都在表的左边，上面是流动性强的，下面是流动性弱的。而负债和所有者权益在右边，同样是上面流动性强，下面流动性弱。资产向我们反映了企业拥有什么，负债和所有者权益则告诉我们谁向企业提供了这些资源以及各自提供了多少。

那么请你思考一下，什么是资产？

### （一）什么是资产？

你可能会觉得，自己拥有的、能控制的就是资产。实际上，大多数没经过训练或学习的人是分不清资产和负债的，他们大多会把有些负债错认是资产。打个比方好了，你的口袋里有 100 元，然后你又借来了 100 元，这时你的口袋里就有了 200 元，那你现在的资产是多少呢？是 200 元还是 100 元？

我们来看下资产的定义："资产是企业过去的交易或者事项形成的、由企业拥有或者控制的、预期会给企业带来经济利益的资源。"

你看，它首先强调的是"已经拥有或者控制的"，其次强调的是"预期会给企业带来经济利益的"，但这些的前提是——它需要是过去的交易或事项形成的。

简单来说就是，你已经拥有的，未来能让你赚钱的东西才叫资产。通俗来说就是能让你口袋里的钱增加的东西。那么是不是说，资产下列示的项目都是资产，都能挣钱呢？

再来举个例子好了，稻盛和夫先生一生创办了两家世界 500 强企业，并且还在一年内把已经申请破产保护的日本航空公司做到了利润世界第一，那么他是怎么看待资产的呢？

他在经营京瓷的时候，早期京瓷的产品都是按照客户的要求定制的，企业每次都要购买一些特殊的模具。然而，在稻盛和夫先生的眼里，生产完成之后，这些剩余的模具就不再是京瓷的资产了。

为什么呢？稻盛和夫先生认为，这些模具是给客户定制的，其他客户用不上。如果这个客户以后不再下订单，那么这些模具就没有实际价值了。换句话说就是这些模具已经不能在未来给京瓷带来任何的收益了。所以，虽然这些模具是京瓷花钱买来的，虽然京瓷也拥有它们的控制权，但实际上，在企业完成相应的订单之后，这些模具也就失去了它们的价值，那么从本质上来说，也就不再是京瓷的资产了。这个道理是不是很简单？

稻盛和夫先生写过一本名为《经营与会计》的书，这里推荐给大家。

你不妨思考一下，如果你仍然把这些模具看作企业的资产，那会怎样呢？

实际上这会让企业“身材虚胖”，并让你做出错误的判断。

假如你这时资金周转出现困难，但是却有一笔马上需要偿还的借款，你需要变卖一些资产还债。然后你看到账面上的这些资产，以为可以抵偿借款，却发现对债权人来说这是分文不值的东西，并且还会让债权人增加一笔运费和仓储费的支出，你无法偿还借款，企业就面临破产。

那么是不是说，所有资产都被列示在表上了呢？

不是，如果你常和财务打交道，可能会听到一个词组叫“不上表”。

为什么会有这样一个词组呢？实际上这个词组指的是一些不会出现在财务报表上的东西。比如我说咱们山西的刀削面很好吃，这是咱们山西的特色，假如有家餐厅做得最好吃，它卖多少钱呢？ 10元一碗。显然这是一碗面的价钱，但是因为这家做得最好吃，口碑最好，所以总是供不应求。生意越来越好，口碑也越来越好，那么慢慢就形成了自己的品牌。但是这个品牌价值呢，你在财务报表中找不到，但你能说品牌没有价值吗？

显然不能。这就是一些“不上表”的资产。可口可乐的创始人说过：“假如有一天公司所有的厂房设备都化为灰烬，只要我还拥有可口可乐这个品牌，我就能很快复制出一家与现在规模一样的公司。”但是你在可口可乐的财务报表中同样找不到品牌价值。

所以我们不但要看到财务报表中真正的资产，还要看到那些“不上表”的资产。

那么负债呢？思考一下，什么是负债？

### （二）什么是负债？

前面我们说了，负债就是让你口袋里的钱减少的东西，也就是我们说的糊船的贴纸是不是借来的。这些早晚要还的，就是我们的负债了。负债也分为流动负债和非流动负债，短期内要还的，比如要付给供应商的采购款、要给职工发放的工资、要上缴给国家的税款，这些都是流动负债。也就是短期借款、应付账款、应付职工薪酬、应交税费。发行了债券或者一年内不用着急还的，就是非流动负债。也就是应付债券、长期借款。

负债又分为需要支付利息的和不需要支付利息的。你看短期借款、长期借款、应付债券是需要支付利息的。而应付账款、应付职工薪酬、应交税费是不需要支付利息的。对于需要支付利息的，就要掂量掂量值不值当了。对于不需要支付利息的，那就是能拖多久就拖多久，握有资金，又无须付钱，何乐而不为？

很多人觉得，负债会让企业产生负担，实际上这是一个误区，本质是你没能真正地驾驭负债。负债实际上体现了赚钱的能力。写出《茶花女》的作者小仲马在他的剧本《金钱问题》中写道："做商业是十分简单的事，它就是借用别人的资金。"通俗来说，负债就是一个借鸡生蛋，用别人的钱做自己的生意的事情。

前面我们说了有"不上表"的资产，那么负债呢？是不是也有"不上表"的负债？

我在《一本书掌握财务思维》这本书中曾讲过福耀玻璃的事情。《纽约时报》曾在 2017 年 6 月 12 日发表了一篇名为《中国工厂遇到了美国工会》的文章，说的是福耀玻璃在美国的工厂遇到的困境。福耀玻璃正面临着全美汽车工人联合会发起的激烈工会运动，以及一名前经理提起的至少 44.2 万美元的索赔诉讼。在美国人看来，"工厂不让旷工""车间里的空气不好""让人的肺活量变小""工作环境不安全"，这些都侵害了他们的权利。

可能在你听来，这些诉讼理由真的是匪夷所思，但是这却让福耀玻璃付出了不小的代价。

2016 年 11 月，美国联邦职业安全与卫生署对福耀玻璃的一些违规行为处以逾 22.5 万美元罚款，虽然后来改为 10 万美元，但是为此福耀玻璃又投资了不下 700 万美元解决工厂的安全相关问题。2017 年 4 月份，福耀工厂才刚刚宣布对代顿工厂员工集体涨薪，涨幅为 14%~15%，此前福耀美国工人的时薪为 17 美元。但是即便如此，美国的工人们仍然心怀不满。

那么这些美国人发起的联名诉讼，对福耀玻璃来说就是一项负债。我们知道诉讼通常都会经历很长的时间，跨年是常有的事情。前面我们讲过我国的财务报表是按照会计年度计算的，那么遇到这样跨年的诉讼，法院还没有做出判决，企业要怎么反映这笔很可能到来的支出呢？

这在财务上就被称为“或有负债”。

或有负债就是“不上表”的负债，它不在财务报表中列示，但是却会使企业在未来损失金钱，也就是说，未来会使我们的资金减少。虽然或有负债不上表，但是通常却需要在财务报表附注中进行披露。

未决诉讼是或有负债最常见的事项，比如拉夏贝尔因战略调整引发的违约诉讼。另外还有债务担保，如果对方到期不能偿还债务，则债务就会被转移到提供担保这方。对提供担保的一方来说，这同样是一笔“负债”。

补充阅读

## 或有负债 ABS

除了或有负债，还有一种新型的负债。我们在永辉超市 2019 年的年报中发现，永辉通过旗下子公司成功发行了应收账款资产证券 ABS，并在 2020 年 2 月 28 日成功发行 5.40 亿元规模的 ABS。而应收账款资产证券 ABS 正是为企业开辟的新的融资渠道，是帮助解决企业的资金需求的一种融资方式。

**关于子公司永辉青禾商业保理（重庆）**
**有限公司供应链资产证券化项目**

本公司分别于 2019 年 8 月 27 日、2019 年 9 月 16 日召开第四届董事会第九次会议和 2019 年第一次临时股东大会审议通过了《全资子公司永辉青禾商业保理（重庆）有限公司开展供应链应收账款资产证券化方案的议案》。2019 年 12 月 26 日，公司收到计划管理人山西证券股份有限公司转发的上海证券交易所（以下简称“上交所”）出具的《关于山西证券“山证汇通－永辉超市供应链 1–10 期资产支持专项计划”符合上交所挂牌条件的无异议函》（上证函〔2019〕

2385号）。2020年2月28日，山证汇通－永辉超市供应链1期资产支持专项计划（疫情防控ABS）成功发行，本期专项计划的发行规模为5.40亿元，期限为1年期。

什么是ABS呢？

简单来说就是，以你现在所拥有的资产为基础，用该资产未来可以带来的预期收益为保证，然后和金融机构合作发行债券，从而达到募集一笔资金的融资方式。就是预支未来的钱，获得当下的融资。永辉超市就是以其拥有的应收账款作为基础资产进行融资。

应收账款资产证券ABS是这两年才出现的新型融资方式，之前还有发行门票收入、会员费收入、知识产权等ABS的。这种融资模式实际上具备了一些债务的特点，但是在现行的会计准则下，一些种类的ABS并没有被要求列示在资产负债表中。

---

除了这种隐性的负债以外，还有人为隐藏的表外负债。比如2019年被证监会发函问询的新城控股。在2018年年报中，因部分持股比例超过50%的合（联）营企业未被纳入合并报表，新城控股被证监会问询是否将大额资产负债隐藏表外。

**2018年上交所致新城控股问询函**

3.年报显示，公司有多家持股比例超过50%的合（联）营企业未被纳入合并报表。请公司补充披露：（1）列示持股比例超过50%的合（联）营企业的资产、负债以及盈利情况；（2）逐一说明未将持股比例超过50%的合（联）营公司纳入合并报表范围的依据；（3）上述处理有无调节利润的考虑。

按照现行会计准则的规定，合并财务报表的合并范围应当以控制为基础予以确认。如果新城控股拥有这些合（联）营企业的控制权，就需要合并财务报表，将其资产、负债等情况合并计入新城控股的财务报表中。

但是新城控股并没有对其拥有的24家持股比例超过50%的合（联）营企业的数据进行并表处理，其回复其依据是根据公司章程的约定。

这个回复是否可行，我们有必要先看一下这24家企业的情况（见表2-1）。

表2-1　新城控股持股比例超过50%的合（联）营企业的资产、负债、盈利情况

| 公司名称 | 总资产 / 万元 | 总负债 / 万元 | 资产负债率 /% | 净利润 / 万元 |
|---|---|---|---|---|
| 上海佳朋房地产开发有限公司 | 613,581.42 | 353,624.76 | 57.63 | -418.66 |
| 上海嘉禹置业有限公司 | 444,974.43 | 396,040.26 | 89.00 | -758.78 |
| 佛山鼎城房地产有限公司 | 816,249.14 | 773,026.44 | 94.70 | -4,869.88 |
| 唐山郡成房地产开发有限公司 | 223,791.56 | 225,398.68 | 100.72 | -1,607.05 |
| 天津俊安房地产开发有限公司 | 168,434.48 | 163,312.53 | 96.96 | -535.90 |
| 天津市淀兴房地产开发有限公司 | 408,020.63 | 370,278.62 | 90.75 | -2,245.53 |
| 常州新城创恒房地产开发有限公司 | 606,906.94 | 535,018.26 | 88.15 | -1,170.38 |
| 常州新城宏业房地产有限公司 | 372,421.71 | 342,614.41 | 92.00 | -43.45 |
| 常州新城紫东房地产发展有限公司 | 587,712.76 | 543,056.27 | 92.40 | 226.89 |
| 常熟中置房地产有限公司 | 118,237.62 | 31,992.59 | 27.06 | 23,377.10 |
| 成都兴青房地产开发有限公司 | 175,668.38 | 174,924.23 | 99.58 | -922.52 |
| 日照亿昶房地产开发有限公司 | 61,383.46 | 9,929.56 | 16.18 | -546.10 |
| 昆明新城亿崧房地产开发有限公司 | 74,392.83 | 69,423.51 | 93.32 | -28.69 |
| 永清县新城房地产开发有限公司 | 6.51 | 26.01 | 399.54 | -0.12 |
| 永清银泰新城建设开发有限公司 | 24,880.04 | 14,910.96 | 59.93 | -1.86 |
| 苏州晟天房地产咨询有限公司 | 165,618.49 | 145,451.32 | 87.82 | -4,832.83 |
| 苏州聿盛房地产开发有限公司 | 1,614,023.37 | 1,567,204.85 | 97.10 | -5,380.78 |
| 莒县悦隽置业有限公司 | 46,705.71 | 11,820.96 | 25.31 | -115.25 |
| 重庆柯爵企业管理有限公司 | 88,633.86 | 48,639.68 | 54.88 | -5.81 |
| 江苏环太湖文化艺术城置业投资有限公司 | 269,852.11 | 264,997.71 | 98.20 | -29.57 |
| 绍兴新城亿佳房地产开发有限公司 | 156,771.55 | 142,587.40 | 90.95 | -101.56 |
| 南京新城万博房地产开发有限公司 | 395,108.70 | 362,304.09 | 91.70 | -548.81 |
| 天津市津南区新城吾悦房地产开发有限公司 | 436,836.03 | 389,888.85 | 89.25 | -4,207.96 |
| 太原新城凯拓房地产开发有限公司 | 482,762.45 | 436,250.07 | 90.37 | -3,487.62 |
| 合计 | 8,352,974.18 | 7,372,722.02 | 88.26 | -8,255.12 |

可以看出这24家公司的合计负债为737.27亿元，而资产负债率也高达88.26%，其中永清县新城房地产开发有限公司的资产负债率更是达到了

399.54%。如果按控股 51% 的比例计算的话，不将这些公司的资产、负债情况合并计入新城控股的财务报表，至少使新城控股调整了 300 多亿元的负债。而且在净利润方面，这 24 家企业也只有 2 家是赢利的。

从这些数据中可以看出，这些合（联）营企业的经营情况并不乐观，在这样的情况下，新城控股以“合作方或项目原股东方对项目公司未来盈利能力具有充足信心”的理由做出不将这些合（联）营企业的资产、负债情况纳入合并报表的特殊决定，其目的就不那么单纯了，这个回复的理由也就显得太过牵强了。

实际上，新城控股在本身资产负债率为 85% 的情况下，不将这 24 家企业纳入合并报表，也是担心提高自己的资产负债率，我们知道房地产企业对资金的需求量是非常大的，而新城控股的现金流并不乐观，在这种情况下再推高资产负债率，就会引发为其提供资金支持的金融机构的担心，也会阻碍以后的融资需求，因此才会通过这样的方法将负债隐藏在表外。

所以不管是资产还是负债，我们不仅要看到表内的，还需要关注表外的。

### （三）什么是所有者权益?

所有者权益部分主要包括实收资本、未分配利润，当然还有资本公积、盈余公积、专项储备等。这里讲一下专项储备，它能让我们知道这条船是不是特殊的船，比如对交通运输业、煤炭业等高危行业，就需要计提专项储备了。

专项储备通常也会被拿来调节利润。

按照财政部 2009 年 6 月发布的《企业会计准则解释第 3 号》的规定，高危行业企业按照国家规定提取的安全生产费，应当计入相关产品的成本或当期损益，同时记入“专项储备”科目。企业使用提取的安全生产费时，属于费用性支出的，直接冲减专项储备。企业使用提取的安全生产费形成固定资产的，应当通过“在建工程”科目归集所发生的支出，等到安全项目完工达到预定可使用状态时确认为固定资产；同时，按照形成固定资产的成本冲减专项储备，并确认相同金额的累计折旧，该项固定资产在今后不再计提折旧。

这些话听着太专业了，简单来说就是高危行业的企业要按一定的比例计提安全生产费，这个安全生产费在提取时计入当期，影响的是当期的损益。这一特色就注定了它可以被当作这些企业的“蓄水池”来使用了。首先它的计提金额可以调控，其次它的使用期间也可以调控，再次它与日常经营的不易区分性也增加了这一空间。关于安全生产费，后面我们还会讲到。

最后，用一个形象化的总结来说，资产负债表就是展示一个公司的循环过程的。它告诉我们，第一颗种子是怎么来的，然后发生了怎样的经营过程，最后成长、丰收，换回更多的种子。用资产负债表的语言就是，股东投入的实收资本，通过应收账款和应付账款体现出整个经营过程，最后变成了未分配利润，然后再进入下一个循环。其间你可以为了扩大规模而借债，也可以引进合伙人分股权，最终的目的是——让资产变得更多，让生活变得更美好。

## 二、利润表

如果说资产负债表是告诉我们公司的循环过程的，那利润表就是告诉我们公司是怎么成长的。

举个例子，我们购入种子，将其培育成植株，进行施肥、除虫，再对收获的种子进行售卖。施肥、除虫会产生费用，也就是管理费用。要卖种子就得打广告，这就是销售费用。借了钱就得支付利息，这就是财务费用。管理费用、销售费用和财务费用，我们将其统称为期间费用。种子要改良，改变细胞核让它多结果，这就是研发费用。这些费用的发生就记录了企业成长的经历。

我们将卖种子的钱扣掉购入种子的花费以及这些成长中的花费后，就是我们赚到的利润。在这个过程中，我们还将个别长残了的种子做成永生果卖钱，这就是营业外收入。由于施肥污染了空气，被罚了款，这就是营业外支出。我们卖种子赚到的钱，加上这些营业外收入，减去营业外支出后就是我们的利润总额了。当然，我们还要给国家缴税。再扣掉这部分税金后，就是我们最终获得的利润了。

那么，这里问一下大家——你理解的利润是什么？

这里有两家店，一家是花店，一家是书店，都是你比较心动的投资项目。投资花店需要100万元，一年可以获得10万元的利润。投资书店也需要100万元，一年可以获得15万元的利润。巧的是，你手里正好有100万元，你会投资哪个？

假如你权衡再三，选择了投资花店，那么请你告诉我，你赚了多少钱？

我知道你们可能有很多个答案，比如就有人说赚了10万元，有人说赔了90万元。

告诉我赔了90万元的人是这样解释的：开花店投了100万元，赚了10万元，那不是还有90万元没赚回来吗？所以是赔了90万元。

答案是——亏损5万元！

为什么？

你肯定很不解对不对，明明是赚了10万元，为什么你要说亏损5万元？

我为什么说亏损5万元呢？

在财务思维下，有一个概念叫机会成本，说的就是你选择一样东西而放弃另一样东西所带来的收益。当你选择投资花店时，你放弃了投资书店所能带来的15万元收益。那么，你投资花店获得的10万元的收益实际上无法对冲掉你放弃投资书店所能获得的收益，这就是机会成本对你投资决策的影响。

因此，要想知道花店有没有给你赚钱，就需要用投资花店所带来的收益减去投资书店带来的收益，如果得出的结果是正数，就说明这个投资为你创造了价值。

这里有两个关于利润的概念：一个是报表上的利润，也就是我们看到的你投资花店所获得的10万元的利润；另一个是报表外的利润，也就是实际的亏损5万元的经济利润。我们不但要看到报表上的利润，还要看到报表外的利润。

彼得·德鲁克在他的《管理者们真正需要的信息》中说道："我们通常所说的利润，其实并不是真正意义上的利润。如果一家企业未能获得超过资本成本的利润，那么它就处于亏损状态。这家企业没有在创造价值，而是在销毁价值。"

同样，我们不仅要区分出真正的利润，还要看清楚利润的质量。

比如通过一时的财务调节实现的利润是不具有可持续性的，而真正决定企业有没有未来的，是它能否持续地创造价值、创造利润。

在利润表中，不仅要关注营业收入，还要关注它的非营业收入。比如，观察苏宁易购的财务报表就会发现，2019 年苏宁易购的净利润为 93.2 亿元，比 2018 年减少了 33.2 亿元。而其 2018 年光投资收益就有 217.9 亿元，其中处置子公司产生的收益达到了 196.64 亿元——苏宁在 2018 年出售了所持阿里巴巴的股份，2019 年没有股份可出售了，净利润同比出现了大幅下降。如果你往前追看就会发现，实际上从 2014 年起，苏宁易购的扣除非经常性损益就开始出现了负数，且一直持续到现在。

苏宁易购的毛利率只有 15%，远低于行业平均水平的 36%。这种靠出售股份增加的利润，虽然也带来了利润，却是不可持续的。

大家可以猜一下，除了卖股票增加利润，还有什么情况可以增加利润？

你可能想不到。事实上还有卖公司艺术品收藏来增加利润的，比如国发股份前段时间就发布公告称，其全资子公司国发思源（北京）文化传播有限公司委托广西正槌拍卖有限责任公司于 2020 年 12 月 23 日依法向社会公开拍卖名下书画、紫砂壶、黄花梨家具等合计 409 件文化艺术品。现场拍卖成交共计 324 件，流拍 85 件，合计成交金额人民币 2287.7 万元。截至 2020 年 12 月 31 日，国发思源已收到本次拍卖成交的全部款项。拍卖的成交款将全部计入国发思源 2020 年营业收入，预计国发思源将因此产生利润 1300 多万元。

国发股份本是从事海水珍珠、贝类、藻类、甲壳类等特色生物资源综合开发、加工的医药公司，公司自 2003 年上市以来，基本处于赢利与亏损交替的状态，也就是一年赢利，一年亏损。曾经两次“披星戴帽”[①]。2018 年，国发股份实现营业收入 2.25 亿元，同比下降 48.32%；净利润为亏损 2161.11 万元，同比下降 344.18%。2019 年，公司营业收入为 2.51 亿元，同比增长 11.86%；净利润为 577.29 万元。2020 年第三季度财报显示，截止到 2020 年 9 月 30 日，净利润为亏损 530.17 万元，扣非净利润亏损 605.26 万元。是不是有些明白为什么国发股份急着赶在 2020 年 12 月底拍卖子公司的艺术品了？

实际上，国发股份自上市以来主营业务一直处于经营压力之下。从 2003 年上市以来，国发股份净利润合计亏损约 4.8 亿元，扣非净利润合计亏损约 7.2 亿元。主营业务不能持续地赢利，而拍卖艺术品创造的利润是不可持续的，短视的行为一定会让公司的经营陷入不稳定状态。

所谓“不谋万世者，不足谋一时”。如果企业在经营中一直做出只顾眼前利益的决策，满足于眼前的收获，那么公司也将无法长久与持续下去。彼得·蒂尔在《从 0 到 1：开启商业与未来的秘密》中写道：“如果你把短期增长看成重中之重，就会错过最重要的问题——10 年之后，你的公司还能存在吗？”

我们通常也将利润表叫作损益表，简单来说，这张表是最直白的一张表。因为它就是一个从上往下按照“收入 – 成本 = 利润”的计算过程来表示的报表。你可以把它看成一个倒三角，或者是一个漏斗，将收入慢慢过滤成利润。

利润表告诉我们的是，一段时间内，我们获得了多少利润。这个“一段时间”就表明了利润表是张时期表。当然，我们要明白的是，卖种子的收入一定伴随着资产的增加和负债的减少。所以利润表又受资产负债表的影响。

比如，营业收入的增长一定会带来应收账款的增加，也会带来存货的增加，因为要采购更多的原材料去生产产品，卖出的产品多了才会有更多的营业收入。但存货多了未必意味着利润高，可能会有一些本该结转为成

① 披星戴帽是指，上市公司因连续两年亏损或交易所认定的其他情形，在股票名称前加上“*ST”标识。披星戴帽的股票有退市风险，投资者需要谨慎。

本的产品隐藏在了存货里，从而带来利润的增加。存货的减少预示着销售活动的发生。

我们举个例子，我手里拿的这支笔尚处在生产期，这期间就不能被确认为费用，而在销售时，就要被确认为费用了。也就是说，生产产品的生产成本，在产品没有销售前，只是在制品或者产成品时，它的形态是一种资产，只有产品销售以后才能作为产品销售成本，转为当期费用。

顺着收入，结合资产负债表上的相关项目，就把与收入相关的科目都串联了起来，这是一种思路，可以帮助我们更好地理解报表。

那么，什么样的利润是可持续的呢？

就是公司主要的利润是由核心产品的销售产生的，且这样的销售是经常性的。而以往产品，也就是过往推出的产品或者是已经停产的产品的销售利润非经常性的。比如苹果公司当季产品的销售产生的利润就是其主要的、可持续的利润，而过季或者已经停产的产品所产生的利润就是次要的、非经常性的利润。

最不可持续的是获得的个别赔偿款。

通常来看，产品销售受市场需求影响较大，因此要能时刻找到企业的B方案，以便在经济下行时帮助企业找到新的经济增长点。但是，服务及用户体验，是持续获得销售的前提。

另外，利润表和资产负债表是密不可分的，利润表可以被看成对资产负债表中股东权益、未分配利润等相关内容的展开说明。

## 三、现金流量表

厦门国家会计学院院长黄世忠教授有过一个研究，他发现每破产的四家企业当中，有三家是赢利的，只有一家是亏损的。

你没听错！

亏损的企业并不代表一定会破产，相反，赢利的企业也不代表不会破产。它们破产的原因，不是因为没有利润，而是因为企业没钱了。就像一个人不是因为不会吃饭而死亡，而是因为缺血死亡一样。所以，现金流量表也被称为验血表。现金就是企业的血液，现金流量表就是告诉我们，哪个行为是“造血小能手”，哪个行为是“耗血小霸王”。

其实家庭主妇们最擅长编制现金流量表了。它简单来说就是一张收支表，和我们平时记的流水账很像，都体现了收付实现制的特点。销售商品、提供劳务收到的现金，购买商品、接受劳务支付的现金，这不就是我们发工资流入的和买菜流出的吗?

实际上，现金流量表就是告诉我们现金流动过程的一张表。也反映出了企业经营的本质——找钱、花钱、赚钱。

现金流量表把公司经营过程中的现金活动分为经营活动、投资活动和筹资活动。实际上，找钱就是在说筹资活动，花钱就是在说投资活动，赚钱说的则是经营活动。

所以，现金流量表也是按照这三种活动进行分类的。而每种活动又按流入和流出来区分，并汇总出流量净额。一个公司可以没有投资活动和筹资活动，但它一定会有经营活动。

现金流量表披露的经营活动净现金流入，本质上体现了企业自我创造现金的能力，尽管企业取得现金还可以通过对外筹资等途径，但债务本金的偿还最终也取决于经营活动的净现金流入。因此，经营活动的净现金流入占总流入的比例越高，企业的财务基础越稳固，支付能力和偿债能力就越强。

### （一）什么是现金?

既然现金流量表是对钱的说明，就要首先明白这里的钱都说的是什么，现金流量表里的钱包括现金和现金等价物。

所谓现金，除了我们通常意义上的现金以外，还包括银行里的存款和汇票、本票等。但是，银行的定期存款超过三个月的就不能算入，因为它不能随时支付。

现金等价物就是企业持有的短期内能迅速转换为已知金额的现金，以及价值变动风险很小的投资。一般为三个月以内，也就是从购买日起三个月内到期，比如三个月内到期的短期债券。

所以现金流量表上的现金通常可以被细分为：库存现金、可随时用于支付的银行存款、可随时用于支付的三个月以内的定期存款、可随时用于支付的其他货币资金。

你不妨思考一下：拿三个月内到期的应收账款偿还了一笔借款，是现金流量表里的什么活动？

答案是什么现金活动都不是！因为它不涉及现金。所以，并不是说所有的日常经营活动都影响现金流量。

那么，回到我们刚刚的问题，亏损就等于没钱吗？没钱是不是就要破产了？

## 补充阅读

### 没钱是不是就要破产了？

既然现金被比喻为血液，那么没钱是不是就要破产了呢？

不尽然。我们可以看到很多上市公司的现金流量表中的现金流虽然为负，但它们不仅能上市，也经营得好好的。

比如：早期的京东，需要通过融资方式来获取大量的资金以助其搭建物流系统。又比如：从美团的财报中可以看到，美团的经营活动现金流持续多年为负，投资活动现金流同样持续多年为负，只有筹资活动现金流为正（见表 2-2）。美团在早期需要投入大量资金打开市场，做大规模，抢占市场份额，这时的经营活动尚不能赢利，且需要进行大量的资金投入，只能通过不断引入投资人来进行融资。早期的京东、美团不得不“烧钱”，这也是互联网企业在这个时期的常态。并不是企业不够好，而是企业的发展状态所致，企业未来的成长性足以支撑投资人不断进行资本投入。

表 2-2 美团 2015—2020 年现金流量表

单位：亿元

| 项　目 | 2015 年 | 2016 年 | 2017 年 | 2018 年 | 2019 年 | 2020 年 |
|---|---|---|---|---|---|---|
| 经营活动产生的现金流量净额 | −40.04 | −19.18 | −3.1 | −91.8 | 55.74 | 84.75 |
| 投资活动产生的现金流量净额 | 8.53 | −95.57 | −151.57 | −234.39 | −101.74 | −212.32 |
| 融资活动产生的现金流量净额 | 185.06 | 38.05 | 255.08 | 292.95 | 11.14 | 174.18 |

企业的现金流是一时为负还是一直为负，这个很重要。比如 2020 年突然暴发的疫情，使得“不差钱”的白酒行业也需要发行债券来融资以支撑企业的现金流。作为“茅五泸”之一的泸州老窖，在 2020 年 3 月就通过发行 15 亿元公司债券来获得资金的支持，而在 2019 年的 9 月，泸州老窖刚刚通过发行公司债获得了 25 亿元的资金。

从财务报表上可以看出，泸州老窖的经营活动净流量在 2020 年第一季度末的时候是负数，投资活动净流量也为负数，同期，泸州老窖获得了 15 亿元的筹资流入，随着疫情逐步得到控制，市场回暖，经营活动净流量就变成了正数。显然泸州老窖的经营活动现金流为负是受市场大环境的影响而出现的一时的现象。同时，我们在财报中看到第三季度末时筹资活动现金流变成了负数，说明泸州老窖没有再继续进行筹资，表明其在控制风险，偿还原来的债务。泸州老窖的现金流量表见表 2-3。

**泸州老窖股份有限公司 2020 年面向合格投资者公开发行公司债券（第一期）发行结果公告**

本公司及其董事、监事、高级管理人员保证公告内容真实、准确和完整，并对公告中的虚假记载、误导性陈述或者重大遗漏承担责任。

泸州老窖股份有限公司（以下简称“发行人”）公开发行不超过人民币 40 亿元公司债券已获得中国证券监督管理委员会“证监许可〔2019〕1312 号”文核准。根据《泸州老窖股份有限公司 2020 年面向合格投资者公开发行公司债券（第一期）发行公告》，泸州老窖股份有限公司 2020 年面向合格投资者公开发行公司债券（第一期）（以下简称“本期债券”）发行规模为不超过人民币 15 亿元（含 15 亿元），发行价格为人民币 100 元 / 张，采取网下面向机构投资者询价配售的方式发行。

本期债券发行时间自 2020 年 3 月 16 日至 2020 年 3 月 17 日，最终实际发行规模为人民币 15 亿元，最终票面利率为 3.50%。

特此公告。

表 2-3　泸州老窖 2019 年第三季度—2020 年第三季度现金流量表

单位：亿元

| 项　目 | 2019 年 9 月 30 日 | 2019 年 12 月 31 日 | 2020 年 3 月 31 日 | 2020 年 6 月 30 日 | 2020 年 9 月 30 日 |
| --- | --- | --- | --- | --- | --- |
| 经营活动产生的现金流量净额 | 33.45 | 48.42 | -3.16 | 7.29 | 27.97 |
| 投资活动产生的现金流量净额 | -25.89 | -45.51 | -4.35 | -10.5 | -15.84 |
| 筹资活动产生的现金流量净额 | 2.21 | 0.93 | 14.99 | 14.99 | -9.07 |

## （二）现金流和生命周期

所以看现金流量表一定要结合企业的生命周期（见表 2-4）。企业如同人一样，也是有生命的，从出生到死亡，中间是要经历少年、青年、壮年、晚年等过程的。不同时期对金钱的概念是不同的，对现金的需求也是不同的。

我们通常把企业的生命周期划分为初创期、发展期、成熟期、衰退期。初创期，企业需要大量的资金投入，这个时候你体会到的就是烧钱，哪儿哪儿都要花钱。要开拓市场、要推销产品、要科研投入，企业这时是最需要钱的时候，而这时所能筹到钱的渠道只有投资人。这个时期的企业就像个孩子，投资人就像是父母。这时的企业现金流往往表现为经营活动及投资活动现金净流量为负，而筹资活动现金净流量为正。企业还处于花钱期，购买原材料、支付工资薪酬，这一时期的经营活动尚不能带来正的现金流入。而企业也需要通过购买设备等一系列的资本支出来提高生产能力，投资活动的流出在加剧。企业需要通过吸收投资来获得现金的流入。比如前面我们说到的京东、美团的情况，就是企业在初创期的表现。

等企业进入高速发展期，产品的销售数量开始快速增长，资金大量回笼，企业为了进一步扩大市场份额会大量追加投资，仅靠经营活动无法满足这么大的投资需求，必须筹集外部资金来加以补充才行，这时企业的现金流就会表现出经营活动和筹资活动现金流为正，而投资活动现金流为负的现象。

到成熟期时，产品销售已经稳定，企业已进入投资回报期，为了保障信用会有很多外部资金需要偿还，这时企业的现金流会表现出经营活动和投资活动现金流为正，而筹资活动现金流为负的现象。

当出现市场萎缩，产品销量下降，经营活动现金流入小于流出，企业为了债务不得不大规模收回投资，或者会处置一些子公司或资产以获得现金流的支持。举债会非常困难，也很难再吸引到投资人的投入，此时就会形成经营活动和筹资活动现金流为负，投资活动现金流为正的现象，这时的企业就处于衰退期了。

**表 2-4 现金流和企业生命周期一览表**

| 项目 | 初创期 | 发展期 | 成熟期 | 衰退期 |
|---|---|---|---|---|
| 经营活动现金流 | − | + | + | − |
| 投资活动现金流 | − | − | + | + |
| 筹资活动现金流 | + | + | − | − |

当然，精明的企业经营者一般都会未雨绸缪，在公司高速发展期就会想办法延长企业的寿命，寻求新的增长机会，进行新的投资。

你们觉得，现金流量表和资产负债表以及利润表有关系吗？

其实，现金流量表同样与资产负债表不可分割，并与利润表关系甚密。简单来说，但凡影响利润表结果的现金流都为经营活动现金流；资产负债表左半边的都为投资活动现金流，资产负债表右半边的都为筹资活动现金流。

比如我们结合资产负债表中的存货，比较销售商品、提供劳务收到的现金与购买商品、接受劳务支付的现金，就可以掌握公司大体的供销状况。流出大于流入时，有可能是库存积压。流入大于流出时，有可能是当期产品提价使收入增加，如果没有提价，则可能是在吃库存，如果资产负债表中库存正常，就要看本期是否收回了大量的应收账款。

因为现金一般很难造假，所以现金流量表也就有了一项很重要的任务——验证利润的成分和质量。它就像是监察委员一样的存在。你可以把现金流量表看成是企业的风险提示表或者是鉴伪表。除此之外，现金流量表还可以被看成对资产负债表中货币资金变化情况的展开说明。

你们看，资产负债表告诉我们公司的规模，有多少资产又有多少负债，经营情况到底如何。利润表告诉我们公司的利润情况，产品销售到底如何，成本是高还是低，能产生多少利润。而现金流量表告诉我们公司的现金是通过什么方式产生的，现金是正流入还是负流入，未来是否具有可持续经营的能力。

尽管它们都是一张张单独的报表，但一张财务报表的关键信息通常需要与另一张财务报表的信息相结合。比如我们要了解经营产生的现金流相对公司最近到期的负债的情况，就需要将现金流量表和资产负债表联合起来看。又比如我们需要比较公司净利润及用于产生这些利润的资产投资，就需要将利润表和资产负债表联合起来看。它们既相互独立又相互关联，既相互联系又相互验证，缺了谁都不完整。我们从认识到理解，再到学会财务的思维方式，也就走过了“看山是山，看山不是山，看山还是山”的过程。

# 第三章　细说资产负债表

我们通过三张报表的侧写，对财务报表有了新的认识，那接下来我们逐步分析一下这三张报表。

我们知道报表中的科目有上百个，那是不是说这些科目我们都必须知道呢?

显然不是，对于绝大部分企业来说，很多科目都是使用不到的，我们只需要掌握常用的即可。

这是海螺水泥的资产负债表（见表3-1），我们以它为例辅助我们的说明。

**表3-1　海螺水泥合并资产负债表**

单位：元

| 项目 | 附注 | 2019年12月31日 | 2018年12月31日 |
|---|---|---|---|
| 流动资产： | | | |
| 货币资金 | 五、1 | 54,977,077,591 | 37,619,107,062 |
| 交易性金融资产 | 五、2 | 16,782,737,071 | 25,140,194 |
| 应收票据 | 五、3 | 8,375,401,956 | 9,067,583,799 |
| 应收账款 | 五、4 | 1,273,619,922 | 1，232,637,935 |
| 应收款项融资 | 五、5 | 3,350,585,849 | 4,066,653,238 |
| 预付款项 | 五、6 | 2,692,415,606 | 2,108,931,491 |
| 其他应收款 | 五、7 | 3,623,379,951 | 11,427,975,928 |
| 存货 | 五、8 | 5,571,522,957 | 6,022,717,523 |
| 持有待售资产 | 五、9 | 9,810,993 | 62,640,063 |
| 一年内到期的非流动资产 | 五、10 | 27,960,000 | — |
| 其他流动资产 | 五、11 | 425,091,810 | 419,572,589 |
| 流动资产合计 | | 97,109,603,706 | 72,052,959,822 |

续表

| 项目 | 附注 | 2019年12月31日 | 2018年12月31日 |
|---|---|---|---|
| 非流动资产: | | | |
| 长期股权投资 | 五、12 | 3,820,612,569 | 3,181,990,116 |
| 其他权益工具投资 | 五、13 | 326,095,800 | 258,679,568 |
| 投资性房地产 | 五、14 | 85,734,294 | 64,949,854 |
| 固定资产 | 五、15 | 58,858,416,078 | 60,320,463,517 |
| 在建工程 | 五、16 | 6,237,843,095 | 3,458,400,315 |
| 使用权资产 | 五、56 | 54,245,329 | — |
| 无形资产 | 五、17 | 9,978,706,283 | 8,371,835,258 |
| 商誉 | 五、18 | 514,398,098 | 514,398,098 |
| 递延所得税资产 | 五、19 | 1,099,391,022 | 953,856,240 |
| 其他非流动资产 | 五、20 | 692,135,262 | 369,819,251 |
| 非流动资产合计 | | 81,667,577,830 | 77,494,392,217 |
| 资产总计 | | 178,777,181,536 | 149,547,352,039 |
| 流动负债: | | | |
| 短期借款 | 五、21 | 2,941,698,150 | 1,376,933,268 |
| 应付账款 | 五、22 | 7,303,645,233 | 6, 395,728,639 |
| 合同负债 | 五、23 | 3,493,690,637 | 3,313,102,709 |
| 应付职工薪酬 | 五、24 | 1,480,291,712 | 1,246,100,404 |
| 应付税费 | 五、25 | 6,703,915,585 | 7,247,657,201 |
| 其他应付款 | 五、26 | 4,064,198,334 | 3, 821,201,414 |
| 一年内到期的非流动负债 | 五、27 | 1,433,749,770 | 2,751,237,021 |
| 流动负债合计 | | 27,421,189,421 | 26,151,960,656 |
| 非流动负债: | | | |
| 长期借款 | 五、28 | 3,871,291,872 | 2,606,582,305 |
| 应付债券 | 五、29 | 3,498,053,867 | 3,498,750,180 |
| 其中:优先股 | | — | — |
| 永续债 | | — | — |
| 租赁负债 | 五、56 | 34,832,884 | — |
| 长期应付款 | 五、30 | 458,132,294 | — |
| 递延收益 | 五、31 | 449,458,832 | 405,888,810 |
| 递延所得税负债 | 五、19 | 723,773,386 | 466,296,761 |
| 非流动负债合计 | | 9,035,543,135 | 6,977,518,056 |
| 负债合计 | | 36,456,732,556 | 33,129,478,712 |
| 股东权益: | | | |
| 股本 | 五、32 | 5,299,302,579 | 5,299,302,579 |
| 资本公积 | 五、33 | 10,587,320,348 | 10,584,747,968 |
| 其他综合收益 | 五、34 | 143,509,977 | 110,249,690 |
| 盈余公积 | 五、35 | 2,649,651,290 | 2,649,651,290 |

续表

| 项目 | 附注 | 2019年12月31日 | 2018年12月31日 |
| --- | --- | --- | --- |
| 未分配利润 | 五、36 | 118,681,897,985 | 94,044,964,143 |
| 归属于母公司股东权益合计 | | 137,361,682,179 | 112,688,915,670 |
| 少数股东权益 | | 4,958,766,801 | 3,728,957,657 |
| 股东权益合计 | | 142,320,448,980 | 116,417,873,327 |
| 负债和股东权益总计 | | 178,777,181,536 | 149,547,352,039 |

我们在前面说了，资产负债表是按照流动性来排列的，越靠前的流动性越强。对我们来说流动性最强的当然是现金了，在报表上就是货币资金。

## 一、资产

### （一）流动资产

1. 货币资金

这里你要明白的是，货币资金并不仅仅指我们手中的现金，或者锁在保险柜里的现金，它还包括银行存款。除了我们常说的存在银行账户里的钱之外，还有其他形式，比如银行承兑汇票、信用证存款、办理承兑汇票的保证金，以及存在微信、支付宝这些电子钱包里的钱。

先想一下，这个数字越大越好还是越小越好？

你是否觉得越大越好？人总是想拥有更多的钱对不对，特别是经过疫情冲击的今天，大家是不是都意识到了现金的重要性？

相反，它并不是越多越好，现金的多少会给人传递出不同的信号。首先，现金太多，会让人认为企业没有好的投资项目，有钱都花不出去，放在银行里赚取微薄的利息，这是最没有效率的现金使用方法。对公司而言，通常资产的流动性和其获利能力成反比，持有过多的现金，会降低公司的获利能力。比如格力和美的，格力2019年的现金比率（现金比率＝货币资金 ÷ 流动负债）为73.93%，美的的现金比率为49.14%，而同时期美的的净资产收益率为26.43%，格力的净资产收益率为25.72%。债权人反而会很喜欢高现金储备的情况，因为这意味着公司的偿债能力有保障。虽然看似很安全，但也说明这家公司采用偏保守型的经营模式。这样的情况多出现在一些国企中。

其次，现金太多也可能说明企业融资比较困难或者是融资成本较高，特别是一些小微企业，它们的融资渠道比较单一，没有太多可用于抵押的资产，这让它们更倾向使用自有资金，这也就促使这些公司在资金的使用上会更加谨慎保守。这就好比一个没有信用卡的人，只能将钱存入银行以备不时之需。

苹果公司曾一度是全球上市公司中现金储备最多的公司，也因此常被外界所指责。就曾有投资人批评苹果公司的首席执行官蒂姆·库克道："手握2000多亿美元现金而不使用，这是一种犯罪行为。"苹果公司2020年的年报显示，其现金及有价证券合计为1918亿美元。这个资金储备量依然排在世界前列。2020年超越苹果公司排名第一的是微软公司，有意思的是，高科技公司对资金的掌控程度要高于其他公司，这也与高科技公司需要有足够的资金保障科研有关。

那么现金太少呢，自然会使企业陷入资金周转困难的局面，不利于企业的可持续性发展。特别是疫情的突发，让很多企业面临生产的压力，如果没有持续的现金流入，现金枯竭将是早晚的事。

那么，公司持有多少现金比较合适呢？

正常情况下，公司可以使用现金比率来判断。现金比率是用来把握公司短期偿债能力的指标，该比率越高，表明公司的短期的偿债能力越强。因为这是需要用货币现金直接偿还的负债。

当然，如果遇到疫情这样的突发事件，显然企业即使现金比率指标很优秀也会面临现金短缺的威胁。因为在面对不能有现金流入的情况下，现金持有量不仅要偿付需要偿还的短期负债，还需要维持正常的生产经营。因此，成熟的企业通常会持有足够的现金，经营健康、处于成熟期的企业，最少也需要留够足以保障6个月生产经营的现金。比如：在资本市场，投资人一般会要求企业账上留够10个月的现金；有阶段性融资需求的创业公司，一般会建议保证账上现金能撑18个月，因为正常来看需要在找到下一轮资金前保证企业活下去，而这通常需要18个月的时间。如果量化的话，通常现金资产的持有量不低于公司总资产的10%。我们前面说到的苹果公司，其2020年的资金储备就占到公司总资产的59.22%，可以说该公司的资产中一半以上都是钱。格力电器 2019 年的货币资金也占到了总资产的 44.31%。那么它们的现金比率分别是多少呢？

苹果公司是 181.97%，格力电器是 73.93%，美的集团是 49.14%。

海螺水泥的货币资金是多少呢？

549.8 亿元。

这 500 多亿元都是现金吗？

不是。它包括 129.28 万元的库存现金，545.08 亿元的银行存款，4.68 亿元的其他货币资金。在这之中，银行存款中又有定期存款 450.35 亿元。所以，虽然货币资金包括现金、银行存款和其他货币资金，但并不都是可以随时取用的现金。

**海螺水泥 2018 年年报**

于 2019 年 12 月 31 日，本集团的银行存款包括定期存款人民币 45,034,780,836 元（2018 年 12 月 31 日：人民币 30,051,753,328 元），其中，3 个月以上定期存款人民币 32,503,596,980 元（2018 年 12 月 31 日：人民币 27,503,596,980 元）。

于 2019 年 12 月 31 日，本集团的其他货币资金主要包括开立银行保函的保证金人民币 14,560,374 元（2018 年 12 月 31 日：人民币 37,991,803 元），专项保证金人民币 444,775,450 元（2018 年 12 月 31 日：人民币 219,846,496 元）等。

### 2. 交易性金融资产

交易性金融资产一般指企业购买的理财产品或股票、基金、可转换债券等。比如海螺水泥的交易性金融资产就主要为公司购买的短期理财产品（见表 3-2）。

**表 3-2　海螺水泥交易性金融资产**

单位：元

| 种类 | 2019 年 12 月 31 日 | 2018 年 12 月 31 日 |
|---|---|---|
| 以公允价值计量且其变动计入当期损益的金融资产 | | |
| - 外汇衍生工具 | 524,634 | 25,140,194 |

续表

| 种类 | 2019年12月31日 | 2018年12月31日 |
|---|---|---|
| -短期理财产品 | 16,782,212,437 | — |
| 合计 | 16,782,737,071 | 25,140,194 |

于 2019 年 12 月 31 日，以公允价值计量且其变动计入当期损益的金融资产主要包括本集团向特定银行购买的非保本保息理财产品共计人民币 16,500,000,000 元，该等理财产品将于 2020 年到期，本年公允价值变动为人民币 282,212,437 元。

### 3. 应收票据和应收账款

应收票据和应收账款都是在销售业务中形成的，大部分企业在销售商品或者是提供服务的时候不使用现金交易，而是选择赊销，也就是先发货后付款，先服务后结算，这样的经营模式对于销售方或提供劳务方来说就是有一笔收款的权利尚未行使，这是你应该收回来的钱。

应收票据一般指企业收到的银行承兑汇票或商业承兑汇票。它们都是商业汇票，根据商业汇票所记载的付款人不同分为银行承兑汇票和商业承兑汇票。银行承兑汇票，就是经过银行承兑的票据，承诺到期付款。纸质的通常在 6 个月内付款，电子的通常在 1 年内付款。商业承兑汇票则是企业作为付款人的票据。从信用上来说，在银行承兑汇票和商业承兑汇票之间，大家更愿意相信经银行承兑的汇票。

为什么？

所谓承兑：承，承诺；兑，兑付。承兑汇票也就是承诺兑付的票据。而前缀指明的“银行”和“商业”则表明是谁承诺兑付。

举个例子，你的公司需要购买一批布料，你找到了对面的老王，你说我要买你的布料。老王说，可以，一手交钱一手交货。你说咱们多年邻居，我给你承兑汇票吧。老王念在邻居的情面同意了。于是你签发了一张你的公司作为出票人，老王的公司作为收款人，你的公司的开户银行作为付款人的承兑汇票，然后你的开户银行作为承兑人在票据上盖上章，这就叫银行承兑汇票。

那么商业承兑汇票呢？还是这个例子，你的公司作为出票人，老王的公司作为收款人，但是呢，你说自己公司现在资金周转困难，银行里没什么钱了，开不出承兑汇票，就找你的兄弟公司作为付款人签发了汇票，你的兄弟公司作为承兑人在票据上盖了章，此时的票据承兑人就不是你的开户银行，而是你的兄弟公司了。

那么作为老王来说，是更相信银行的承诺还是更相信其他公司的承诺呢？

显然银行的承诺更可信。所以看到应收票据，不要一味相信都是银行承兑的，要看清承兑人。

欠应收账款就是完完全全的赊销行为了，客户口头承诺付款。所以账期就比较重要了，拖得越长收回的可能性就越小。论收回欠款的可能性，银行承兑汇票大于商业承兑汇票和应收账款。我们可以看下海螺水泥的应收账款情况，2019 年应收票据和应收账款合计 96.49 亿元，其中应收票据为 83.75 亿元，而其中又几乎都是银行承兑汇票，可以看出海螺水泥对应收账款的收回情况完全不用操心（见表 3–3）。

**表 3-3　海螺水泥应收票据情况**

单位：元

| 种类 | 2019 年 | 2018 年 |
|---|---|---|
| 银行承兑汇票 | 8,368,901,956 | 9,027,182,545 |
| 商业承兑汇票 | 6,500,000 | 40,401,254 |
| 小计 | 8,375,401,956 | 9,067,583,799 |
| 减：坏账准备 | — | — |
| 合计 | 8,375,401,956 | 9,067,583,799 |

注：上述应收票据均为一年内到期。

不过需要说明的是，这里的应收账款列的是净额，也就是减掉坏账准备后的金额。一般情况下，大部分应收账款都可以在一年以内收回，所以它们也都是流动资产。

通过应收账款可以判断公司的销售政策的变化，以及公司的销售情况、在供应链中的地位等。如果应收账款的增长速度过快，可能预示着公司在加强赊销政策，或者是在做促销。另外，企业对应收账款最为关注的是它的回收情况，所以要结合账龄分析分析应收账款。

从表 3–4 可以看出，海螺水泥 2019 年 1 年以内的应收账款是 12.64 亿元，几乎占到了应收账款的全部，这说明海螺水泥的应收账款完全在可控范围内。不过3年以内应收账款却没有变化，且2~3年的应收账款新增了169.13万元，这部分就需要引起注意了，企业需要关注为什么不能收回（见表3–5）。

**表3-4　海螺水泥应收账款账龄**

单位：元

| 账龄 | 2019年 | 2018年 |
|---|---|---|
| 1年以内（含1年） | 1,264,460,016 | 1,230,621,580 |
| 1年至2年（含2年） | 15,817,553 | 3,353,831 |
| 2年至3年（含3年） | 1,691,320 | — |
| 3年以上 | 8,982,429 | 8,982,429 |
| 小计 | 1,290,951,318 | 1,242,957,840 |
| 减：坏账准备 | 17,331,396 | 10,319,905 |
| 合计 | 1,273,619,922 | 1,232,637,935 |

**表3-5　海螺水泥应收账款逾期情况统计（2019年12月31日）**

| 逾期情况 | 违约损失率/% | 年末账面余额/元 | 年末减值准备/元 |
|---|---|---|---|
| 未逾期 | 0% | 1,124,955,387 | — |
| 逾期3个月以内 | 0% | 88,775,360 | — |
| 逾期3至6个月 | 5% | 31,575,804 | 1,578,790 |
| 逾期6至12个月 | 10% | 19,153,465 | 1,915,346 |
| 逾期12至24个月 | 20% | 15,817,553 | 3,163,511 |
| 逾期超过24个月 | 100% | 10,673,749 | 10,673,749 |
| 合计 | | 1,290,951,318 | 17,331,396 |

对照坏账准备可以看出，这部分已全额计提了坏账准备。

除此之外，应收账款还可以被看作企业向客户提供的无偿贷款，因为这部分未收回的销售款项并没有收取任何利息，这也就意味着企业的利润被变相地抹杀了。举个例子，假如企业有100万元的应收账款，而银行同期贷款利率税后是6%，则100万元的应收账款会使企业少了6万元的利润。沉淀的应收账款，不仅占用了企业的资金，同时也会吃掉企业的利润，所以对应收账款的管理对企业来说至关重要。

在公司财务分析中，大家感到最神奇的可能就是资产减值的情况，怎么一会儿有一会儿又没有了。比如说企业计提的坏账。

对坏账的计提有很强的自主性，比如海螺水泥，从表 3–5 可以看出，海螺水泥将逾期 3 至 6 个月的应收账款的违约损失率定为 5%，逾期 6 至 12 个月的定为 10%，逾期 12 至 24 个月的定为 20%，超过 24 个月的定为 100%。而格力电器的坏账计提方法分为按单项计提坏账准备和按组合计提坏账准备两种：按单项计提的有 11 家单位，计提比例为 100%；而对于组合的按账龄进行计提，1 年以内的为 5%，1 至 2 年为 20%，2 至 3 年为 50%，3 年以上为 100%。具体见表 3–6。

**表 3-6　格力电器按账龄组合计提坏账准备（2019 年 12 月 31 日）**

| 项目 | 期末余额 | | |
|---|---|---|---|
| | 账面余额 / 元 | 坏账准备 / 元 | 计提比例 /% |
| 1 年以内 | 7,267,865,933.86 | 363,393,296.77 | 5.00 |
| 1 至 2 年 | 524,837,349.35 | 104,967,469.87 | 20.00 |
| 2 至 3 年 | 13,053,449.24 | 6,526,724.64 | 50.00 |
| 3 年以上 | 19,470,426.89 | 19,470,426.89 | 100.00 |
| 合计 | 7,825,227,159.34 | 494,357,918.17 | 6.32 |

实际上，在个别情况下，一些企业会通过坏账来操纵利润。那么，为什么坏账会成为操纵利润的工具呢?

我们知道，应收账款是企业销售产品或提供服务产生收入时应收回的款项，那么，当应收账款收不回来时，显然要减少应收账款，减少的这一部分就是坏账。也就是说，原本卖了 100 万元的商品，只能收回 80 万元了，那么就有 20 万元打了水漂。这就相当于 100 万元的商品实际只卖了 80 万元，那原来计 100 万元的收入是不是就计多了？这多了的部分又不能直接从收入中减去，因为当初销售合同金额就是 100 万元，也是按 100 万元销售的，只是钱没有足额收回。企业实际上是赚得少了，这时影响的就是利润，利润会减少，财务上就通过“信用减值损失”减少相应的利润。

如果企业锲而不舍地追讨，这 20 万元又收回来了，那么对应的利润就没有减少，当初减少的应收账款现在也要加回去，显然当初计提的坏账也就失去了意义。如果这些发生在同一年，那么对利润的影响也就通过一减一增抵销掉了。但如果不是发生在同一年，那表现出来的就是头一年利润减少，后一年利润增加，利润在两个不同的年度被重新进行了调整。这就容易让“有心人”加以利用，在本来没有发生坏账的年度计提坏账，然后再在第二年转回来，这样一个简单的操作，利润在两个年度上就表现出了不同的形态。

比如我在《一本书掌握财务思维》一书中提到的上市公司千山药机，就使用这种方法来操纵利润。千山药机的手段是通过虚构6家客户的销售回款，减少应收账款13246.90万元，然后根据公司的会计政策及相关应收账款账龄测算：2015年当年少计提坏账准备2181.16万元，使利润虚增2181.16万元；2016年少计提坏账准备2327.18万元，使利润虚增2327.18万元。也就是公司的账目及相关网上银行电子回单等原始凭证显示银行账户转入了销售回款，但银行对账单显示大量的回款没有相应的资金流水记录。这就是企业通过单方面虚构原始凭证，利用计提坏账准备的方法来虚增利润。

近年来，通过计提坏账准备来操纵利润的情形都会通过虚构销售回款或者是通过关联企业（人）来实现销售闭环，与前几年的单纯通过第一年计提坏账准备第二年再转回计提的坏账准备这样的手法相比更加的隐秘，因为外人很难获得上市公司的银行对账单去对这些应收账款的收回进行核对，只有通过对原始凭证的检查才能发现。

补充阅读

### 为什么坏账会成为操纵利润的工具？

人为地推迟坏账准备的计提，也会达到操纵利润的目的。比如风华高科在2015年和2016年就通过应收账款对应债权转让的手段实现推迟计提坏账准备从而操纵利润的目的。

风华高科在业务活动中形成了6319万元的应收账款，几次催要无果，为了解决欠款回收的问题，风华高科首先通过粤盛资产和宁夏顺亿进行了一系列资产配合操作：由风华高科于2016年3月出资5500万元，购买粤盛资产的一项理财产品，粤盛资产收到该笔资金后，将其全部转至宁夏顺亿账户，宁夏顺亿以2015年12月31日为基准日，原价受让风华高科的应收账款大约5470万元，并以支付受让款名义，将收到的上述款项全部转回风华高科。这样通过两次辗转，钱又回到了风华高科，而风华高科账面上原有的应收账款则减少了大约 5470 万元（见图 3–1）。

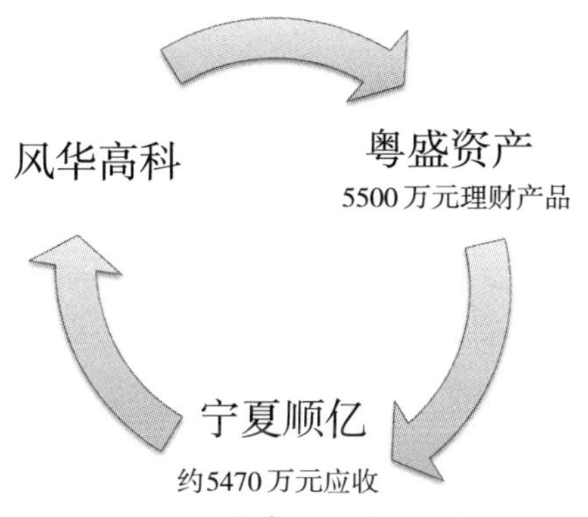


图 3–1　风华高科应收账款减少

其次，风华高科又通过个人刘某实际控制的两家公司来进行应收账款的腾挪。先是与刘某控制的深圳市全聚能实业有限公司配合操作，由该公司以 2015 年 12 月 31 日为基准日，以 8 折 680.3 万元的价格受让风华高科 850 万元的应收账款，而受让款的来源则是风华高科向刘某实际控制的另一家公司支付的预付款约 250 万元以及对该公司的应收账款约 430 万元。这样，风华高科的应收账款就减少了 850 万元（见图 3–2）。

两项操作合计使风华高科的约 6319 万元应收账款悄无声息地消失了。

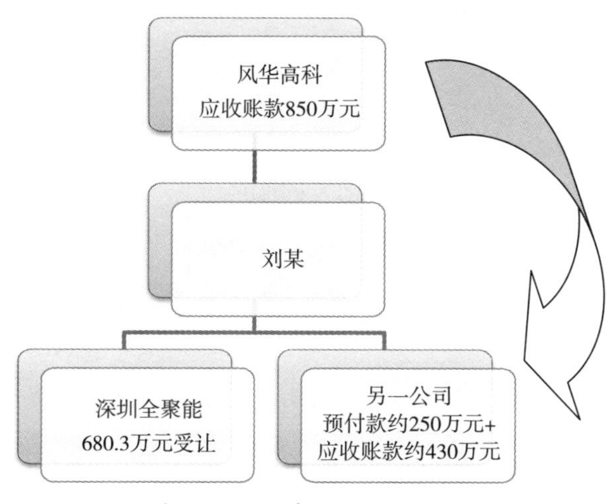


图 3–2　风华高科应收账款减少

但实际上，风华高科在分别与宁夏顺亿、深圳全聚能签署债权转让合同时，另行分别签署了补充协议，协议均明确约定：自合同生效之日起，风华高科仍有追收对应应收账款的权利和义务。若款项未足额收回，损失由风华高科承担。这句话就表明了风华高科的此笔应收账款的风险和报酬并没有转移。换句话说就是，无论任何原因导致应收账款不能收回，对方均可以找风华高科要。类似的话通常出现在带追索权的应收账款保理[①]合同中，按会计准则的要求，企业不能因此终止确认应收账款。这实际上是类似于短期借款，应收账款对应债权并未实质发生转让，并且在转让时就预计难以按时收回，这本是应该计提坏账准备的应收账款，但在此转移之后美化了利润表，变相地虚增了利润。这使风华高科 2016 年半年度报告和年度报告均虚增利润超过 6000 万元，分别占当期利润总额的 60.21% 和 33.05%。

证监会对风华高科处以了 40 万元罚款，并对涉案的 26 名公司人员加以处罚。这 26 人中就包括公司的前前任、前任和现任董事长。这 3 人都是这起信披违法事件的始作俑者，被处罚金额都是 20 万元，也是涉案人员中被处罚力度最大的。

---

在实务中常听到有些企业管理者会说“账是财务记的，我又不懂财务”，或者是“这是前任的问题，我刚上任，不关我的事”，实际上这样的说辞还不如不说。因为这种“借口”被明文列在了法条中。

《信息披露违法行为行政责任认定规则》第二十二条列明，有五种情形不得单独作为不予处罚的情形认定。分别是：

① 有追索权保理是指，保理商不负责为债务人核定信用额度和提供坏账担保的义务，仅提供包括融资在内的其他服务。无论应收账款因何种原因不能收回，保理商都有权向供应商索回已付融资款项并拒付尚未收回的差额款项。

按照风险和责任的原则，保理可以分为如下几类：

1. 有追索权保理和无追索权保理；
2. 明保理和暗保理；
3. 融资保理和到期保理。

保理业务，是指银行（保理商）与卖方企业（供应商）之间签署协议，卖方企业（供应商）将现在或将来的基于其与买方企业（购货商）订立的货物销售合同所产生的应收账款转让给银行（保理商），由银行为其提供与此相关的包括应收账款回收，销售分账管理，贸易融资，信用风险控制以及坏账担保等单项或多项服务。

（1）不直接从事经营管理；

（2）能力不足、无相关职业背景；

（3）任职时间短、不了解情况；

（4）相信专业机构或者专业人员出具的意见和报告；

（5）受到股东、实际控制人控制或者其他外部干预。

实际上，上面的五条“借口”也反映出了企业经营管理中使用坏账准备来操纵利润的动机之一是管理者换届时的需要。

比如一位经理在下半年走马上任，但是当年的经营情况并不是太好，如果这位经理把坏账准备计提在当年，而在下一年又将计提的一部分坏账准备转回，人们就会普遍觉得是前任没有经营好，而后任在第二年提升了业绩，减少了应收账款，可见在经营管理方面更有能力。实际上这只是后任耍的小聪明罢了。所以在企业管理中，股东们也要擦亮双眼，不要被这些障眼法所欺骗。

除了应收账款坏账准备的减值，后面还会提到其他资产的减值，也会产生同样的效果。另外在企业的收购中，减值准备的计提对最终收购价格的影响也是很大的。比如在收购企业之前，被收购的企业计提大量的坏账准备，这样就会使企业的资产和利润减少，使被收购企业的盈利能力显得很差，估值自然不会很高，收购价格也就降低了。等到收购完成后，再转回这些减值准备，这样就营造出了利润，创造了经营业绩。

可见，应收账款的管理在企业经营中的重要性。

4. 预付款项

预付款项是由企业先付款后拿货或者先付款后接受劳务的经济活动产生的。因为钱已经付了，而尚未拿到产品或享受到服务，所以这笔提前支付的钱就成了企业的一项权利，也就形成了流动资产中的“预付款项”。通俗来说，预付款项就是暂时存放在别处的钱，所有权还是你的，所以别看它是付出去的钱，本质上还是企业的资产。

实际上，预付款项和应收账款有着同样的作用，即暗示了公司在供应链中所处的位置。如果应收账款和预付款项都很小，就说明公司在供应链中处于强势地位，具有话语权。

预付款项通常和采购相关，企业一般预付定金，个别也可能预付全款。预付款项多的企业在供应链中比较被动，或者是企业的信用表现不佳。如果预付款项连年下降，则表示企业的谈判能力在上升。如果存在长期挂账的预付款项，就要警觉了，要看是否存在这部分资金被长期挪用的情况。如果预付款项占营业收入的比例过大，就需要给出合理的解释了。另外，还要注意是否有将应收账款隐藏在预付款项里，以便使应收账款可以表现得较为出色的情况。

预付款项必须具有商业实质，也就是交易真实性。预付款项的形成是基于采购的，需以合同为支撑，如果预付款项不具有商业实质，或者是关联交易过多，很可能存在利益输送、私设“小金库”等现象，并引发监管机构的问询。比如 2018 年的永平资源，就曾因预付款项的异常变动引发监管机构的问询。

永平资源主营业务为废旧金属的回收、加工、销售，以及钢雕工艺品的加工、销售。股转系统在 2018 年年报事后审查中关注到，永平资源相关预付款项的真实性存疑。年报显示，2018 年年末，该公司预付款项余额为 1.37 亿元，同比增长 62.45%。截至 2018 年年末，公司 1 年以内账龄的预付款项余额为 8689.49 万元，2~3 年账龄的预付款项余额为 4451.78 万元。

此外，该公司对山东新时代再生资源有限公司的预付款项余额为 6330.64 万元（账龄 1 年以内），而根据年报中对主要供应商的披露，公司 2018 年度对山东新时代的采购金额为 3465.38 万元。

思考一下，永平资源为什么会被监管机构问询？

一方面，企业之所以会事先支付采购定金，很大一部分原因就是供应商的商品太过于抢手。如果提前预付，金额最多也就是交易全款，不会超额支付。另一方面，预付定金后，通常在 1 年以内就会完成采购，所以预付款项一般都在 1 年以内。是抢手到什么样的产品才会让企业提前 2~3 年就支付定金且会超额支付呢？

有没有发现问题所在？

所以，股转系统对于上述问题要求永平资源结合业务开展情况、公司结转预付款项的时点、外部依据等，说明公司预付款项大幅增加的原因及合理性，并结合采购具体内容说明公司对山东新时代预付款项金额、采购金额均较高的原因及合理性；说明两年以上账龄的预付款项金额较大的原因，预付款项是否真实，是否存在利益输送或费用资本化情形；列示预付款项余额前五名的对象，结合业务联系、合同签订情况等逐一说明产生预付款项的原因，是否与公司存在关联关系，是否存在资金占用情形。

那么海螺水泥的预付款项情况如何呢？我们可以参考表 3-7。

从年报中披露的数据来看，海螺水泥的预付款项都是预付供应商的货款，且账龄在 1 年以内的占到 99.95%，这说明公司没有长期挂账的预付款项。海螺水泥的预付款项中，属于关联方的预付款项仅有 7196 万元，占全部预付款项的 2.67%，前五大供应商与海螺水泥并不存在关联关系，这说明海螺水泥并不存在利用预付款项进行关联输送的情况。

**表 3-7　海螺水泥预付款项情况**

| 账龄 | 2019 年 | | 2018 年 | |
|---|---|---|---|---|
| | 金额 / 元 | 比例 /% | 金额 / 元 | 比例 /% |
| 1 年以内（含 1 年） | 2,692,285,606 | 99.95% | 2,108,241,484 | 99.91% |
| 1 至 2 年（含 2 年） | 130,00 | 0.00% | 195,007 | 0.01% |
| 2 至 3 年（含 3 年） | — | 0.00% | 495,000 | 0.02% |
| 3 年以上 | 1,266,221 | 0.05% | 1,266,221 | 0.06% |
| 小计 | 2,693,681,827 | 100% | 2,110,197,712 | 100% |
| 减：减值准备 | 1,266,221 | — | 1,266,221 | — |
| 合计 | 2,692,415,606 | 100% | 2,108,931,491 | 100% |

### 5. 其他应收款

会计中有句俗话说“‘其他应收款’是个筐，什么都能往里装”。其他应收款是指企业除了应收票据、应收账款、预付款项以外的其他各类应收、暂付款项，比如备用金、代垫款项以及关联方的往来款项等，特别是各种往来款项，在其他应收款中最为常见。通常情况下，其他应收款应小于资产总额的 1%。

资产负债表上的其他应收款会分别反映应收利息、应收股利和其他应收款。应收利息一般为企业应收的利息收入等。比如企业在银行的存款，就应该产生利息收入（见表 3-8）。虽然是每天都有利息，但不会每天都发放利息，因此企业在应该收取的利息尚没有实际收到时，就将这笔钱记入应收利息，对应的就是利息收入。海螺水泥的应收利息为定期存款产生的利息收入。

**表 3-8　海螺水泥定期存款合计**

单位：元

| 项目 | 2019 年 12 月 31 日 | 2018 年 12 月 31 日 |
|---|---|---|
| 定期存款 | 579,761,544 | 294,016,648 |
| 合计 | 579,761,544 | 294,016,648 |

应收股利则与股权投资有关，对被投资企业产生的分红，公司依据所持比例收取投资收益。企业通常不会在被投资方做出分红决定时就收到投资收益，所以在通过分红方案和实际收到分红款项之间是有一段时间的，这时就应将应收但尚未收到的投资收益同时反映在应收股利中，等实际收到时再从应收股利中转入现金。

其他应收款就比较灵活了，它与主营业务无关，通常一些临时周转的资金会通过其他应收款反映，比如员工出差借用的备用金、代员工垫付的医药费、关联方企业的往来款项等，正因为如此，该科目也成了很多企业的“万能袋”。其他应收款的账务情况在一定程度上代表了企业账务的干净程度，该科目反映的品类越多越乱，预示着企业需要处理越多与主营业务无关的事项。那些说不清道不明的事项就被扔在了其他应收款里去处理。另外，该科目也会直接影响企业的利润。举个例子，比如我们前面说到的员工出差所借用的备用金，这笔钱在员工报销时会从其他应收款转为当期费用，但如果人为推迟报销时间，以出差借用的备用金形式长期挂账，就会使利润不真实。

另外，还要注意资金拆借的情况，比如关联方之间的往来款项金额和频率异常，企业管理者就需要警惕了，特别是与非子公司之间的资金转入又转出，公司再收取一定的费用的情况。有些管理者认为陪标、借用账户、资金一进一出的过桥行为等没有影响，实际上这些都会在账务上留下痕迹，并有可能被认定为涉嫌洗钱。另外，资金拆借占用公司的资金，也会损害股东的利益。除此之外，还要注意其他应收款也可能具有投资性质。

海螺水泥的其他应收款主要有四类：向地方政府提供的贷款、存出保证金、委托理财和其他，占比最高的是委托理财（见表 3–9）。

**表 3-9　海螺水泥其他应收款按款项性质分类**

单位：元

| 款项性质 | 2019 年 12 月 31 日 | 2018 年 12 月 31 日 |
|---|---|---|
| 1. 向地方政府提供的贷款 | 147,760,000 | 110,000,000 |
| 2. 存出保证金 | 341,522,028 | 410,357,659 |
| 3. 委托理财 | 2,070,767,123 | 10,123,876,800 |
| 4. 其他 | 511,174,187 | 518,080,724 |
| 小计 | 3,071,223,338 | 11,162,315,183 |
| 减：坏账准备 | 27,604,931 | 28,355,903 |
| 合计 | 3,043,618,407 | 11,133,959,280 |

### 6. 存货

存货是指企业在生产过程中囤积的原材料、尚未完工的半成品，以及已经完工但仍在库房尚未销售的产成品等。这里的存货是已经扣除了存货跌价准备后的净额。存货的变动可以预示公司的销售政策和销售情况的变化。维持一定的存货量可以保持销售的稳定，但存货过多预示了企业产品的积压，也会占用过多的资金，同时吃掉企业的利润。所以存货状态如何，可以反映出公司的管理状况。

另外，存货确认方法的不同，对利润也会产生不同的影响。

**补充阅读**

**存货是怎么影响利润的？**

我国的企业会计准则要求企业应当采用先进先出法、加权平均法或者个别计价法确定发出存货的实际成本。你会发现，这里没有后进先出法。

先举个例子，比如你进了两批货，第一批进价 100 元 / 件，你进了 20 件，第二批进价涨到了 120 元 / 件，你还是进了 20 件，那么两次的成本就不同了，第一批的成本是 2000 元，第二批则是 2400 元。假如你卖了 10 件商品出去，那它的成本是多少呢？

先进先出法下，先买的先卖出去，所以卖出去的这 10 件应该是第一批进来的那20件里的，成本是100元/件。

后进先出法下，后买的先卖出去，所以卖出去的这10件应该是第二批进来的那20件里的，成本是120元/件。

加权平均法下，两次进价的总成本除以总数量，成本就是4400/40=110元/件。

可以看出，不同的计价方法下，单位成本是不同的，相应留下的存货价值就不同，对利润的影响也不同。那么你想一下，在物价上涨时，这些不同的方法又是怎么影响利润的呢？

在物价上涨时，采用先进先出法核算，先前的成本低，先进来的先发出，此时的成本也会低，利润就会高；而采用后进先出法时，后面进来的成本高，而后进来的却先发出，结转的成本也会高，就会导致利润低。而在物价下降时，则相反。

存货的减少一般伴随着营业成本的增加，也预示着销售活动的发生。存货的增加一般伴随着应付账款的增加或货币资金的减少。因此，存货周转率体现的实际就是企业采购、生产和销售的运作效率，提高周转率实际就是提高每一个业务环节的运作效率。存货不但反映了企业对上下游的管理能力，也反映了企业自身的管理能力。

---

海螺水泥的存货分为原材料、在产品和库存商品（见表3-10）。这里的在产品就是指正处于生产过程中的但没有完成的产品，库存商品是已经完工等待出售的产成品。

**表3-10　海螺水泥存货**

单位：元

| 存货种类 | 2019年 | | | 2018年 | | |
|---|---|---|---|---|---|---|
| | 账面余额 | 跌价准备 | 账面价值 | 账面余额 | 跌价准备 | 账面价值 |
| 原材料 | 2,998,849,012 | 5,959,771 | 2,992,889,241 | 3,396,358,927 | 5,959,771 | 3,390,399,156 |
| 在产品 | 268,544,701 | — | 268,544,701 | 276,730,761 | — | 276,730,761 |
| 库存商品 | 2,313,391,815 | 3,302,800 | 2,310,089,015 | 2,358,890,406 | 3,302,800 | 2,355,587,606 |
| 合计 | 5,580,785,528 | 9,262,571 | 5,571,522,957 | 6,031,980,094 | 9,262,571 | 6,022,717,523 |

### 7. 其他流动资产

其他流动资产一般是企业除上述主要的流动资产以外的其他流动资产，相对于主要流动资产，其他流动资产这个项目并不是十分重要，通常反映的是一些预缴或者是尚未抵扣的税金。因为这些税金可以在未来继续抵扣，起到减少企业为未来缴税所产生的现金流出的作用，也是一种资金流动，因此它也是流动资产。

海螺水泥的其他流动资产主要包括到期还没有抵扣完的增值税进项税和预缴的税金（见表 3-11）。

**表 3-11　海螺水泥其他流动资产**

单位：元

| 项目 | 2019 年 | 2018 年 |
|---|---|---|
| 预缴所得税 | 31,767,634 | 64,949,167 |
| 待抵扣增值税 | 378,123,365 | 352,193,378 |
| 预缴其他税费 | 15,200,811 | 2,430,044 |
| 合计 | 425,091,810 | 419,572,589 |

## （二）非流动资产

非流动资产相对流动资产来说流动性较弱，通常是在一年或超过一年的营业周期内变现，是企业准备长期持有的资产。

非流动资产一般有债权投资、股权投资以及一些资本资产，常见的有长期股权投资、固定资产、在建工程、无形资产、商誉等。

在以前的会计术语中，非流动资产也被称为长期资产。资产的流动性是针对该资产的变现能力而言的。我们知道，企业经营实际就是一个从现金到现金的循环过程，购买材料生产商品，然后卖掉商品变成现金，这是一个资金循环的过程。而非流动资产的循环过程要比流动资产更长。比如我们手里的房子，要变现的时候还要看市场上有没有人买，不是立马就可以变现的，这就是非流动资产。

### 1. 长期股权投资

股权投资也称权益性投资，是用现金或非现金资产等取得被投资单位的股份或股权，享有一定比例的权益份额的资产。股权投资不同于交易性金融资产里的股票，交易性金融资产里的股票要么是持有待售的，要么是持有以获取稳定的现金流。而这里的股权投资，是准备长期持有的，是需要一并承担被投资企业经营风险的投资行为。

通俗来讲，长期股权投资的精髓体现在“长期”两个字上，长期股权投资也就是准备长期持有的权益性投资。但是严格来说，这实际上和企业能够对被投资单位施加影响的程度有关。一般情况下，长期股权投资根据施加影响的程度可被分为有控制权的投资、有重大影响的投资和共同控制的投资。对应的企业关系就是子公司、联营企业、合营企业。

怎么理解？

有控制权的投资可以看作企业能够对被投资公司进行控制，也就是拥有控制权，一般持股比例在 50% 以上就被视为拥有控制权。在这种情况下，被投资公司相当于子公司。

但也有特殊情况。比如公司章程中规定，对于重大决策的提案需要 2/3 以上的股东表决通过才可以通过，在这种情况下即使拥有 50% 以上的股份，也不能说拥有控制权。大家可能都听说过阿里巴巴的合伙人制度，这些合伙人就拥有超过其持股比例的额外权利。这个权利是明确写在公司章程里的，在这样的规定下，即使是第一大股东，也不能说自己拥有控制权。这就是我们俗话说的“同股不同权”的 AB 股制度。AB 股制度在一些科技型创新企业中很常见，比如京东、小米、百度、脸书以及谷歌，这种制度实际上是把现金流权和控制权进行了分离，有利于企业在快速扩张的过程中，保障创始人团队的控制权。拿我们熟知的京东来说，京东的招股说明书中就有写明，刘强东持有的 B 类股票，每股拥有 20 票投票权。其他投资人持有 A 类股票，每股拥有 1 票投票权。虽然刘强东在京东上市时手里的股份经过多次融资被稀释，但他拥有绝对的投票权，依然能把京东牢牢掌握在手中。

所以对于控制权的特殊约定，一定要提前写在公司章程里。但这不是说可以滥用。比如我们前面提到的新城控股，就利用这点来规避并表，被证监会质疑表外隐藏高额负债。

有重大影响的投资是指，企业不一定拥有控制权，但一定拥有一定的股权，这些股权可以让其施加重大的影响，相当于联合经营。也就是说对被投资企业的财务和生产决策有参与的权利，但却不能控制或者必须与其他方一起控制这些政策的制定。

股权比例一般在 20%~50%，可以是直接持有、通过子公司间接持有，或是持有可转换为被投资单位股权的认股权证、股份期权以及可转换公司债券等。

通常情况下，重大影响是指：要么在董事会中派有代表，享有实质性的参与决策权；要么就是与被投资单位之间有重要的交易，而这个交易对被投资单位的日常经营来说十分重要，在一定程度上可以影响生产经营决策；要么就是掌握着关键技术资料，被投资单位的生产经营需要依赖投资方的这项技术。除此之外，如果对被投资单位派有管理人员，而这名管理人员有权利并负责财务和经营活动，这也属于具有重大影响。另外，参与被投资单位的政策制定过程，在制定过程中可以为自身利益提出建议和意见，也被视为能施加重大影响。

共同控制的投资一般是指和其他企业一并对被投资单位实施共同控制，也就是对合营企业的权益性投资。共同控制，是指按照相关约定对某项安排所共有的控制，并且该安排的相关活动必须经过分享控制权的参与方一致同意后才能决策。

那么，这就有一个问题了，长期股权投资是越多越好吗？

是不是企业长期股权投资越多，说明企业的规模越大，就可以获得更多的投资收益？那投资太多会不会形成投资过度，使企业陷入困境？

实际上，企业不怕投资过度，怕的是在自身经营活动现金流尚不能正流入的情况下，却加大对外投资。

针对长期股权投资的不同持股比例，所使用的核算方法也是不同的。我们通常在谈论长期股权投资的时候会听到成本法核算、权益法核算这样的说法，实际上，不同的核算方法会体现出不同的报表结果。因为长期股权投资不仅仅是资产，同时也关联着公司的利润情况。

对于有控制权的子公司，我们使用的是成本法；对于有重大影响和与其他企业共同控制的联营企业、合营企业，使用的则是权益法；而对既没有控制权又不具有重大影响的，则将其归入金融资产。

成本法下，长期股权投资的价值一直是最初的投资成本价值，被投资单位的赢利或亏损情况是反映不到投资方的财务报表上的。只有当被投资单位分红的时候，才会作为投资收益反映出来。成本法下长期股权投资需要被合并纳入财务报表，也就是我们通常所说的并表。

这里提一句，对于收到的被投资单位分派的股票股利，不需要进行会计处理。这是因为，投资方并未取得实际的现金流。实际上，这种被投资单位自身在净资产范围内所进行的权益调整，投资方按照持股比例计算享有的份额并未发生变化，被投资单位所有者权益内部资本性项目与留存收益的调整，可以被认为是投资方单位投资成本的变化，所以也就无须进行会计处理。实际上实务中对于分得的股票股利也有不同的观点，认为发放股票股利和现金股利在经济实质上是相同的，或者可以将发放股票股利的行为分解成两个步骤，一是被投资单位向投资方发放现金股利或利润，二是投资方将取得的现金股利或利润进行再投资，这样一来，投资方对于取得的现金股利或利润就应当确认投资收益，在将有关投资收益进行再投资时应当调整增加长期股权投资的账面价值。但是按照我国目前的会计准则的规定，在实务处理中采用的是第一种方法，也就是不进行会计处理。

既然是自家的资产，那么每年年末就要对长期股权投资进行减值测试了，以便确认是否发生减值，长期股权投资的减值损失和后面要提到的固定资产、无形资产、商誉等资产的减值损失一经确认计提，在以后会计期间是不得转回的，除非出售或处置时才能转出。如果第一年全额计提了减值准备，而第二年就把长期股权投资卖出了，那相当于在两个年度间转移了利润。

怎么理解？还是举个例子好了。

假如公司花了 1000 万元投资了一家企业，占股 60%，没有特殊安排，这家公司对该企业拥有控制权，也就需要使用成本法进行核算。过了两年，公司将其全额计提了减值准备，那么长期股权投资的账面价值就是 0 了，然后公司将这笔长期股权投资卖了，售价 1000 万元，那么卖掉的长期股权投资就相当于产生了1000万元的投资收益。实际上，就是头一年的减值损失使利润减少了1000万元，后一年卖了1000万元产生的收益实际上是前一年的减值准备，还是这1000万元，但这样一捯饬就产生了利润。如果不计提减值准备，1000万元的长期股权投资卖了1000万元，只是长期股权投资自己的增减变动，是不会产生一分钱的账面利润的。这和前面提到的通过转回坏账准备来调节利润有着异曲同工之处。

补充阅读

## 长期股权投资如何变成控制利润的工具?

除了当期处置长期股权投资外，控制权的变动也会在当期产生投资收益。比如因为被动稀释股权而丧失控制权的时候，就会形成投资收益。其原理就是丧失控制权时要将剩余股权按公允价值重新计量，而公允价值与其账面价值的差额要计入当期的投资收益。

实际上，通过处置长期股权投资来调节利润的情况经常出现。

比如现在主营业务为证券服务、已改名为华创阳安的A股上市公司（股票代码600155），在2016年重大资产重组之前是以化工产品和水泥生产销售为主营业务的公司，原名宝硕股份。该公司财务报表显示，在2005年至2014年营业利润皆为负，这表明该公司在这10年期间的主营业务的经营情况并不理想，公司盈利能力较差。然而该公司在2015年却实现了扭亏为盈、逆势翻盘，这还是在该公司上年，也就是2014年营业收入4.09亿元，2015年减少为3.49亿元，且2014年营业利润亏损1.47亿元的情况下实现的，财报显示该公司2015年的营业利润为2.21亿元。这可以说是创造了经营神话了。

真的如此吗?

实际上，该公司在收入下降时还能使营业利润大幅增加的主要原因在于2015年的投资收益的大幅增加。年报显示2015年的投资收益为3.46亿元，而2014年只有11.60万元，前者是后者的近3000倍。投资收益是营业利润的1.57倍。从表3-12中可以明显看出数据的变化。

表 3-12　宝硕股份 2014—2015 年年报财务数据摘要

| 项目 | 2015 年 | 2014 年 |
|---|---|---|
| 营业总收入 | 3.49 亿元 | 4.09 亿元 |
| 同比 | -14.89% | 471.08% |
| 营业总成本 | 4.73 亿元 | 5.57 亿元 |
| 同比 | -14.99% | 131.75% |
| 投资收益 | 3.46 亿元 | 11.60 万元 |
| 同比 | 297888.63% | |
| 营业利润 | 2.21 亿元 | -1.47 亿元 |
| 同比 | 250.24% | 12.71% |
| 净利润 | 2.17 亿元 | -1.52 亿元 |
| 同比 | 243.01% | -121.89% |

那么投资收益都是怎么来的呢？

我们可以在年报附注中看到实际情况。投资收益主要来自处置长期股权投资产生的 2.21 亿元收益和丧失控制权后，剩余股权按公允价值重新计量产生的利得 1.48 亿元。处置长期股权投资，直接扭转了该公司连续 10 年的亏损之路（见表 3-13）。

表 3-13　宝硕股份投资收益（2015 年 12 月 31 日）

单位：元

| 项目 | 本期发生额 | 上期发生额 |
|---|---|---|
| 权益法核算的长期股权投资收益 | -27,395,276.27 | |
| 处置长期股权投资产生的投资收益 | 221,505,560.20 | |
| 以公允价值计量且其变动计入当期损益的金融资产在持有期间的投资收益 | | |
| 处置以公允价值计量且其变动计入当期损益的金融资产取得的投资收益 | | |
| 持有至到期投资在持有期间的投资收益 | | |
| 可供出售金融资产等取得的投资收益 | 40,000.00 | 116,000.00 |
| 处置可供出售金融资产取得的投资收益 | | |
| 丧失控制权后，剩余股权按公允价值重新计量产生的利得 | 147,670,373.46 | |
| 其他 | 3,846,153.41 | |
| 合计 | 345,666,810.80 | 116,000.00 |

再比如诺德股份，2014 年净利润为亏损 2.86 亿元，2015 年报告期该公司就实现属于上市公司股东的净利润 1.44 亿元，这主要是因为该公司在报告期内采取资产剥离方式转让其控股的联合铜箔 100% 股权，而这笔交易的最终目的是出售联合铜箔持有的中融人寿 20% 的股权。产生净利润的主要原因就是诺德股份间接转让了持有的中融人寿 20% 股权而实现了投资收益，2015 年诺德股份的长期股权投资减少了 81.26%。诺德股份投资收益情况见表 3-14。

表 3-14 诺德股份投资收益（2015 年 12 月 31 日）

单位：元

| 项目 | 本期发生额 | 上期发生额 |
|---|---|---|
| 权益法核算的长期股权投资收益 | -26,290,409.10 | 73,629,124.71 |
| 处置长期股权投资产生的投资收益 | 1,671,644,140.28 | |

## 补充阅读

### 对外投资时应持有多少股份？

长期股权投资的核算方法分为成本法和权益法，相对于成本法，权益法下长期股权投资的价值就不再是一成不变的了，它会随着被投资企业的经营情况的变动而变动，比较灵活，完全受被投资企业的影响。被投资企业赢利，投资方就按照持股比例获得投资收益；被投资企业亏损，投资方就跟着亏损——但最多把长期股权投资亏成零，是不会亏成负数倒贴的。成本法下可以确认的投资收益分红在权益法下就不能确认了。

基于这样的特性，那么在对外投资时持有多少股份好呢？

先举个例子吧。

假如一家公司持有另一家公司 19% 的股权，那这家公司就要按照金融资产来记录该笔投资了，这时就要看持有的是上市公司还是非上市公司的股权。如果是家上市公司，那就有公允价值可以使用了，这也就意味着这家公司每年都要按照公允价值对资产的价值来进行调整。在这种情况下，这家公司的利润也会跟着公允价值的变化而变化。如果持有的是非上市公司的股权，那就意味着没有公允价值可以使用，那这笔投资资产的价值就是初始成本，也不会随意变动，资产的价值会保持为最初的投资成本，利润自然也就不会随意变动了。

如果这家公司有一天突然觉得19%的持股比例太低了，于是增持了1%，持股比例达到了20%。这一下就活络了，因为可以按照权益法核算了，也就是说这个时候对方如果有盈利，这家公司也可以跟着增加收益。比如被投资企业当年实现了1亿元的小目标，那么持股20%就可以增加2000万元的投资收益，同时长期股权投资的价值也增加了2000万元，相当于对被投资方增资了2000万元。

如果这家企业继续增持，股份超过了50%，并且被投资公司没有在公司章程中约定什么特殊的控制权安排，这时这家企业对被投资公司就有控制权了，这种情况下是要使用成本法的，也就意味着要将其成本利润等数据编入合并财务报表了。在并表的情况下，对方就是这家企业的子公司，经营情况如何就需要直接反映出来，直接增加母公司的资产和收入。而母子公司之间的内部交易是要抵销掉的，这就意味着利润和股东权益的增加是较少的，不同于资产和收入的直接增加。

同样，如果是减资，就要经过从成本法到权益法的变迁。可以参看表3–15。

**表3–15　长期股权投资核算方法的转换**

| | |
|---|---|
| **因增资导致** | 公允价值计量的金融资产→长期股权投资（权益法） |
| | 公允价值计量的金融资产→长期股权投资（成本法） |
| | 长期股权投资（权益法）→长期股权投资（成本法） |
| **因减资导致** | 长期股权投资（成本法）→长期股权投资（权益法） |
| | 长期股权投资（成本法）→公允价值计量的金融资产 |
| | 长期股权投资（权益法）→公允价值计量的金融资产 |

实际上，长期股权投资本质上还是金融资产。

我们可以来看一下上海汽车与通用汽车的1%股权增持的案例。看懂了这个例子，你也就会明白为什么当年上海汽车要对通用汽车进行1%股权的增持了。我们来回顾一下这个案例。

**关于收购上海通用汽车有限公司 1% 股权暨公司**
**重大资产重组方案的议案**

上海汽车集团股份有限公司（以下简称“公司”或“上海汽车”）拟通过全资子公司上海汽车香港投资有限公司（以下简称“上汽香港”）以现金方式收购通用汽车中国公司（以下简称“通用中国”）所持的上海通用汽车有限公司（以下简称“上海通用”）1% 股权（以下简称“本次交易”）。由于本次交易将导致公司获得上海通用控股权，且上海通用 2008 年度实现营业收入 564.94 亿元，占公司同期营业收入的比例为 53.4%，根据《上市公司重大资产重组管理办法》第十一条第（二）项及第十二条第（一）项之规定，本次交易构成本公司的重大资产重组（以下简称“本次重大资产重组”）。本次重大资产重组方案的主要内容如下。

2009 年 12 月 5 日，上海汽车发布了该公司第四届十一次董事会会议决议，主要内容就是公司决定以 8450 万美元的对价增持上海通用 1% 的股权。在此之前，上海汽车已持有上海通用 50% 的股权，在本次交易完成后，上海汽车将直接、间接持有上海通用 51% 股权，进而确立控股地位。在上海汽车增持 1% 上海通用股权后，上海通用董事会将增加一名董事，该董事由上汽香港委派，上海汽车和通用中国在上海通用董事会中实际拥有的席位将由原来的 5 ∶ 5 变更为 6 ∶ 5。除此之外，本次重大资产重组不涉及其他人员调整及安排计划，上海通用的业务经营模式不会发生变化，上海通用各投资方在原有技术、品牌、管理、经营等方面的合作方式仍将保持并延续。

这就意味着，上海汽车通过增持这 1% 的股权而对上海通用实现了控制，并将对上海通用实现纳入合并报表的操作，上海通用优良的资产状况和盈利能力，将使上海汽车的财务报表更加优秀。相关数据显示，上海通用 2008 年营业收入为 564.94 亿元，归属母公司所有者净利润为 31.19 亿元，与此相对应，上海汽车 2008 年度营业收入和净利润则分别为 1058.92 亿元和6.56亿元。上海通用的营业收入占到上海汽车当年营业收入的53.4%。根据企业会计准则的规定，上海汽车在对上海通用合并财务报表后，上海通用的全部营业收入及营业利润将体现在上海汽车的报表上，营业收入的大幅增长将使上海汽车在世界500强的排名登上一个新的台阶。而尽管上海通用净利润不纳入合并报表范围，但随着持股比例的增加，上海汽车未来业绩也将得到一定提振。

所以，在股权比例的选择上，是需要考虑被投资企业的情况的。如果对方盈利能力强，资产状态良好，且良好的经营情况具有可持续性，我们可以考虑持股20%~50%，以获得高额的投资收益增加利润。如果希望掌握控制权，优化自身的资产状况和营收情况，这个时候可以选择控股合并，并入合并报表，这样会使投资方的财务报表更加靓丽。如果在经营状态不好，盈利能力尚不稳定，自身资金又有限的情况下，可以考虑持股20%以下。

我们可以将长期股权投资归纳为表3-16。

**表3-16 长期股权投资分类**

| 项目 | 分类 | 形式 | 比例 | 方法 | 关系 |
|---|---|---|---|---|---|
| 长期股权投资 | 控制 | 子公司 | >50% | 成本法 | 投资方与被投资企业的盈利状况没有关系 |
| | 共同控制 | 合营企业 | 20%~50% | 权益法 | 投资方与被投资企业之间的利润有关联关系 |
| | 重大影响 | 联营企业 | | | |

2. 投资性房地产

投资房地产的目的就是赚钱，要么出租赚取租金收入，要么持有并赚取增值收益，这使得投资性房地产在一定程度上具有金融资产的属性。

房地产要分成房和地两部分理解。因为我国的土地归国家和集体所有，企业所有的只是土地的使用权。所以投资性房地产只包括已出租的土地使用权、持有并准备增值后转让的土地使用权、已出租的建筑物。

需要说明的是，企业用于出租的房屋建筑物必须是企业拥有产权的房屋建筑物，如果是企业租入再转租出去的，这就不是投资性房地产了。假如企业有一个用于出租的办公楼，但是一直空着还没有租出去，只要董事会白纸黑字表明了，这就是要出租的房屋，两个月以内要租出去，那即使现在空着没租出去，也是投资性房地产。

投资性房地产能影响利润吗？

答案是能。

财务上对投资性房地产有着两种计量方式，一种是成本模式，一种是公允模式。采用成本模式，对投资性房地产要和对固定资产、无形资产一样，要计提折旧、摊销，减值了就要计提减值准备。采用公允模式，则在资产负债表中按照公允价值调整投资性房地产的账面价值，公允价值的变动通过公允价值变动损益影响营业利润，本质上和计提折旧摊销异曲同工。所不同的是，公允模式下，投资性房地产的账面价值随时和市场价值保持一致。成本模式可以转换成公允模式，但公允模式不能转换成成本模式。所以被记入投资性房地产的资产，大部分会选择采用公允模式计量反映。

3. 固定资产

固定资产是企业的资本性支出，它和我们下面要说的无形资产一起，都可以被看作企业的对内投资。固定资产最为常见，特别是在制造型企业中，厂房、生产线等这些都是企业的固定资产。对于轻资产的企业，固定资产则较少，通常可能只有电脑、家具等。

一般企业常将固定资产分为房屋建筑物、运输工具、电子设备、家具和其他。那么思考一下，什么样的资产算固定资产？如果是你，你要如何区分呢？

有一个标准是单价在 2000 元以上的为固定资产，但这是若干年以前的标准了。我们知道法规的制定通常有着滞后性，况且对货币来说还有通胀的影响，所以 2000 元的标准只能作为参考因素之一，重点参考的还是企业自身的性质。比如互联网科技公司，就会将笔记本电脑作为低值易耗品处理。因为对这些企业来说，这就是易耗品，而单价因素的考虑则在其后。要知道财务一定是灵活的，一定要根据自身情况在适当的范围内做出调整。

财务报表中的固定资产显示的一般是固定资产净额，有些企业也会将固定资产原值、累计折旧、固定资产减值准备都反映在报表中。固定资产原值扣除累计折旧等于固定资产净值，固定资产净值再扣除掉固定资产减值准备就是固定资产净额，虽然只差一个字，但内容有所不同。

那么对于企业来说，是选择重资产模式还是轻资产模式呢？

**补充阅读**

### 选择重资产还是轻资产？

很多人会根据固定资产占总资产的比重来判断一家企业的资产模式，判断这家企业是重资产企业还是轻资产企业。实际上，轻重资产之分并没有既定的数值标准。以前学术界主要从固定资产比率和固定资产占销售收入的比重两方面来衡量。

一个衡量标准是固定资产比率。固定资产比率大于50%的为标准重资产，30%~50%的为轻资产化，小于30%的为标准轻资产。当然这个指标并不是绝对的，因为经济模式在不断变化。另一个衡量标准是固定资产占销售收入的比重，比重小于20%即属于轻资产范畴。实际上，这个指标最能告诉我们的是固定资产到底给企业创造了多少价值。

那么轻重资产两种不同模式分别对企业有什么影响呢？

我们知道固定资产要折旧，这就会对成本产生影响。重资产企业的折旧成本明显会高于轻资产企业，不管这些设备是满负荷运转还是只发挥了一半产能，折旧都是不可避免的。企业只有加大产量才能使每个产品分摊的成本更低，所以重资产企业可以通过扩大产量来降低单位成本。另外，重资产会占用企业大量的资金，这就意味着公司的流动性会受影响，资金流动的表现会较差。

**资产配置背后的经营战略**

如果我问你，制造型企业是重资产企业吗？

相信有绝大部分的人会不假思索地回答——是，但事实真的如此吗？

举个例子好了。成立于1977年的苹果公司，不仅生产iPhone手机，还生产iPod、平板电脑以及笔记本电脑等，它设计、制造和销售各种媒体通信设备，这需要大规模的生产线来支持，所以在一般人心里，苹果公司应该是拥有众多固定资产的重资产企业。但苹果公司的历年财报却告诉我们，这是一家彻彻底底的轻资产企业。

苹果公司 2020 年的固定资产是 367.7 亿美元，仅占总资产的 10%，即使算上存货，占比也仅有 11.5%（见表 3–17）。近 10 年的平均值也只有 12%。如此低的固定资产占比，是如何成为全球最大的手机供应商的呢？

**表 3–17　苹果公司重资产情况表**

| 重资产情况 | 2020 年 | 2019 年 | 2018 年 | 2017 年 | 2016 年 | 2015 年 | 2014 年 | 2013 年 | 2012 年 | 2011 年 | 2010 年 |
|---|---|---|---|---|---|---|---|---|---|---|---|
| 存货 / 亿美元 | 40.61 | 41.06 | 39.56 | 48.55 | 21.32 | 23.49 | 21.11 | 17.64 | 7.91 | 7.76 | 10.51 |
| 物业、厂房及设备 / 亿美元 | 367.7 | 373.8 | 413 | 337.8 | 270.1 | 224.7 | 206.2 | 166 | 154.5 | 77.77 | 47.68 |
| 总资产 / 亿美元 | 3541 | 3239 | 3173 | 3204 | 3406 | 3385 | 2318 | 2070 | 1761 | 1164 | 751.8 |
| 固定资产 ÷ 总资产 /% | 10% | 12% | 13% | 11% | 8% | 7% | 9% | 8% | 9% | 7% | 6% |
| （存货 + 固定资产）÷ 总资产 /% | 12% | 13% | 14% | 12% | 9% | 7% | 10% | 9% | 9% | 7% | 8% |

如果你仔细观察会发现，这体现的正是苹果公司轻资产化的经营战略。

20 世纪 90 年代，在乔布斯接手之前，苹果公司的管理也是混乱的，尤其是产品线和零部件的生产，乔布斯接手之后，砍掉了 70% 的产品，将电脑的品样由 15 个缩减到 4 个，并对供应链进行改革，关闭了全部工厂，将制造在全球范围内进行外包，还关闭了大量的仓库和国内配送，全力专注于研发和营销，使苹果蜕变成了一家标准的轻资产公司。

值得注意的是，苹果公司的零部件供应商都在苹果外包公司不远的地方，这进一步提升了存货周转速度，使得苹果公司的存货占比常年维持在 1% 左右。

如果你听说过“微笑曲线”，一定明白位于曲线两端的环节是整个产业中获利最高的地方，就像微笑时人们上扬的嘴唇一样（见图 3–3）。1992 年宏碁集团创始人施振荣先生为了“再造宏碁”提出了著名的“微笑曲线”理论，即在整个 IT 产业上中下游，愈接近曲线上扬的两端，即左侧的核心技术与知识产权，以及右侧的销售与服务，所能够创造出来的附加价值也愈高，而微笑曲线下沉的中间地带，则代表了组装制造等附加价值最低的领域。迈克尔·波特的价值链分析模型也同样指出在企业产业链中的不同阶段，其价值增值空间存在很大差异。

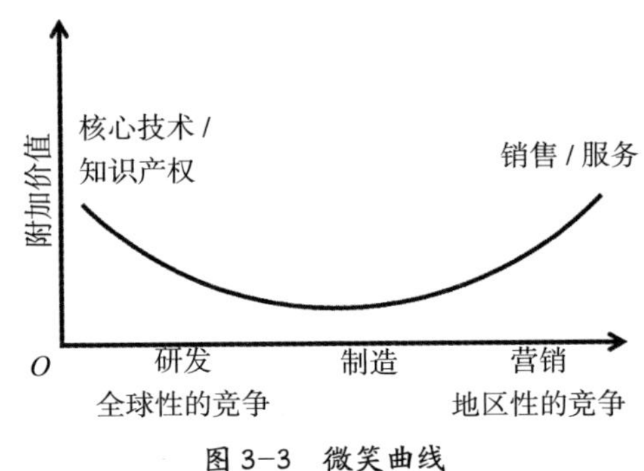


图 3-3　微笑曲线

从上图中可以看出，企业业务只有往曲线的两端延伸，才能获得更高的附加价值。

苹果公司在供应商的选择上也颇有战略，采用的是多企业竞争制衡的模式，不依附于某一供应商，而是选择两到三个供应商，并会提供这些零部件生产所需的设备。苹果公司连续十几年，每年都有百亿美元的资本支出，其中用于设备和软件的购买支出占 75% 以上。这些设备的使用者正是苹果公司的上游企业。比如在富士康的各条苹果生产线中，有 20%~50% 不等的设备由苹果提供。而在一些小型的苹果代工厂中，几乎每 1000 台设备里，就有 500 台是由苹果提供的。又比如，2012 年，为了力推全金属机身，苹果大规模采购 CNC（数控机床），甚至在一段时间里垄断了市场上全部的高端设备。而这些设备的售价，单台就高达 100 万美元。苹果采购之后，将其尽数配送给相关供应商。而苹果公司和供应商的协议中也要求这些设备只能被用于苹果公司的产品生产，这就使得苹果公司在竞争和风险防护上设置了护城河，掌握了足够的话语权，而苹果公司对整个供应链的掌控又得益于其丰富的现金储备和位于产业链顶端的地位。

实际上，外包的出现也让企业开始意识到它们最多可以做到在产业价值链中的三到四个环节具备高度竞争力，而不可能在所有的环节都拥有竞争力。那些试图在所有环节都做好的企业，往往什么都做不好，甚至对决定自身生存的客户都不能提供好的服务。追求事事完美，往往一无是处。事实上，所有经营战略的最终目标都是增加公司的财务价值，这就意味着企业应该追求未来现金流扣除资本成本后的净现值的最大化。

如果你仔细观察就会发现，现在越来越多的重资产模式企业都在向轻资产模式转变，纷纷致力于以最少的存货与固定资产方面的资金投入，凭借其长期积累的供应链能力、客户资源、品牌服务、技术研发等轻资产，撬动并整合企业内外的各种资源，创造竞争优势与企业财务绩效。

如果企业不能扩大市场份额提高销售量，就要考虑从节约成本入手，来想办法提高企业的盈利。不妨换个思路思考，改变企业的经营模式，找到高附加值环节，砍掉低附加值环节。正如我们常说的“二八定律”，把80%的精力集中在20%最核心的事情上，才更符合经营管理的实质。用较低的经营杠杆和财务杠杆使企业价值最大化，带来较高的资产回报率。

轻资产的经营模式在财务报表中表现出来的特征包括现金储备多、现金流充足、利润高、证券类投资及其收益高、资产以及存货的周转速度快、无息负债多、广告费和研发费用高等特征。与之相对应，存货和固定资产就少，有息负债和利息费用也较低，现金股利分红少。由于在供应链中占据强势地位，轻资产企业表现出的谈判能力较强，这在公司财务管理中就会表现出应付账款较多和应收账款较少的特征，无偿占有上下游合作伙伴的资金，这类企业在财务中通常被称为“类金融”企业。轻资产模型见图3-4。

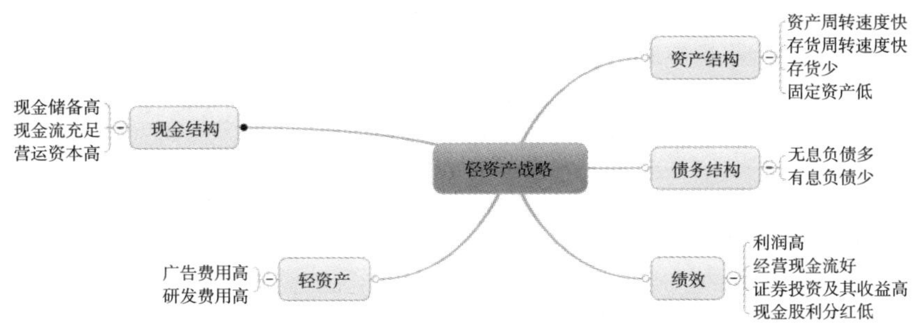


图3-4　轻资产模型

**轻资产模式的弊端**

当然，任何事情都有其两面性。轻资产模式也并不是没有任何缺点，比如最突出的缺点就是对产品的质量无法逐一把关，可能面临产品质量失控的风险。举个例子，就拿我们曾经的国货之光回力运动鞋来说，创办于1927年的回力在20世纪七八十年代生产出了国内唯一的高端运动鞋，相比于当时的解放鞋来说，回力鞋堪称所有人关于优质运动鞋的集体回忆。2017年，回力加入了轻资产模式的阵营，关闭了自己的工厂，通过品牌授权的方式让12家生产企业进行回力鞋的生产，配套加工工厂达8家。曾经在回力官网上显示的其经销渠道在各地也不尽相同。在上海、安徽、江西、河南等地，回力门店负责人各异；而在福建、广东、云南、四川等地，门店负责人均为同一人。对生产的授权把控不严，就容易出现产品质量失控的情况；而对销售授权的把控不严，则将产品销售推向混乱的局面。

2019年12月31日，国家市场监督管理总局官网通报2019年童鞋等51种产品国家监督抽查质量不合格产品及企业名单。其中，上海回力鞋业有限公司生产的WZ-9047型童鞋样品，被查出含有邻苯二甲酸酯。这让好不容易回春的国民老品牌一下子又被推到了风口浪尖，随之而来的是盈利受损。

同样质量失控的还有光明乳业。光明乳业在2001年的时候接受著名咨询公司麦肯锡的建议，开始转型为轻资产企业，并陆续收购了一批地方小型乳业企业。2003年出版的《轻资产运营：以价值为驱动的新商业模式》一书中，作者孙黎和朱武祥列出的第一个案例就是光明乳业。他们用杜邦财务分析比较2002年为止光明和伊利历年的绩效表现，发现伊利的盈利能力在下降，而光明在品牌的溢价效应、资金周转能力、上下游资金的运作能力上都表现不俗。然而好景不长，由于对这些收购企业的控制力不够，光明乳业爆出了“回炉奶”事件，随后在“三聚氰胺”事件中，光明乳业也因控股子公司江西光明英雄乳业生产的英雄牌婴幼儿配方乳粉受到牵连，销量大幅下滑。在第二年就宣布以1元价格出售所持江西光明51%的股权。

除此之外，轻资产的模式也可能造成企业过度依赖供应链而失去对外部环境的敏感性以及应对变化的灵活性，甚至可能培养出潜在的竞争对手，导致企业被迫走入价格战。如果不能对核心技术及战略做出有效的控制，也将会面临损失战略信息的风险。

《周易·丰卦》中有句说："日中则昃，月盈则食。"意思是说：太阳运行到中天就会向西偏移，月亮圆满之后就会亏缺。事物发展到一定程度之后就会向相反的方面转化，这是自然界的普遍规律。正如我们常说的物极必反。轻资产模式虽然优点众多，但并不是所有企业都适合这种商业模式，即使适合，如果过度依赖轻资产模式而忽视其潜在的风险，也必将为企业的经营带来损失。

---

固定资产虽然是资产项，但它最终是要影响企业利润的。其中一个很大的原因就是固定资产需要计提折旧和减值。折旧较多的企业经常会表现出现金流大于利润的特征，因为折旧只减少利润，但不会减少现金流。也就是说，计提的折旧只是成本或费用的一项账面记载，是不会带来现金流的实际减少的。所以折旧多的企业通常现金流不错，但利润却不高。

那是不是所有的固定资产都需要计提折旧？

不是。个别情况下也有不需要计提折旧的固定资产。比如已提足折旧仍继续使用的固定资产、单独计价入账的土地等，这些就不需要计提折旧。还有像不属于企业自用而作为投资获利性质的房屋建筑物等投资性房地产也是不需要计提折旧的。另外对于没有完工、尚在建设状态的自建固定资产也不用计提折旧，这一部分资产因为没有完工，也就谈不上折旧，它们被归类为在建工程，我们在下面会说到。也是基于此种特性，在建工程的转固时间成为一些企业调节利润的手段。

通常计提折旧的方法有四种：年限平均法（也称直线法），工作量法，双倍余额递减法和年数总和法。企业使用最多的是年限平均法，因为简单方便。工作量法是按照实际工作量来计提折旧的一种方法，比如运输企业按货运车辆的行驶里程计提折旧，施工企业按工作小时数来计提折旧。而双倍余额递减法和年数总和法有时也被称为加速折旧法。不同折旧方法的选择，对企业当期的利润以及所得税都有着不同的影响，其主要的原因就在于，不同折旧方法下应计提折旧总额在固定资产各使用年限之间的分配结果不同。

年限平均法体现在平均上，扣除一定的残值后折旧额按照使用寿命平均确定，这种方法虽然简单，但对企业来说却不能准确反映各个时期的固定资产经济价值。通常情况下，固定资产在使用前期的工作效率相对较高，所带来的经济效益也就多，而在其后期，随着时间的推移，其工作效率也会呈现出下降的趋势，此时所带来的经济效益就会逐渐减少。年限平均法是考虑不到这些因素的，因此对固定资产在各个时期的真实经济价值就不能准确反映。另外固定资产不同的使用期间的维修费用也是不一样的，随着时间的推移和使用频率的消耗，维修费用也会随之增加。年限平均法同样不考虑这一因素。所以固定资产各期负荷相同时，使用年限平均法还是比较合适的，但如果不是各期负荷相同的情况，使用年限平均法就会不能真实反映固定资产实际的使用情况，计提折旧额与固定资产损耗程度也不相符。

工作量法则是根据实际工作量计算每期应提的折旧额。在工作量法下体现的不是时间的推移，而是由于使用使得固定资产的价值降低。工作量法看重有形损耗，但实际上，固定资产即使不使用也会发生折旧，所以工作量法无法在账面上反映出这一情况。

加速折旧法的原理是递减，表现为折旧费用前期高后期低，这样做的目的是使固定资产的大部分成本在使用早期尽快得到补偿。

实际上，加速折旧实际是国家给予企业的一种无息贷款。为什么这么说呢？

前面我们说了，固定资产的效用随着其使用寿命的缩短而逐渐降低：当固定资产处于较新状态时，效用高，产出高，维修费用低，相对应所取得的现金流量较大；反之，当固定资产处于残旧状态时，效用低，产出低，维修费用高，所取得的现金流量较小。基于这样的特征，折旧费用理应呈现递减的趋势。而加速折旧法能使折旧费用呈现出递减的动态变化，此时，企业缴纳的所得税便呈现出递增的状态，就企业而言，这实际上是延期向国家缴纳所得税，对国家来说，就相当于是给企业提供了一种无息贷款。

怎么理解？可以看下面这个例子。

比如一辆车的原价是 100 万元，预计使用年限 5 年，预计净残值 0.4 万元，那么每年的折旧额是多少呢？

在平均年限法下，5 年每年折旧额都是（100–0.4）÷5=19.92 万元。在双倍余额递减法的加速折旧下每年分别折旧 100×40%=40 万元、（100–40）×40%=24 万元、（100–40–24）×40%=14.4 万元、（100–40–24–14.4–0.4）÷2=10.6 万元、（100–40–24–14.4–0.4）÷2=10.6 万元。在扣除折旧费用前的会计利润每年都是 100 万元的情况下，所得税率 25%，利润和所得税是怎么变化的呢？我们可以参考表 3–18。

**表 3–18　折旧方法举例**

| 折旧方法 | 年限 | 折旧额 / 万元 | 利润 / 万元 | 所得税 / 万元 |
|---|---|---|---|---|
| 平均年限法 | 第一年 | 19.92 | 80.08 | 20.02 |
| | 第二年 | 19.92 | 80.08 | 20.02 |
| | 第三年 | 19.92 | 80.08 | 20.02 |
| | 第四年 | 19.92 | 80.08 | 20.02 |
| | 第五年 | 19.92 | 80.08 | 20.02 |
| 双倍余额递减法 | 第一年 | 40 | 60 | 15 |
| | 第二年 | 24 | 76 | 19 |
| | 第三年 | 14.4 | 85.6 | 21.4 |
| | 第四年 | 10.6 | 89.4 | 22.35 |
| | 第五年 | 10.6 | 89.4 | 22.35 |

你不妨拿出笔在图 3–5 上将点连成线看看。

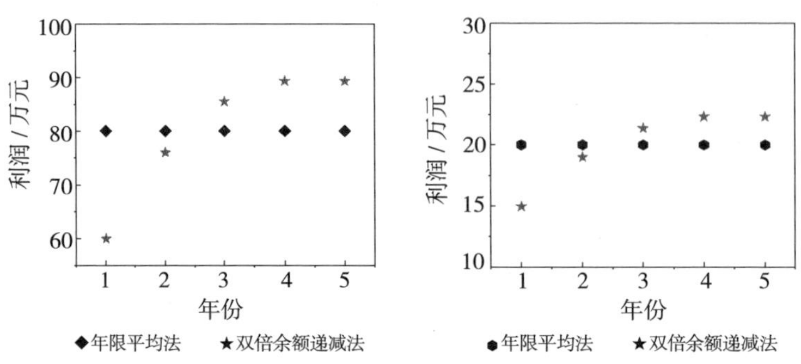


**图 3–5　不同折旧方法产生的利润与所得税**

从这个意义上来说，折旧也是国家的一项经济政策，可以鼓励某一行业的发展或刺激投资。实际上，第二次世界大战后，美国政府为了促进军火工业的发展，鼓励人们向军火工业进行投资，规定处于垄断地位的军火企业的厂房与设备计提折旧时可以缩短折旧年限。随后美国当时的所得税法也承认了用加速折旧而计算的应税所得额。当时的这种政策是促进了处于物资供应短缺状态的美国经济的发展的。

可见，折旧方法的选择对企业每年的收益和现金流都会产生影响。前面我们也说过折旧年限的不同对企业利润的影响，企业在考虑折旧方法时，还是需要综合考虑企业的维修成本、战略方向等因素的。

对固定资产价值的影响除了折旧以外，还有固定资产的减值。如果说折旧是物理原因上的损耗，固定资产减值则是跟不上技术进步的甩卖。固定资产的减值既会减少资产价值，又会降低利润水平。

说到减值，大家肯定还记得我们前面说过的应收账款减值，有些企业会利用应收账款减值的计提与转回来调节利润，那固定资产的减值呢？我们也说过，非流动资产的减值一旦计提就不得转回。这是不是就说明没有企业会利用固定资产减值来调节利润了呢？

答案恰恰相反。

举个例子，这里有一项固定资产，账面原值 100 万元，计提了 20 万元的减值准备，后来把这项固定资产卖掉了，卖了 100 万元，那么想一想，在计提减值的时候，是不是当期的利润减少了 20 万元，那么同时固定资产的账面价值也减少了 20 万元，变成了 80 万元，那么账面价值 80 万元的固定资产卖了 100 万元，是不是产生了 20 万元的账面利润呢？

仔细思考一下，这是不是和应收账款的减值转回效果一样呢？实际上，如果固定资产出售或者转让的价格超过了计提减值之后的固定资产原值，那么我们就认为这在事实上相当于前面计提的减值又被转回了。

### 补充阅读

#### 固定资产要买还是要租？

实际上，作为“大件物资”的固定资产的投资，对于企业来说并不是一件容易决策的事，因为大笔的资本支出不仅影响企业的现金流，还会影响企业的成本支出，没有现金，企业会破产，成本增加，企业的利润表会很难看，所以企业要想获取固定资产，或者把固定资产变废为宝，还是要制定一些策略的。

还是讲个故事好了。

2009 年年底，民航总局宣布顺丰航空正式获准运营。顺丰航空公司一次性就购买了两架飞机，这也是中国民营快递企业第一次拥有自己的飞机。2010 年，顺丰的一位高管表示，王卫直言“后悔”，说自己太过保守，早知道经济危机这么快过去，飞机当时那么便宜，应该一口气多买几架。

如果是你，你会买几架？又或者只租不买呢？

我们知道一架飞机动辄上亿，而对于航空公司来说飞机又是不可或缺的，所以如果购买就需要充足的现金流做支撑，于是这几年就非常流行一种租赁形式的金融工具，特别是在一些重资产的企业中，这种工具更受欢迎。我们可以来看一组数据——租赁联合研发中心发布的《2019 年融资租赁业发展情况报告》显示，2019 年世界租赁业务总量，即租赁合同余额，约为 41600 亿美元，和 2018 年约 38000 亿美元相比，增加 3600 亿美元，增长了 9.5%。①

① 租赁联合研发中心，是根据中国租赁联盟、国际租赁联盟组委会倡议，由国内外行业研发和相关部门、重点企业组成的联合研发机构。

看着这样的数据，再想想所购资产的金额和公司的现金流，是不是你也会在是租还是买中做出选择呢？

事实上，当你开始这样想时，你的方向就错了。为什么？

我们首先要明白的是，租赁的本质是一种债务融资。名义上是租，实际上是借贷行为，只不过你借的对象不是银行这样的传统金融机构，而是租赁公司。比如王卫要租飞机，他首先联系的是租赁公司，告诉租赁公司自己的需求，由租赁公司去向商家购买，然后出租给王卫，王卫只要每年支付租金就可以了。

在这个关系中，王卫拿到的不是钱，而是飞机，他只是个承租人，每年付出的是租金，会因为分期支付而使现金流的压力变小，但如果一旦没有及时支付租金，则可能面临着被随时收回飞机的风险。而购买却不用面临这样的风险。

见图 3–6。

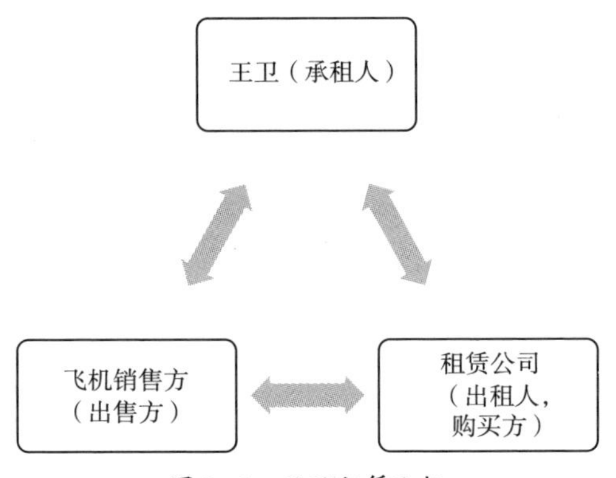


**图 3–6　王卫租赁飞机**

所以当要在是租还是买中做选择时，要认识到租和买所面临的风险是不一样的，在这样的背景下去进行选择，显然是违背投资决策时要在同等风险等级中做抉择的原则。那么，租和买不在一个风险等级中，而租和借的风险等级却是相同的。所以，我们应该是在同样风险等级中的“租”和“借”中做出抉择。当然在判断的时候，我们可以通过比较租赁的利率和借款的利率之间的差异来进行判断。

截至2021年1月，顺丰航空已拥有63架货机。

如果你的竞争者知道你的秘密却不能复制，这就是绝佳的护城河。正如顺丰的竞争对手都知道顺丰拥有自主货机一样，但不是每个竞争对手都能这样大手笔地买入这么多架飞机。

王卫苦恼的是他当时没有多买几架飞机，假如出现相反的情形，他买了足够多的飞机，却发现之后的经济形势并不乐观，而公司又恰巧需要一笔资金，要怎么办?

这是公司经营中经常遇到的事情，实际上，有一种财务操作可以完美地解决这个问题——融资性售后回租。把飞机卖给融资租赁公司，再和其签订租赁合同把飞机租回，这样既不用真实地移动飞机，又获得了急需的资金，只进行协议上的操作，就能让固定资产不仅成为提供产能的铁疙瘩，还能转化出营业资金出来。

实际上，在互联网浪潮迅猛汹涌的当下，越来越多的企业对固定资产有了新的认识，并不将其局限为只能计提折旧的价值损耗品，而是将其当作一种新形态，使其提供更多的附加值。

---

关于固定资产，我们延伸了很多，可见固定资产在企业管理中的地位，通过固定资产可以判断企业的资产状况、运营情况、发展战略等。同时，也要结合固定资产和在建工程来进一步查看企业的预期成长情况。

4. 在建工程

在建工程是企业固定资产的新建、改建、扩建，或技术改造、设备更新和大修理工程等尚未完工时的工程支出。

在建工程的增加一般预示着企业预期的成长情况向好，企业在成长壮大中，传递的是企业向好的预期。通常情况下，制造型企业要想创造更多的利润就要获取更多的营业收入，而获取营业收入就需要扩大生产规模，这就要求企业扩大生产产能，增建厂房、引进设备等，反映在财务报表中就是在建工程、固定资产或无形资产的增加。这传递的是企业中长期利润回报增加的信号，但也不是绝对的，如果企业的管理非常优秀，投资新项目也很谨慎，那么大概率是好事。如果企业的管理比较混乱，经常盲目投资一些新项目，那在建工程大幅度增加大概率会变成坏事。假如投资项目建成后产能不能完全释放，就会导致企业的营业总成本超过总营收，进而拖累企业。

补充阅读

### 在建工程如何影响利润?

我们前面说过在建工程会被一些企业利用来操纵利润，一方面原因就在于在建工程只有在完工之后才会转入固定资产，这之后才会开始计提折旧、摊销。而完工并不是指我们通常认为的竣工结算，而是指达到预计可使用状态。实际上，现实中在建工程有可能会因受到种种限制而使达到可使用状态的时间延长，有的可能长达几十年。但是只要是达到预期可使用状态，无论是否办理竣工结算，都需要计提折旧。

有没有人会好奇没有办理竣工结算要如何计提折旧，毕竟财务核算是需要有数据才能计算的对吧?

实际上，这就体现了财务中权责发生制实质重于形式的特点了。没有实际的准确数据也没关系，财务上只需要按照估计价值来确定成本，并计提折旧就可以，等到办理完竣工结算后再按实际成本调整原来的暂估价值，但是此时却不会去调整原来已经计提的折旧额。

另一方面原因在于，在建工程是未成为固定资产前的状态，所以作为资本项，工程在建期间发生的利息支出是可以资本化的。利息资本化能减少财务费用，也能够虚增利润。这在一些企业中会看到。当然，出来混总是要还的，推迟转固，资本化的费用还会在以后期间通过折旧摊销的形式转回费用，但那就是影响以后期间利润的事情了。

还是举个例子，我们来看这家企业。

天齐锂业是一家以锂为核心的新能源材料企业，2020 年公司频繁收到证券监管机构的问询函，这些问询函均提到在建工程的问题，究竟是什么原因让天齐锂业的在建工程这么备受关注？很大一部分原因就在于这家公司的在建工程工期进展实在是太慢了。

天齐锂业的财务报告显示，截至2020年9月30日，账上的在建工程有67.13亿元，而在2015年的时候还只有1.67亿元，短短几年时间增加了近40倍。2016年只是增加了1倍，2017年在建工程就增长到了19.51亿元，随后就是大幅的提升，这说明天齐锂业有大项目上马，但在2018年之后其在建工程却只增不减。按道理说在建工程应该完工转固定资产了。但在建工程的只增不减和固定资产没有相应大幅提升，说明在建工程项目可能在追加投资，或者持续有新项目上马。

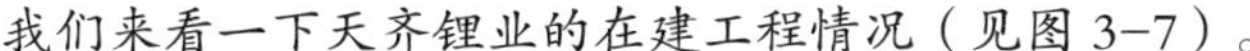

我们来看一下天齐锂业的在建工程情况（见图3-7）。

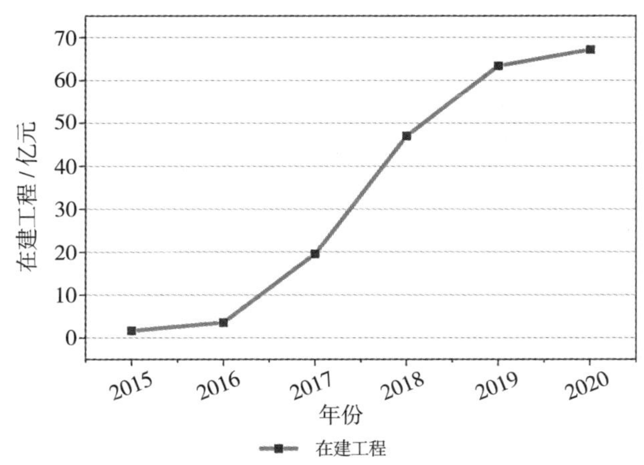


**图3-7　天齐锂业2015—2020年在建工程走势图**

证监会四川监管局2020年的一份问询函指出，天齐锂业2016年10月在澳大利亚开始建设的“2.4万吨电池级单水氢氧化锂项目”，截至目前进展缓慢，存在投资超期、超预算等情况。而针对2019年年报的问询函中的第一个疑点就是2019年财务报表被出具了保留意见，保留意见涉及事项为审计机构无法获取关于天齐锂业在澳大利亚的一期、二期氢氧化锂项目在建工程减值准备的充分、适当的审计证据。而这笔在建工程于2019年12月31日合并资产负债表上反映的账面价值分别为35.31亿元、12.56亿元，占期末净资产比例为50.71%、18.04%。那么这个“2.4万吨电池级单水氢氧化锂项目”的进展是如何个缓慢法呢？

天齐锂业的财务报告显示，目前在建工程项目主要有以下几个项目。

我们根据财报披露的信息将其整理如下（见表 3-19 至表 3-23）。

表 3-19　2016 年 2.4 万吨电池级单水氢氧化锂项目进展情况

| 项目名称 | 预算数 / 元 | 期初余额 / 元 | 本期增加金额 / 元 | 本期转入固定资产金额 / 元 | 本期其他减少金额 / 元 | 期末余额 / 元 | 工程累计投入占预算比例 /% | 工程进度 /% | 利息资本化累计金额 / 元 | 其中：本期利息资本化金额 / 元 | 本期利息资本化率 /% | 资金来源 |
|---|---|---|---|---|---|---|---|---|---|---|---|---|
| 矿石转化工厂 | | 48,392,892.33 | 2,949,063.43 | | | 51,341,955.76 | | | | | | 其他 |
| 化学级锂矿石工厂 | | 28,012,790.56 | 29,735,731.47 | 24,786,842.42 | | 32,961,679.61 | | | | | | 其他 |
| 雅江锂辉石矿采选一期工程 | 398,727,200.00 | 130,163,570.50 | 11,065,781.35 | | | 141,229,351.85 | 35.42 | 35.42 | | | | 其他 |
| 磷酸铁锂项目 | | 10,857,505.17 | 0.00 | | 3,582,388.78 | 7,275,116.39 | | | | | | 其他 |
| 电池级单水氢氧化锂项目 | 1,398,368,900.00 | | 162,593,764.08 | | | 162,593,764.08 | 8.14 | 8.14 | | | | 其他 |
| 其他零星工程 | | 5,706,510.49 | 52,609,272.39 | 37,964,571.90 | | 20,351,210.98 | | | | | | 其他 |
| 合计 | 2,397,096,100.00 | 223,133,269.05 | 258,953,612.72 | 62,751,414.32 | 3,582,388.78 | 415,753,078.67 | — | — | | | | — |

表 3-20 2017 年 2.4 万吨电池级单水氢氧化锂项目进展情况

| 项目名称 | 预算数 / 元 | 期初余额 / 元 | 本期增加金额 / 元 | 本期转入固定资产金额 / 元 | 本期其他减少金额 / 元 | 期末余额 / 元 | 工程累计投入占预算比例 /% | 工程进度 /% | 利息资本化累计金额 / 元 | 其中：本期利息资本化金额 / 元 | 本期利息资本化率 /% | 资金来源 |
|---|---|---|---|---|---|---|---|---|---|---|---|---|
| 雅江锂辉石矿采选一期工程 | 379,727,200.00 | 141,229,351.85 | | | 3,091,052.20 | 138,138,299.65 | 34.64 | 34.64 | | | | 其他 |
| 磷酸铁锂项目 | | 7,275,116.39 | | | | 7,275,116.39 | | | | | | 其他 |
| 年产 2.4 万吨电池级单水氢氧化锂项目一期 | 1,998,368,900.00 | 162,593,764.08 | 899,061,593.24 | | | 1,061,655,357.32 | 53.13 | 53.13 | | | | 募股资金 |
| 第二期年产 2.4 万吨电池级单水氢氧化锂项目 | 1,670,438,400.00 | | 131,483,757.41 | | | 131,483,757.41 | 7.87 | 7.87 | | | | 其他 |

表 3-21　2018 年 2.4 万吨电池级单水氢氧化锂项目进展情况

| 项目名称 | 预算数/元 | 期初余额/元 | 本期增加金额/元 | 本期转入固定资产金额/元 | 本期其他减少金额/元 | 期末余额/元 | 工程累计投入占预算比例/% | 工程进度/% | 利息资本化累计金额/元 | 其中：本期利息资本化金额/元 | 本期利息资本化率/% | 资金来源 |
|---|---|---|---|---|---|---|---|---|---|---|---|---|
| 雅江锂辉石矿采选一期工程 | 398,727,200.00 | 138,138,229.65 | 683,059.01 | | 5,123,940.00 | 133,697,418.66 | 33.53 | 33.53 | | | | 其他 |
| 年产 2.4 万吨电池级单水氢氧化锂项目一期 | 1,998,368,900.00 | 1,061,655,357.32 | 792,213,250.00 | | | 1,853,868,607.32 | 92.77 | 92.77 | | | | 募股资金 + 自筹资金 |
| 第二期年产 2.4 万吨电池级单水氢氧化锂项目 | 1,670,438,400.00 | 131,483,757.41 | 595,298,674.00 | | | 726,782,431.41 | 43.51 | 43.51 | | | | 其他 |
| 2 万吨碳酸锂工厂项目 | 1,431,010,000.00 | | 31,045,798.09 | | | 31,045,798.09 | 2.17 | 2.17 | | | | 其他 |

表 3-22　2019 年 2.4 万吨电池级单水氢氧化锂项目进展情况

| 项目名称 | 预算数 / 元 | 期初余额 / 元 | 本期增加金额 / 元 | 本期转入固定资产金额 / 元 | 本期其他减少金额 / 元 | 期末余额 / 元 | 工程累计投入占预算比例 /% | 工程进度 /% | 利息资本化累计金额 / 元 | 其中：本期利息资本化金额 / 元 | 本期利息资本化率 /% | 资金来源 |
|---|---|---|---|---|---|---|---|---|---|---|---|---|
| 雅江锂辉石矿采选一期工程 | 398,727,200.00 | 133,697,418.66 | | | | 133,697,418.66 | 33.53 | 33.53 | | | | 其他 |
| 第一期年产 2.4 万吨电池级单水氢氧化锂项目 | 3,711,876,803.25 | 1,853,868,607.32 | 1,676,771,590.52 | | | 3,530,640,197.84 | 95.12 | 95.12 | | | | 募股资金 |
| 第二期年产 2.4 万吨电池级单水氢氧化锂项目 | 1,670,438,400.00 | 726,782,431.41 | 528,863,815.87 | | | 1,255,646,247.28 | 75.17 | 50.00/ | | | | 其他 |
| 2 万吨碳酸锂工厂项目 | 1,431,010,000.00 | 31,045,798.09 | 13,597,626.75 | | | 44,643,424.84 | 3.12 | 3.12 | | | | 其他 |

表 3-23　2020 年上半年 2.4 万吨电池级单水氢氧化锂项目进展情况

| 项目名称 | 预算数 / 元 | 期初余额 / 元 | 本期增加金额 / 元 | 本期转入固定资产金额 / 元 | 本期其他减少金额 / 元 | 期末余额 / 元 | 工程累计投入占预算比例 /% | 工程进度 /% | 利息资本化累计金额 / 元 | 其中：本期利息资本化金额 / 元 | 本期利息资本化率 /% | 资金来源 |
| --- | --- | --- | --- | --- | --- | --- | --- | --- | --- | --- | --- | --- |
| 雅江锂辉石矿采选一期工程 | 398,727,200.00 | 133,697,418.66 | | | | 133,697,418.66 | 33.53 | 33.53 | | | | 其他 |
| 第一期年产 2.4 万吨电池级单水氢氧化锂项目 | 3,711,876,803.25 | 3,530,640,197,84 | 52,340,521.50 | | | 3,582,980,719.34 | 96.53 | 96.53 | | | | 募股资金 |
| 第二期年产 2.4 万吨电池级单水氢氧化锂项目 | 1,670,438,400.00 | 1,255,646,247.28 | 3,143,739.14 | | | 1,258,789,986.42 | 75.36 | 50.00 | | | | 其他 |
| 环球研发中心暨新能源产业投资总部项目 | | 61,342,516.40 | 15,317,112.17 | | | 76,659,628.57 | | | | | | 其他 |
| 2 万吨碳酸理工 | 1,431,010,000.00 | 44,643,424.84 | 14,430,066.56 | | | 59,073,491.40 | 4.13 | 4.13 | | | | 其他 |

从在建工程进度情况明细表中可以看出，2016 年投入的“2.4 万吨电池级单水氢氧化锂项目”一开始的进展还是正常的，2017 年和 2018 年的建设期内的完工程度已经达到了 90% 以上，而随后投产的第二期也达到了 50%。不过在 2019 年，这个项目就处于停滞状态了，甚至还出现了倒退的现象。

根据项目议案，这个项目最初设定的是 2018 年 10 月份竣工试生产，可是天齐锂业在 2019 年的时候对该项目增加了投资，投资总额由原定的 3.98 亿澳元调整至 7.70 亿澳元，项目达到预定可使用状态的日期也延长至 2019 年 12 月 31 日。投资增加了 1 倍，工期也延长了 1 年，我们刚刚在项目明细中看到的 2019 年完工进度是停滞状态，而天齐锂业在 2020 年 2 月披露进展情况时指出因为公司严重缺乏海外工程建设管理经验和专业人才团队，项目调试方案论证不充分以及新设备、新工艺技术需不断优化调整等多重因素，决定调整进度，放缓该项目节奏。

这看起来就像是工程没按预期进展一样，但实际上，这和天齐锂业的杠杆收购有关。2018 年，天齐锂业高负债购入世界第二大锂产品供应商智利 SQM 公司 23.77% 的股权，成为 SQM 公司第二大股东。为什么说是高负债呢？天齐锂业为购置该股权共花费了 40.66 亿美元，2018 年人民币兑美元的平均汇率是 1 美元等于 6.6174 元，相当于天齐锂业花了 269 亿元购买此股权。因此这也让天齐锂业向银团贷了 35 亿美元的长期借款，而天齐锂业前一年的货币资金只有 55 亿元，净资产也只有 106 亿元。这笔收购直接使得天齐锂业的资产负债率由 40% 飙升到 73%，2019 年就需要为此支付 16.5 亿元的利息费用。

不走运的是，这么大手笔的收购，第二年天齐锂业就对这笔收购计提了 53.53 亿元的减值准备。而市场上锂产品价格也开始全面走低，2019 年天齐锂业的净利润由前一年的 28 亿元变成亏损 55 亿元，2020 年的业绩快报显示当期仍然亏损。天齐锂业也为此公布了不能偿还到期大额债务本息的风险提示以及业绩持续亏损并被给出退市风险警示的风险提示。那么思考一下，假如天齐锂业按预期将在建工程转固定资产或对此在建项目计提减值准备，那么势必将继续放大对利润的影响。

前面我们说过，资产的减值准备会影响当期利润，而在建工程一旦转固也是要计提折旧的，同样影响当期利润。这就很容易理解为什么这些在建工程会停滞了，雅江项目甚至常年停留在33%的进度上。

---

实际上，在建工程除了可以反映企业的经营管理和资金状况以外，还可以反映出企业的财务情况。

2020年中国证监会对林州重机下发了“行政处罚决定书”，林州重机和兰州中煤支护装备有限公司（以下简称兰州中煤）签订了工业产品采购合同，合同约定由兰州中煤向林州重机提供锂电池系列设备。林州重机随后将预付款转为对子公司的其他应收款，而其子公司根本就没有收到兰州中煤提供的设备实物，也没有相关物流单据和发票，却确认了2.07亿元的在建工程。这笔虚假采购使林州重机当年的利润总额虚增1124万元，占当期披露合并利润总额的比例为48.72%。可见，林州重机利用虚增在建工程、虚减财务费用来虚增利润总额。这份虚假财务报告背后反映的是林州重机的经营管理理念。

同样因为在建工程被证监会处罚的凯迪生态则是对非正常中断的在建工程进行资本化处理，使费用变成资本，对财务报表造成的影响同样是虚增在建工程，同时又虚减财务费用，从而使利润总额虚增。

有没有很惊讶，在建工程这么一个小小的平时不被重视的资产项竟然有这么多操作手法。

看一下海螺水泥的在建工程情况。数据显示，2019年在建工程是62.38亿元，比之2018年增加了80.39%，在建工程在持续投入，这反映出海螺水泥正在投入新的建设项目，以帮助公司进行资产更替以及技术更新。

5. 无形资产

很多人说财务报表中最让人捉摸不透的就是无形资产，它总是给人一种看不见、摸不着的感觉，没着没落的，也没有个形态，但实际上，它却可以被称为掌握着企业命脉的无影之手。

英国著名哲学家培根在《沉思录》中写道："知识就是力量。"我们改革开放的总设计师邓小平同志提出"科技是第一生产力"。无论是"知识就是力量"中的"知识"，还是"科技是第一生产力"中的"科技"，体现在财务报告中都是"无形资产"，就是企业拥有的专利权、非专利技术、商标权、著作权、特许权、土地使用权等。这些权利基于法律或合同而存在，是会给企业带来利益流入的资产。

如果我们为无形资产画一张思维导图（见图 3–8），你会发现商誉和土地使用权好像是这里面最特立独行的。商誉我们在下面专门来说，土地使用权呢，有没有人知道它为什么出现在这里？

这还要从我国的土地性质说起。我国的土地实行的是公有制，没有任何一家企业或任何一个个人可以拥有土地的所有权，所购买到的只是土地的使用权。也就是企业拥有的是在一段时间内对某一土地的开发、利用、经营的权利，所以在我国土地是无形资产。

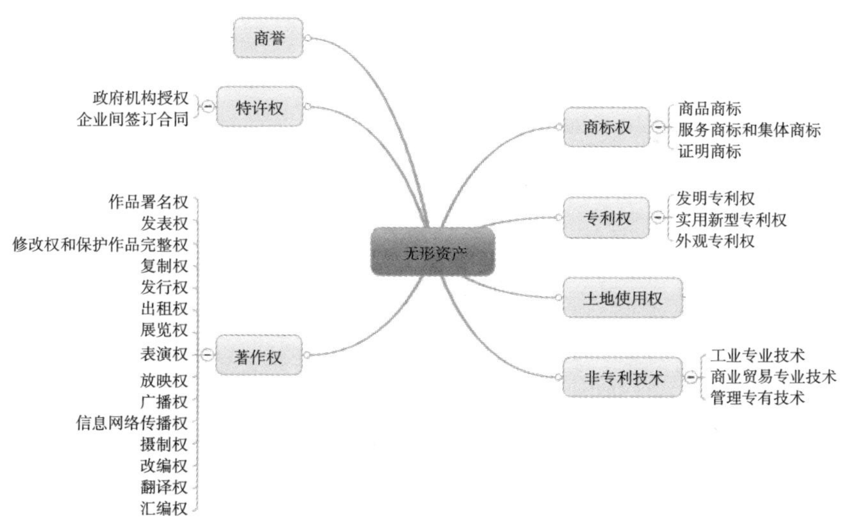


**图 3–8 无形资产的组成部分**

## 补充阅读

### 无形资产如何影响利润?

海螺水泥、永清环保、宁沪高速、科大讯飞、海康威视、格力电器、美的集团、复星医药、恒瑞医药，这几家公司，你认为哪家公司的无形资产比较多?

我们的第一反应肯定是高科技企业的无形资产最高，比如我们认为的作为高科技企业的海康威视和科大讯飞。但实际上，我们往往会被自以为是的认知所欺骗，这在我们这本书的开篇就提到了。

我根据这些公司 2019 年的财务报表计算出了各公司无形资产占总资产的比重，就是下面这张图（见图 3–9），有没有出乎你的意料?

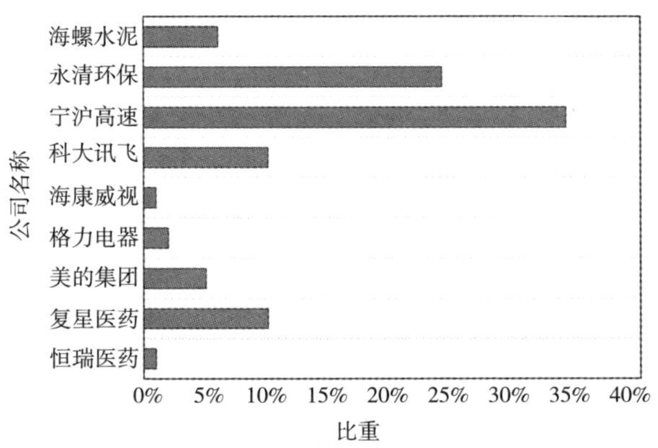


图 3–9　2019 年无形资产占总资产比重条形图

从图中可以看出，无形资产占比最高的是宁沪高速，占比高达 34%，它的无形资产有 3 类，其中 97.5% 都是公路经营权，这同时也反映了这个行业的特色。高速公路类公司的主营收入也主要来自高速公路的经营收费，像宁沪高速的收费公路业务收入就达到了全部收入的 77.7%。美国学者针对 1929 年开始的 10 年间的 346 家美国企业无形资产的研究发现，无形资产具有很强的行业特征。再比如海螺水泥，无形资产占比 6%，除了土地使用权就是矿山开采权和黏土取土权，这也体现了行业特性，即水泥生产对矿山资源的依赖。

其次是永清环保，无形资产占比 24%。永清环保的无形资产主要是特许经营权，占 94%。这也反映了环保行业的特色——环保特许经营模式。另外，特许经营权也为环保行业提供了很好的 BOT 经营模式，即“建设—经营—转让”，特别是在基础设施建设领域被广泛使用。

科大讯飞和复星医药都达到了 10%,一个是科技企业,一个是医药企业，这两类企业的特色都是科研支出多，都属于技术型企业。

接下来我们可以分三组来看，一组是科大讯飞和海康威视，一组是复星医药和恒瑞医药，一组是格力电器和美的集团，它们也分别代表了高新技术行业、医药行业和家电设备行业。

科大讯飞内部研发形成的无形资产占到无形资产余额的 74.82%，实际上，研发支出也正是这类企业的主要生命动力。我们可以把科大讯飞和海康威视对比来看，它们都属于高科技企业，但你有没有发现，同为高科技企业，它们的无形资产占比却有着巨大的差别。海康威视的无形资产占比只有 1%，远远不及科大讯飞。是不是很奇怪？这是不是说海康威视的研发能力不足呢？

不要这么急着下结论。

财报显示，海康威视的无形资产主要由土地使用权、知识产权以及应用软件构成，其中土地使用权占比 87.92%，知识产权只占比 1.48%。是不是越发看不懂了，这是科技型企业吗？你要知道，海康威视拥有的专利在 2019 年年底已经累计达到 4119 项了，为什么无形资产这么少？

恒瑞医药的无形资产占比也只有 1%，而复星医药的无形资产占比则是 10%，同样为制药公司，差别为什么也这么大呢？

仔细分析无形资产可以看出，复星医药的无形资产中最多的是专利及专有技术，占比 37.03%，2019 年通过内部研发形成的无形资产占无形资产年末账面价值的 4.51%。而恒瑞医药的无形资产的构成只有土地使用权和软件。是不是很吃惊，明明是一家制药企业，医药研发是使企业获得生存能力的主要来源，为什么无形资产中只有土地使有权和软件呢？难道这是一家软件公司？

实际上，我们看无形资产不能只盯着资产负债表看，更不能只盯着资产负债表中的无形资产看，还要看无形资产下面的开发支出，以及利润表中的研发费用。我们首先要知道，无形资产可以由企业自主研发，也可以由企业以外购的形式形成。外购的无形资产直接反映在无形资产中，但自主研发的就不会全部形成无形资产了。自主研发需要分为研发阶段和开发阶段。研发阶段的支出需要计入当期损益，也就是我们说的全部费用化。而开发阶段的支出就会根据情况分别进行资本化处理和费用化处理。满足既定条件的可以确认为无形资产，否则应计入当期损益，无法区分的时候也是计入当期损益的。因此，这也就是说，并不是所有的研发支出都会转入无形资产而最终表现为资产负债表中的无形资产列示。

我们再来看恒瑞医药，2019 年恒瑞医药的研发费用占全年营业收入的 16.7%，实际上，恒瑞医药每年都会拿出营业收入的 10% 以上做研发投入，但是恒瑞医药将研发投入全部进行了费用化处理，这也就是恒瑞医药没有科研投入类无形资产的原因了，因为它并没有转入无形资产。这也体现了两种不同的企业经营模式，我们在下一节会讲到。

同样，我们再看海康威视。海康威视的研发费用在 2019 年投入了 54.84 亿元，占当期营业收入的 9.51%。事实上，海康威视一直在不断提高研发投入，研发费用率从 2017 年的 7.62% 提高到了 2019 年的 9.51%，而公司研发投入的资本化率为零。这也就是说，海康威视将所有的研发投入全部计入了当期损益。和恒瑞医药选择了同样的处理方法。

格力和美的的无形资产占比相差并不太多，格力 2%，美的 5%，且它们的研发投入也都是营业收入的 3% 左右，你可以用同样的思路来对比下格力和美的在处理无形资产时的不同之处，你会发现两种不同的无形资产的处理方式对企业战略的不同影响，这背后也体现出了不同的经营模式。

根据这些特征我们可以得出一个结论——无形资产少并不代表着研发投入就少。研发投入是一个企业得以建立行业领先地位的关键所在，是企业在行业中保持优势并建立护城河的保障。根据信号博弈模型，上市公司无形资产对企业绩效具有正向影响，但同时也需要明白的是，因为研发投入周期长，无形资产带动企业效益增长不可避免地带有滞后性的特征。

另外，对于自主研发的无形资产，其成本实际上是很难确定的，这里面有很多的人为因素。企业在无形资产的处理上往往体现出两种不同的风格——激进和保守。激进派会对研发支出进行更多的资本化的处理，这虽然保证了当期的利润，但却会影响后期的利润状况。保守派则更多将其费用化，将表内资源表外化，这将导致企业当期的利润下滑。因此，很多企业账面的无形资产更多的是由外部购入或者是企业并购形成的。大量的自主研发的无形资产会游离于表外。

研发是一个具有高度不确定性的活动，且时间跨度大，而财务又是一项严谨的工作，对于外购产生的无形资产，企业一般根据其购买价格、相关税费以及其他的直接支出，如达到预定用途所发生的专业服务费用等来确定其入账成本。比如外购以外的，投资者投入的无形资产，一般按双方合同或协议约定的公允价值来作为初始成本入账；对于通过非货币性资产交换取得的无形资产则按照具有商业实质的公允价值来确定，如果涉及补价，补价的实质实际上还是双方协商的公允价值的补差；对通过债务重组的方式取得的无形资产，也是以其公允价值入账的。

有没有发现，不管从外部取得的途径是什么，入账的价值都是双方协商的公允价。那么除了这种双方交易产生的无形资产外，还有一种方式是企业自己研发，那对于内部自主研发产生的无形资产要如何处理，又要如何在财务报表中反映呢?

首先我们要知道的是，内部研发需要一个过程，这就需要对研发过程进行阶段划分了。哪个阶段只是萌芽状态，还处于研究阶段？哪个阶段又是真正开始开发的阶段？阶段不同，支出的去向也就不同。

我国的会计政策中有一个具体的标准可以参考。

企业将为进一步开发活动进行的资料及相关方面的准备活动作为研究阶段，无形资产研究阶段的支出在发生时计入当期损益。

将企业已完成研究阶段的工作后再进行的开发活动作为开发阶段。开发阶段的支出则需要同时满足下列条件时，才能被确认为无形资产：

完成该无形资产以使其能够使用或出售在技术上具有可行性；

具有完成该无形资产并使用或出售的意图；

能够证明运用该无形资产生产的产品存在市场或无形资产自身存在市场，如若无形资产将在内部使用，能够证明其有用性；

有足够的技术、财务资源和其他资源支持，以完成该无形资产的开发，并有能力使用或出售该无形资产；

归属于该无形资产开发阶段的支出能够被可靠地计量。

总结起来可以用一句话概括：内部研究开发项目研究阶段的支出，发生时计入当期损益；开发阶段的支出，满足条件的，可以被确认为无形资产。

我们知道，无形资产和固定资产一样，并不是一成不变的，确定好初始入账成本后就需要在有效的使用期间内进行摊销了。而实际上，无形资产也就是通过摊销来对摊销各期的利润施加影响的。这点与固定资产折旧非常相像。无形资产主要是按照使用寿命来确定摊销期的。需要注意的是，要确定无形资产在使用过程中的累计摊销额，基础是估计其使用寿命，只有使用寿命有限的无形资产才需要在估计使用寿命内采用合理的方法进行摊销，而使用寿命不确定的无形资产则不需要摊销。

如果有合同规定了权利期限，则一般使用寿命就是合同期限了。如果企业使用资产的预期期限短于合同规定的权利期限，则按照短的来——也就是企业预期使用期限摊销。举个例子，假如有家企业拥有一项专利技术，法律规定的保护期限是 20 年，企业预计该专利未来 15 年内会给企业带来经济利益。但是呢，有个第三方向这家企业承诺，在 5 年内以其取得之日公允价值的 60% 来购买该专利权。你认为这项专利技术对这家企业的使用寿命是多久？ 20 年？ 15 年？ 5 年？

答案是 5 年。

站在这家企业的角度来说，从目前的持有计划来看，这家企业是会在 5 年内将这项专利技术出售给第三方的。那么对这家企业来说，它的实际使用寿命就是 5 年。

如果企业的某项无形资产既没有合同的约定，也没有法律的规定，并且即使找相关专家进行论证、参考同行业等都无法确定确切的使用寿命，那这时就属于“三无”了，财务上就会把它确定为使用寿命不确定的无形资产，此时也就没办法进行摊销了，但还是要在每个会计期间都进行减值测试。

可见，摊销的期限具有一定的自主性。比如科大讯飞对外购的软件的使用寿命按 5~10 年的期限摊销，而对于自主研发的软件的使用寿命则是按 2~5 年的期限摊销。海康威视对软件按 5~10 年的期限摊销。永清环保则对软件按 3~8 年的期限摊销。

另外，我们需要知道的是，财务报表中的无形资产列示的是净值，也就是扣除无形资产累计摊销和减值准备后的余额。

## 补充阅读

### 科研人员是不是越多越好?

对于科技型企业来说，人们直觉上认为对科研人员的引入决定了企业的创新结果。技术性员工越多，企业的创新产出和业绩就越高。越来越多的企业显现出对技术人才的渴望，企业成批地招入技术人才，不断地扩大科研队伍，仿佛这样就可以创造更多的利润，至少在心理上会这么认为。

实际上，这就陷入了一个思维误区。

还是拿科大讯飞举例。科大讯飞的研发人员数量在 2019 年的时候达到了 6404 人，占公司员工总数的 61.3%。实际上，我们可以对比下科大讯飞研发人员的比例与企业净利润的关系（见图 3−10），会不会让你有些新的发现?

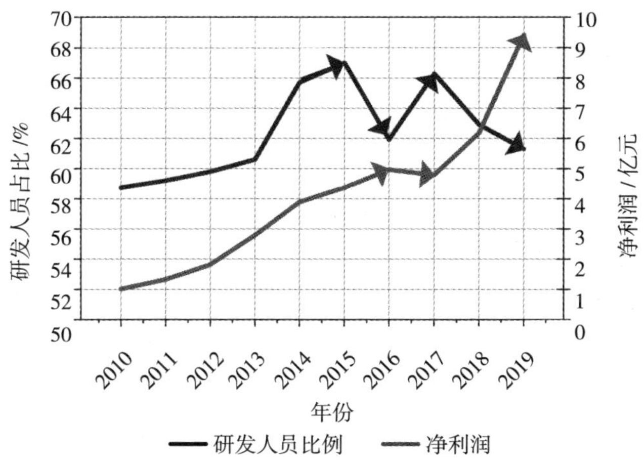


图 3−10　科大讯飞 2010—2019 年研发人员比例与净利润对比图

这是2010—2019年科大讯飞科研人员在员工总数中的占比情况与企业净利润的对比图。我们从图上可以清楚地看到，2010年的时候，企业的科研人员增加，净利润表现出同步增加的趋势，2013—2014年科研人员快速增加的时候，净利润的增长速度放缓了，从2015年开始科研人员和净利润形成了反向的变动。当科研人员占比高的时候，当年的净利润反而下降；当科研人员占比低的时候，净利润反而在上升。这表明，当科研人员开始增加时，确实对企业的净利润产生了积极的影响，而当科研人员达到一定比例后，过度增加反而对净利润造成了相反的影响。这种关系的变化看起来就像是“反微笑曲线”（见图3-11）。

图3-11 反微笑曲线

这让我想起了一件趣事，记得曾经有人问我如何提高财务部在公司里的地位，我说扩招，壮大自己部门的人员，这样部门在公司的重要性就体现出来了，话语权自然就上来了。这当然是一个趣事，但是扩招员工会产生更多的薪酬，部门运营成本自然也会上升，但是效益的提升却会打折。一旦技术性员工离职，岗位的不可替代性以及重新招聘培养员工的成本也会影响企业的资本回报。所以人才“不求所有，但求所用”。

还要请大家思考一下，高比例的技术性员工中，有没有南郭先生呢？

欧阳修在《乞补馆职札子》中写道：“善用人者，必使有才者竭其力，有识者竭其谋。”意思是说：善于用人的人，一定要使有才能的人竭尽自己的力量，使有见识的人竭尽自己的智谋。

《珞珈管理评论》曾发表过一篇研究文章，为了验证技术性员工过多的反噬现象，两名作者共分析了2008—2014年在中国债券市场上市公司的发债数据，得出了技术员工比例越高，债券信用利差越大的结论。这就体现出一定的反噬效应。原因是：技术员工的高比例暗示了技术员工存在一定的谈判能力，要求企业提供更高的员工薪酬，同时也存在技术员工之间“搭便车”现象，从而影响企业的效益。

你看，常识告诉我们多招研发人员可以创造出更多的专利，以帮助企业创造出更多的效益。而财务分析却告诉我们，研发人员的比例不是越高越好，而是会随着研发人员的增多对企业的绩效产生一定的反噬效应，所以企业不是要“博览天下英才”，而是要“人尽其用”，毕竟人才的获得最终是要为企业创造更多的有效价值。

补充阅读

## 警惕研发支出的反噬

财务的当下处理是会直接影响企业未来的财务状况的，很多人往往会被眼下的利润所迷惑，选择忽视对未来利润的反噬。

还是举个例子好了。

拿我们前面提到的科大讯飞来说，科大讯飞 2019 年内部研发形成的无形资产占到无形资产余额的 74.82%，这是一个高度自主研发型的企业。前面我们说了，研发投入资本化程度越高，转化成无形资产的金额就越大，那么未来每年需要摊销的金额就越大，对未来利润的影响也就越大。

作为一家人工智能企业，科大讯飞在智能语音识别和机器学习等人工智能核心技术研发上保持着国际前沿水平，其 2019 年的财报显示，科大讯飞的营业收入 100.80 亿元，当年的研发投入为 21.43 亿元，研发投入占到当年营业收入的 21.27%，可以说科大讯飞每年都拿出自己营业收入的 1/5 去搞研发。

这么高的科研投入，科大讯飞如何进行资本化和费用化的分配呢？

从财报中可以看出，科大讯飞研发投入的资本化率是 48.52%。也就是说，科大讯飞对将近一半的研发投入进行了资本化处理。这样当年就有超过 10 亿元被认定为无形资产，这样的处理当然也就推高了科大讯飞的无形资产金额，也就解释了为什么科大讯飞的无形资产占比能达到 10% 的高比例了（见表 3–24）。

表 3-24 科大讯飞研发投入情况

| 项目及占比 | 2019 年 | 2018 年 | 变动比例 |
|---|---|---|---|
| 研发人员数量 | 6,404 人 | 6,902 人 | -7.22% |
| 研发人员数量占比 | 61.30% | 62.92% | -1.62% |
| 研发投入金额 | 2,143,460,175.95 元 | 1,772,739,448.27 元 | 20.91% |
| 研发投入占营业收入比例 | 21.27% | 22.39% | -1.12% |
| 研发投入资本化的金额 | 1,039,956,771.15 元 | 833,515,226.98 元 | 24.77% |
| 资本化研发投入占研发投入的比例 | 48.52% | 47.02% | 1.5% |

将近 50% 的资本化比例高吗？确实不低。那这么高的比例合理吗？我们需要通过比较才能下结论。

科大讯飞是计算机软件行业的企业，我们要看一下同行业其他企业 2019 年的情况。在同行业中营业收入和净利润均排名第一的 360 的研发投入是多少呢？占当年营业收入的 19.6%。那 360 的研发投入资本化率是多少呢？ 0。总市值排名第一的金山办公的研发投入资本化率是多少呢？ 0。流通市值排名第一的用友网络呢？研发投入资本化率是 10.6%。360 和金山办公都选择了全部费用化的处理方式，而用友网络差不多是科大讯飞的 1/5。与同行业比，科大讯飞接近 50% 的研发投入资本化率显然是过高的。

科大讯飞一开始对研发投入的资本化处理比例就是这么高吗？我们可以看一下图 3-12。

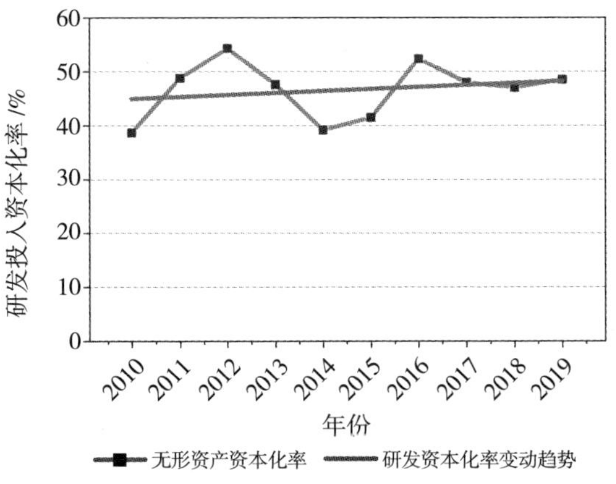


图 3-12 科大讯飞 2010—2019 年研发投入资本化率

科大讯飞在2010年的研发投入资本化率是38.68%，这是科大讯飞自2008年上市以来研发投入资本化率的最低点，之后看似在40%~50%之间波动，但根据线性趋势线可以很明显看出金额是往上走的。

可以说这个比例是相当高了。欧盟委员会发布的“2020全球企业研究投资排行榜”显示，在2500家上榜的全球企业中，我国进入前十的只有一家企业——华为。而华为每年坚持拿出多少来进行研发投入呢？每年营业收入的10%以上，比如2019年的研发费用率是15.3%。而华为对研究与开发支出的会计政策是通常于发生时确认为当期费用，也就是说，华为将2019年发生的约1317亿元研发支出全部计入了研发费用。

那么，高资本化率是怎么一步步反噬企业营业利润的呢？

资本化的研发支出被转化成了无形资产，实际上，无形资产和固定资产一样也是要计提折旧的，只不过它换了一个名字叫“摊销”，摊销期限根据使用寿命或合同期限的不同而不同。科大讯飞在2010年的管理费用中列支的无形资产摊销还只有634.78万元，占当期管理费用的7%。而到了2019年列支的无形资产摊销就达到了5.67亿元，占管理费用的24%。已经超过了2017年的净利润，几乎等于2018年的净利润，是2019年净利润的60%。摊销金额正在一步步地反噬利润（见图3-13）。

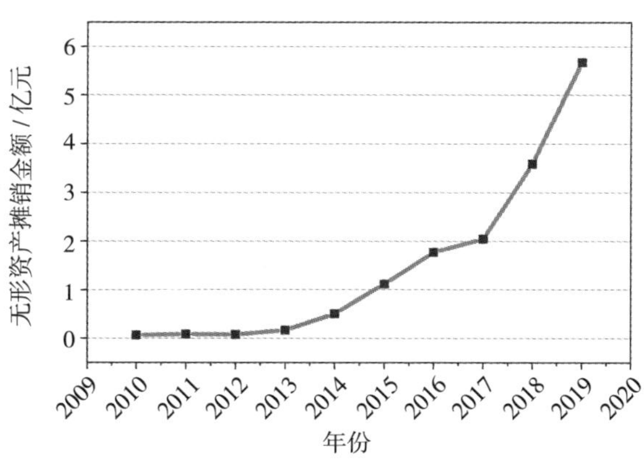


**图3-13　科大讯飞2010—2019年无形资产摊销金额**

有句话说“出来混总是要还的”，科大讯飞的毛利率正好和无形资产的摊销金额走出了一条相反方向的曲线（见图3-14）。

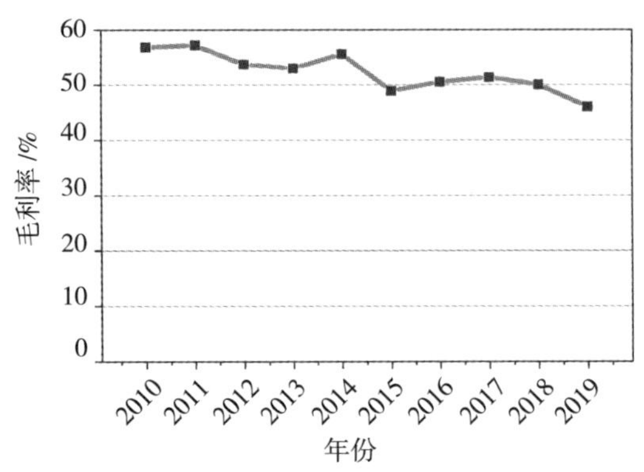


图 3-14　科大讯飞 2010—2019 年毛利率

所以，研发投入资本化虽然看似提高了当期利润，但这样的当期利润却是拿未来的利润置换来的，相当于把未来利润调整至当下。这个方法也被不少企业拿来调节利润。你不妨找找看，还有哪些企业资本化率较高。

---

前面我们说了自主创新的无形资产会更多游离于表外，而根据信号博弈理论，无形资产会正向影响企业的盈利能力，那么想一想：如何使无形资产更多地实现其价值呢？

最简单的方法就是出售。当然，在财务高手眼中，出售并不是简单地一卖了之。比如我们常说的置换就是一种不错的出售方式。你可以将其通俗地理解为“以物易物”，财务术语叫“非货币性资产交换”，这种方法可以放大无形资产的价值。

另外一种可以实现其价值的方法就是对外投资。但要注意无形资产的入资比例问题，如果入资比例过高，会使经营活动很难展开。

除此之外还可以对外抵押或质押无形资产从而获得贷款。不过这需要注意所抵押的无形资产是否可以不依赖于企业而独立存在，如果有些无形资产必须完全依赖有形资产，可能很难实现抵押。

实际上，无形资产的价值实现，也是企业盘活现有资产的一种手段。

6. 商誉

企业在经营中，经常会出现购买资产的情况，实际上，购买企业的本质就是购买资产。与购买单项资产的不同之处在于，购买企业是对多项资产及负债的整体购买。而在交易过程中，双方的议价能力、标的的状况、购买目的等因素，会使得交易的最终成交价格与通过交易取得的有关单项资产、负债的公允价值之和存有一些差异。这个差异主要有两种情况，简单来说就是要么买贵了，要么买便宜了。

买贵了就是所支付的买价要大于所购买的各单项可以明确辨认的资产、负债的公允价值之和。之所以会产生这个差额，是因为买方在作价时出于对购买业务整合获利能力等因素的考虑，认为购买这些资产、负债预期会产生高于其中单项资产、负债的价值，这个高预期的差额即为商誉的价值。

买便宜了则刚好相反，就是购买这些资产、负债所支付的买价要小于所购买的各单项可以明确辨认的资产、负债的公允价值之和。产生差额的原因就是买方在交易作价的过程中通过自身的议价能力得到了折让。就像我们买到的打折商品一样，我们讨价还价的能力强，就能拿到比别人低的价格。

实际上，如果我们查看上市公司的年报会发现，里面的财务报表会有两套，一套是合并报表，一套是母公司报表，而在母公司报表中，我们通常是看不到商誉的，只有在合并报表中才会出现商誉。这是因为按照我国现行的会计准则，取得对子公司的股权后，长期股权投资在母公司账簿及个别财务报表中均体现为单项资产，且必须采用成本法计量，而商誉则包含在对子公司相关长期股权投资的初始投资成本中，仅在编制合并财务报表时才会体现。

由此可见，商誉是不会自己产生的，只会在买卖中产生。

实际上，商誉是无法识别的无形资产，即那些除了专利权、专有技术、商标、版权等之外的，无法在客观上从企业整体价值资产中剥离出来的那部分无形资产。比如说企业文化、品牌价值、优秀的管理团队和人才储备等，这些无法确切抓住或描述的东西。但是如果放在交易中，商誉就产生了，1000 万元的企业卖了 2000 万元，商誉就从这家企业转让到了另一家企业，这一个交易过程的存在——我们通常把这个交易称为“并购”——最终使商誉被记录下来。正是基于商誉的这个特性，所以商誉的价格总是飘忽不定的。商誉的大小与购买者对被并购企业未来的判断息息相关。

## 补充阅读

### 并购中撬动的杠杆

诺贝尔经济学奖得主乔治·斯蒂格勒曾说过：“没有一家美国的大公司不是通过某种程度、某种方式的并购而成长起来的。”

并购无疑已成为企业扩张的首选模式。在并购过程中产生的商誉，也就能反映出企业资本运作及策略的水平了。

大家是否还记得多年前的一笔收购案例？吉利在 2010 年收购沃尔沃，这在当年可是轰动一时的收购案，被热议的是，吉利一个经营中低档汽车品牌的民营企业，竟然吞下了比自己实力强很多的高档品牌沃尔沃。这是一个很成功的杠杆收购案例，吉利集团和沃尔沃的实力过于悬殊，即使在金融危机最严重的 2008 年，沃尔沃仍保持着 147 亿美元的销售收入。而成立于 1986 年的吉利集团，虽然靠着低成本与自主创新的优势实现了高速发展，跻身中国汽车行业十强企业之列，但它的总资产也只不过 30 亿美元。

这个并购得以开始的关键还在于沃尔沃的原股东——福特。20 世纪末，福特公司为了提升自己在欧洲的形象，战略收购了沃尔沃。可惜好景不长，到了 2007 年，沃尔沃的销售量开始大幅下降，福特公司自己也一直处于亏损状态，这让福特公司想要通过转让沃尔沃来改变自己的亏损状态。而彼时的吉利正好想要摆脱自己中低档品牌的形象，急需一个品牌跨越的机会，并购沃尔沃就成了一个绝佳的机会。对吉利来说，收购沃尔沃不仅是一个提升自身品牌的契机，也是从国内市场迈向国际市场的通道，且与自己的战略十分吻合。

机会难得，但是要完成这笔以小吃大的收购案并不容易，首先就是资金的问题。

吉利集团通过计算，买下沃尔沃需要27亿美元。其中18亿美元用来并购沃尔沃的全部股权，9亿美元用来在并购后支持沃尔沃的经营。实际上，在整个并购中，吉利集团自己只出了25%的资金，余下的资金全部来自外部：25%的资金是由中国银行、中国进出口银行等国内银行提供的贷款；50%的资金由美国、中国香港等地的多家境外投资机构提供。以小博大，吉利集团就是利用杠杆完成了我国汽车史上最大的跨国并购案例。

根据第三方评估机构的估算，收购完成后8年间，沃尔沃现在的市值几乎是吉利收购它时的近10倍。

实际上，喜欢进行杠杆收购的企业表现出如下的财务特征：首先是现金流充裕，且自身的投资机会有限；其次是这些企业往往多元化程度更高，研发活动等长期投资较少。

俗话说有长必有短，杠杆收购最致命的风险就是背后的高额债务，这是需要依靠被并购企业未来的现金流来偿还的。只有当被并购的企业未来经营状况良好，收益率大于贷款资金利率时，并购才是成功的、有效的。但为什么市场上有的企业会反其道而行之呢？

补充阅读

### 商誉虚高是什么原因造成的？

商誉是买卖过程中产生的，这个过程会出现很多变数。有的变数是买卖中必然会出现的，而有的变数就是人为导致的了。实际上，上市公司在并购时支付高额的商誉虽然能提升当期的业绩，但是却会降低未来的业绩，且使未来公司股价崩盘的可能性更大，可以说，商誉资产规模越大，未来股价崩盘的风险就越高。

为什么这样说呢？

我们前面说了，商誉是在买卖过程中产生的，那么交易对价就是商誉产生的原因。之所以会产生高额的商誉，是因为收购方对被收购方的未来充满了信心，实际上，这是在赌“明天会更好”。而事实是，只要是“赌”，就会有风险，赌赢就是阳光明媚的美好明天，赌输就是阴云密布的业绩大跳水。如果这个赌局还有陷阱的话，那风险就更大了。

比如自爆被骗的宁波东力股份有限公司，就因为曾并购深圳年富供应链有限公司而让自己走向了毁灭，宁波东力被年富供应链坑惨了。

这是怎么回事呢？我们来回顾一下这个充满了陷阱的并购案。

**宁波东力股份有限公司**

**关于收到《行政处罚决定书》的公告**

本公司及董事会全体成员保证信息披露的内容真实、准确、完整，没有虚假记载、误导性陈述或者重大遗漏。

重要提示：2021 年 1 月 19 日，公司收到中国证券监督管理委员会下发的《行政处罚决定书》（〔2021〕2 号）。根据深圳证券交易所《关于发布〈深圳证券交易所股票上市规则（2020 年修订）〉的通知》等相关规定，本次《行政处罚决定书》涉及的公司违法行为不触及《深圳证券交易所上市公司重大违法强制退市实施办法》第二条、第四条和第五条规定的重大违法强制退市的情形。

2015 年 12 月 17 日，宁波东力开始停牌筹划重大资产重组，初定重组标的为深圳市年富实业发展有限公司。因年富实业存在关联方资金占用、子公司牵涉诉讼等问题，经交易各方商定，将年富实业相关业务整合至年富供应链，重组标的更换为年富供应链。交易构成重大资产重组，宁波东力以 21.6 亿元购获年富供应链 100% 股权，并购产生商誉 17.17 亿元。2017 年 7 月完成资产重组。

伴随着并购交易的也有对赌协议，宁波东力要求年富供应链在并购完成后的 3 年内实现扣非经常性损益净利润分别不低于 2.2 亿元、3.2 亿元、4 亿元。期望总是很美好的，而现实并不一定跟着期望走。并购后的第二年，也就是 2018 年 8 月宁波东力就以登发公告的形式自爆了被年富供应链欺骗的事情。

经证监会审查，2014 年 7 月至 2018 年 3 月，年富供应链存在虚增营业收入、利润，虚增应收账款，隐瞒关联关系及关联交易等行为。年富供应链各期财务报表虚增利润均达到当期披露营业利润的70%以上。年富供应链向宁波东力提供了含有上述虚假信息的财务报表，导致宁波东力2016年12月13日披露的“深圳市年富供应链有限公司审计报告及财务报表（2014年1月1日至2016年9月30日止）”和“交易报告书（草案）”、2017年7月15日披露的“交易报告书（修订稿）”、2018年4月26日披露的2017年年度报告和2018年第一季度报告存在虚假记载，2017年年度报告存在重大遗漏。

受此影响，公告发出3天后，宁波东力的股价遭遇累计20%的跌幅，而2018年半年报原先预计2018年上半年的净利润为1.1亿~1.4亿元，因年富供应链的拖累也不得不修正为亏损31.5亿元。

听到这里，大家是不是认为宁波东力挺倒霉的，花大价钱并购了公司，不但没有提升业绩，反而被拖累成亏损企业。应该处罚年富供应链才对，宁波东力是受害方。不仅如此，年富供应链还要赔偿对宁波东力造成的损失。

相信有这样想法的人不在少数。

事实上，对于并购重组阶段年富供应链的违法行为，证监会确实是以年富供应链为信息披露义务人而追究责任的。而并购重组后，年富供应链已经成了宁波东力的全资子公司，宁波东力对年富供应链财务进行并表管理和披露。虽然相关财务数据由年富供应链提供，但宁波东力负有监督管理职责，通过其对外披露的财务数据，会对资本市场参与者的投资决策产生重要影响。宁波东力本身疏于管理和监督，需要为自己的行为承担相应的法律责任。这就和家里的熊孩子犯了法，作为监护人的家长要承担法律责任是一样的道理。还记得前面我们讲到过的五条不如不说的借口吗？同理，不知情、信赖中介机构等都不是法定免责事由。

那么对这样业绩大变脸的被并购企业，就只能进行巨额商誉减值了。宁波东力为此全额计提了商誉减值。

前面我们说过坏账减值准备、长期股权投资减值准备等资产减值准备，而商誉的减值是利润“洗大澡”的终极手法。实际上，对资产进行减值也是一些企业常用的调节利润的方法。最常见的是，一旦被收购企业的经营达不到预期，就会对其进行减值处理。当然，计提减值也会让企业的利润出现大幅度下降。另外，通过高商誉溢价进行利益输送，恶意竞争推高溢价，也是让商誉变得虚虚实实的原因。

那为什么还有很多企业热衷于并购呢?

实际上，并购是很常见的资本运作手段，如果运用得当，对企业的经营往往有着事半功倍的效果。

（1）改变企业的资产结构。比如并购产生的高商誉直接抬高了企业的总资产，使企业的资产总额得到提升。

（2）获取资质。比如华为通过全资收购深圳市讯联智付网络有限公司，从而将电子支付、支付结算和清算系统的技术开发与技术咨询服务，互联网支付、数字电视支付等业务纳入经营范围。也就意味着华为拥有了第三方支付牌照，能顺利进军移动支付市场。

（3）直接改善盈利能力。如果企业组织得当，可以通过改变资产的组合和结构等达到盈利能力提升的效果。当然，这种盈利能力的提升是持续性的，而不是仅在并购当期获得的账面利润。否则很可能表明企业的并购是不成功的。我们来看一下立讯精密，该公司通过不断的并购使企业获得了快速的成长。自 2010 年上市以来，立讯精密的营业收入从初上市时的 10 亿元扩大到 2019 年的 625 亿元。归属净利润从 2010 年的 1 亿元扩大到了 2019 年的 47 亿元。收入规模扩大了 60 多倍，利润规模扩大了 40 多倍。可谓成长迅速。

（4）改善企业的财务指标。企业通过并购可以改变企业的一些财务指标，比如降低资产负债率，从而提高企业的融资能力，进一步实现盈利能力的改善。

（5）改变战略方向。比如上面提到的立讯精密，上市以来通过不断的并购进入新的业务领域，持续进行产业迭代，不断提升产品竞争优势，最终迅速成长为立足消费电子、通信互联、汽车互联、电脑互联等多个板块的企业。另外，立讯精密还通过并购昆山联滔电子有限公司进入苹果产业链；通过并购科尔通讯进入华为供应链；通过并购苏州美特进入声学领域。

当然，也有一些并购的反例，比如有些国有企业为了消灭亏损企业，会让赢利的子公司并购亏损的子公司，目的是盘活资产，让其从集团层面上看没有亏损企业。实际上这会使赢利的子公司处于危险的境地，这样的“掩耳盗铃”式的并购是不可取的。

大家不妨思考一下，商誉减值一般发生在什么时候？

我国企业会计准则规定，企业合并所形成的商誉，至少应当在每年年末进行减值测试。我们知道，商誉是一种期望值，是对目标企业未来的预期，所以它很难独立产生现金流量，因此，商誉一般要和与它相关的资产组或其他资产组结合进行减值测试。但是，要知道，测试不一定就等于减值，减值测试往往具有很强的主观性。是否减值，减值多少，何时减值……这些并没有在准则中一一规定，所以这里就有一定的空间在。

那如果是你，你会选择在什么时候计提商誉减值损失？

可能你会想，因为计提商誉减值会使得当期的利润减少，那最好是在利润充足的时候计提减值比较合适，不至于对利润产生过大的影响。

事实上，正好相反。商誉减值反而多出现在企业预期将出现亏损的情况下。

这是因为既然企业预计将出现亏损了，不如来个痛快，将未来可能出现的减值统统计提在这一年。商誉既然已经出现损失，利润肯定会被影响，即使今年不计提商誉减值，明年后年也是要计提的，索性在即将亏损时一次性计提，这样以后扭亏为盈才更有可能。

这种行为就是我们前面说的“洗大澡”，将未来两三年里可能发生的亏损集中在一年里，企业就像进行了一次大清洗，给未来留下一个干净的开始。这种行为在公司管理层换届或者更换控股股东的时候也特别容易发生。有可能是前任洗，给后任留下一个新的开始。也可能是后任洗，把经营不善的责任风险推给前任。实际上，通过“洗大澡”的年份可以推断出公司前后任的关系以及战略发展方向。

如果是前任在离任前主动计提大量减值准备，这预示着前后任的关系非常融洽，甚至可能会有后任是前任任命的情况，此时大概率后任会继承前任的战略方向，经营方针不会出现大的变动，企业会连续稳定地发展。如果是后任在继任后第一年就给企业“洗大澡”，这可能预示着后任不是前任任命的，且前后任通常没什么关系，这样就可以将企业经营不善的责任推卸给前任，给自身经营留有空间。这通常也预示着未来企业的经营战略将会发生改变。而第二种情况在我国的企业中是很常见的。

如果我们连续查看公司的财务报表，会发现“洗大澡”的操作会使公司的财报呈现出“过山车”的状态。计提大量减值损失的当年，企业通常会出现亏损，而第二年就会实现微利，这通常不是企业的经营状况出现了改观，只是财务上的数字游戏而已。这些减值准备就像小孩子藏起来的甜饼盒，在需要的时候拿出来，就能获得一些惊喜。

既然商誉减值对企业利润的影响这么大，甚至会反噬利润，那么在什么情况下必须计提商誉减值准备呢？商誉有可能存在哪些减值迹象呢？

证监会在 2018 年发布了《会计监管风险提示第 8 号——商誉减值》，这份监管提示介绍：公司应结合可获取的内部与外部信息，合理判断并识别商誉减值迹象。当商誉所在资产组或资产组组合出现特定减值迹象时，公司应及时进行商誉减值测试，并恰当考虑该减值迹象的影响。

企业与商誉减值相关的特定减值迹象包括但不限于：

现金流或经营利润持续恶化或明显低于形成商誉时的预期，特别是被收购方未实现承诺的业绩；

所处行业产能过剩，相关产业政策、产品与服务的市场状况或市场竞争程度发生明显不利变化；

相关业务技术壁垒较低或技术快速进步，产品与服务易被模仿或已升级换代，赢利现状难以维持；

核心团队发生明显不利变化，且短期内难以恢复；

与特定行政许可、特许经营资格、特定合同项目等资质存在密切关联的商誉，相关资质的市场惯例已发生变化，如放开经营资质的行政许可、特许经营或特定合同到期无法接续等；

客观环境的变化导致市场投资报酬率在当期已经明显提高，且没有证据表明短期内会下降；

经营所处国家或地区的风险突出，如面临外汇管制、恶性通货膨胀、宏观经济恶化等。

对于企业来说，如出现上述提示中的情况，就需要进行详细的减值测试了。商誉一定是要计提减值的，很难找到不计提减值的合理原因。

我们再来看海螺水泥，海螺水泥近五年的商誉是稳定的，并没有出现“洗大澡”的情况。年报中对商誉减值测试的结果也显示无须计提商誉减值准备。

7. 长期待摊费用

长期待摊费用一般反映的是企业已经支出，应由本期和以后各期负担的摊销期限在一年以上的各项费用。比如企业租下一栋办公楼，租赁期是10年，在搬进去之前对这栋办公楼进行装修，装修费一共花费了200万元，那么花费的这个装修费就会在10年期限内进行分摊，这样就产生了长期待摊费用。

长期待摊费用的作用是，避免将费用一次性计入支出的当年，造成反映的费用不均衡不准确。也避免因费用支出的不均衡对企业当年的利润产生影响。

你可能会有疑惑，我们不是在说资产吗，怎么说起费用了？

对，你说的没错，我们是在说资产，长期待摊费用虽然在资产负债表中的非流动资产项下列支，但它的本质却是一项费用，只不过这笔费用的适用期很长。按照权责发生制来说，钱已经花了，但这笔支出不能全部归属当期这一会计年度，那就只能把当期的记成费用。以后期间的还相当于企业的资产，在以后期间再转移到费用中去，以此来体现均衡、准确。

补充阅读

**摊销是不是金额越多，摊销期越长越好？**

既然有些费用可以平摊在以后各期，那是不是就可以把摊销金额做高，把摊销期拉长呢？

我们看数据，从来不是看数据本身，看的都是数据背后涉及的利益相关方，以及数据制造者们的需求。但是，我们首先要明白为什么会这样，以及这样做的影响。

想想看，企业将所有费用都计提在当期时，当期的利润会减少，那么企业当期应向税务局缴纳的所得税也会减少。实际上，这相当于向税务局借了一笔免息借款，增加了企业的现金流。但如果企业将费用尽可能地放入长期待摊费用，将摊销期拖长，这样虽然增加了资产，美化了当期利润，但是却会牺牲当期的现金流。而放在长期待摊费用中的费用额，也会影响以后期间的利润。

那么，优秀的公司会怎么做呢?

它们一般大都更倾向在当期消化，或者尽量确定一个比较短的摊销期限。是不是和你想的刚好相反? 因为这些企业本身的利润就很可观，而这样做同时又可以为企业增加免息借款，提高现金流。相反，绩效差的企业，会首先考虑保住当期利润而选择牺牲现金流，现金流减少就会影响企业的经营，这样反而更加重了企业的负担，甚至可能使企业现金流走入负循环。实际上，这体现了一些管理者的利润导向且更注重短期利润的思维方式。

优秀的企业不会将待摊费用越积越多，因为这同时也在向投资人传递企业未来的利润会受此影响的信号。

---

通常情况下，我们看到长期待摊费用想到的就是它能通过人为操纵摊销期长短的方法来进行利润的调节。但实际上，它还是一个不被人注意的隐形收纳包。为什么这么说呢?

我们首先看一下通常哪些费用会作为长期待摊费用。《企业所得税法》上有一个明确的规定，这点和会计制度不谋而合。

在计算应纳税所得额时，企业发生的下列支出作为长期待摊费用，按照规定摊销的，准予扣除：

已足额提取折旧的固定资产的改建支出；

租入固定资产的改建支出；

固定资产的大修理支出；

其他应当作为长期待摊费用的支出。

这也就限制了我们的思维，因为通常看到长期待摊费用，我们想到的也是上述的这些内容。会计准则修订以前，可能还会想到一个开办费，但会计准则修订后，开办费也可以不用待摊了。所以大家的主要关注点也就在这上面。但是，除了这些，还有其他各种各样的支出会出现在长期待摊费用中（见表 3-25）。

**表 3-25　某上市公司某会计年度长期待摊费用**

单位：元

| 项目 | 期初余额 | 本期增加金额 | 本期摊销金额 | 其他减少金额 | 期末余额 |
|---|---|---|---|---|---|
| 工装 | 365,446,628.75 | 261,079,669.04 | 214,534,439.09 | 16,000.02 | 411,975,858.68 |
| 其他 | 8,968,444.52 | 3,044,739.08 | 4,896,417.54 | | 7,116,766.06 |
| 合计 | 374,415,073.27 | 264,124,408.12 | 219,430,856.63 | 16.000.02 | 419,092,624.74 |

其他说明：本期处置工装形成“其他减少金额”16000.02 元。

这是某上市公司 2019 年的年报，报告中对长期待摊费用的列示是工装，而且高达 4 亿多元。你一看到工装就想人均，那就去看这公司多少人呀。一看 7000 多人，4 亿多元的工装，真贵，这给员工发的工装都是奢侈品呀！

方向错了。我们翻历年财报，实际上这是外购的与生产相关的模具。既然是与生产相关的模具，为什么不记入存货呢？还记得存货的性质吗？我们知道，对于已销售的存货需要及时结转成本，但对于半成品等无法销售的存货，就比较方便人为操纵结转时间。另外，存货的变化和收入的变化也息息相关，且变价存货还体现了企业发生潜在损失的风险，也就是我们俗称的“潜亏”。

实际上，财政部监察专员对该公司会计信息质量进行例行检查时，就提出了摊销成本结转的问题，指出了以下几点：模具成本核算不规范，对摊销模具未按相关规定及时摊销模具成本，对于返销的模具，已确认收入但未及时结转返销成本；存货和已达验收的设备未暂估入账；会计科目使用不当，核算不规范；跨期确认收入存在问题……这些问题背后体现的还是企业管理的问题，要知道，企业的成功在模式，发展却在管理。

8. 递延所得税资产

递延所得税资产以及递延所得税负债实际是因为会计准则和税法的个别确认口径不统一而形成的差异的体现。我们将其放到后面和所得税一起讲。

资产类的内容就说完了，有没有发现，资产类的内容我们说得很多，延展得也很多。因为资产结构和现金含量是企业资产质量的根本，企业的固定资产、无形资产等长期资产占资产总额的比重越大，企业面临的经营风险、退出风险就越大。另外，资产是企业自己就能控制的，完全体现出企业的对内管理能力。和利润表联系最紧密的，也是资产项，如不在资产负债表中单独显示却影响着资产的减值准备、累计折旧等，也同时影响着利润表。

## 二、负债

负债实际上体现的是企业的融资能力。

负债和资产一样，我们同样以流动性强弱为标准，将负债划分为流动负债和非流动负债，流动负债有短期借款、应付账款、合同负债、应付职工薪酬、应交税费、其他应付款，非流动负债有长期借款、应付债券、长期应付款。这些体现的都是企业的融资能力，所不同的只是向谁融资而已，是对外向银行等金融机构、证券市场，是对内向本企业职工，还是供应链上的供应商。因为融资最根本的，不仅是筹钱（收到融资款），还有付钱（支付利息）。

同时，这也体现了企业的管理能力。除了传统的流动负债和非流动负债外，我们还可对负债按有息负债（金融性负债）和无息负债（经营性负债）的分类进行管理。有息负债有短期借款、一年内到期的流动负债、长期借款、应付债券、租赁负债等，无息负债有应付账款、应付票据、应付职工薪酬、应交税费等。

## （一）流动负债

### 1. 短期借款

如果一个项目完全靠贷款来推动，那么对其最低的要求也是要达到盈亏平衡。也就是说，在利润是零的情况下，其他利益相关者的利益得到了满足，也能够还本付息，但是股东的利益却没有得到满足，此时股东是没有利润的。因此，对盈利能力有保证的项目可以考虑负债融资，而对没有盈利保障的项目一般要靠自有资金来满足。

我们一说负债融资，大家首先想到的是向银行等金融机构融资。而银行最喜欢“见死不救”。“嫌贫爱富”是它们的天性，银行特别喜欢追着给不需要钱的企业办理贷款，而需要资金的企业为了获得银行的资金支持却难上加难。那么对于企业来说，是借到短期债务好还是借到长期债务好？

答案是长期。

可能有些人会不解，不是借款期限越短越容易借到钱吗？而且短期借贷的利率也会更低，为什么放着便宜好用的短期借款不用，反而用长期借款呢？

实际上，更多的企业会倾向长期借款，这除了和企业总怕用钱的时候没钱可用的“备粮”观念有关外，还跟企业项目的期限有关。一般情况下，企业使用大量资金的项目多为长期项目，而长期项目的现金流有一个特性：前几年属于投入期，现金流通常是负的；到了后期，项目运行慢慢步入正轨，运行正常了，才会开始出现正的现金流。而如果为了节省利息支出而借短期借款，就会使项目后期的资金投入跟不上，不仅对资金管理形成很大的挑战，也会严重影响项目的进展。那么项目本身尚不能带来正的现金流，又怎么能支撑借款利息和本金的偿还呢？

这在财务上就叫期限与资金的配比。实际上，短期借款更适合短期项目的投资，而长期借款一般适用于长期项目的投资。但往往有很多企业会做短贷长投。

债务期限与资金的错配会导致企业流动性风险加大。

企业一般由股东出资，但企业的经营者却不一定都是股东，这就产生了经营者与所有者相分离的现象。经营者帮助股东管理企业，和股东之间形成了代理关系。在这种代理关系下，企业在面临财务困境，容易产生过度投资和投资不足的情况，从而产生债务代理成本。

在过度投资下，经营者投资过多的不赢利项目或者高风险项目，从而使企业的价值降低，也损害了股东和债权人的利益。而在投资不足的情况下，经营者会放弃一些优秀的投资项目或者是消极对待一些值得投资的项目，使企业价值受到损害。代理关系的存在可能使经营者付出努力而得不到相应的回报，所以有时经营者会做出一些牺牲企业利益但是却会给自身带来利益的行为。例如投资一些高风险的项目投资，或者是其他一些不利于企业的项目，从而将本该分配给股东的利润转移到投资中去。

实际上，这种错配体现了企业经营与投资战略的不协调，投资过多、扩张太快，以至于企业的经营状况跟不上企业投资扩张的脚步。另外，企业所制定的计划或任务不适当也会引发经营者采取过于激进的做法。

补充阅读

### 看起来很美的短贷长投

实际上，短期借款也反映出了企业的资金状况与筹资能力。企业状态良好的时候，往往长期借款多。而状态恶化，经营效益的现金流不能平衡借款本金和利息的时候，再筹集到长期借款的可能性就会降低。企业往往会借新还旧来周转资金，而更常见的就会采用短贷长投的做法。

一般情况下，发展前景良好的企业的融资顺序是这样的：内部融资（留存收益）、债务融资、外部融资（增发新股）。同样是债务融资，长、短期债务的成本、风险以及筹资速度等却不尽相同，长期借款的资本成本高、筹资速度慢，在资金的使用上也颇多限制，只是筹资风险相比短期借款来说更低一些。这些特性就使得一些企业在面对项目需要投资而又有融资约束的情况下会倾向使用筹资速度更快、使用限制相对灵活的短期借款，而忽视项目期限与资金是否匹配的问题。

短贷长投的本质是把短期借款用于长期投资，比如长期在建工程和固定资产方面的投资。实际上，大多数企业发行短期融资券的目的不是解决企业资金的流动性问题，而是用来偿还贷款或者是将资金投资到长期项目的建设中。

从财务角度来看，短期借款远多于长期借款的情况，很可能表明企业经常借新还旧，这就使得企业的负债结构很不合理。财务杠杆负效应放大，企业的经营能力就会严重下滑。资本扩张引发资金链断裂，随着各个贷款的还款日期到来，企业随即面临纷纷而至的债务违约，最终爆发财务危机，甚至被迫退市。

另一个有趣的现象是，在资产负债率越高的企业中越容易出现短贷长投，这就好比饮鸩止渴，增多的财务费用也预示着企业贷款利息的增多，这同样对企业的利润产生不利影响。

看起来很美的短贷长投可能会在短期提高企业的融资能力和投资效率，给企业带来好的经济效益，但是这同样可能加剧企业的经营风险，给企业业绩带来负面影响。

那么，怎么判断企业有没有短贷长投呢?

实际上，企业长期投资支出一般是用长期债务融资来实现的，比如借入长期借款或发行长期债券，除了这些，也会有企业的经营流入和股东的投入，当然还会有处置长期资产而获得的现金流入。所以，如果这些投入不足以支撑企业现有的长期投资所支出的现金流，那么企业就有可能使用了短期债务融资所获得的现金。所以，用长期投资支出的资金扣除掉非短期融资方式筹得的资金，就可以得出短贷长投的部分了。

我们可以利用资产负债表和现金流量表的相关数据推算短贷长投的金额。也就是用现金流量表中的“购建固定资产、无形资产和其他长期资产支付的现金”－“经营活动产生的现金流量净额”－“处置固定资产、无形资产和其他长期资产收回的现金净额”－资产负债表中的“长期借款”“应付债券”“所有者权益”的本期增加额。

实际上，短贷长投的现象并不少见，在一篇名为《企业短贷长投行为与股价崩盘风险分析》的研究文章中，作者选取了2003—2017年中国A股上市公司数据作为研究样本进行了统计分析，发现在2003年至2017年，我国大约有28.10%的企业存在短贷长投行为。该文还验证了企业的短贷长投行为会显著增加企业未来面临的股价崩盘风险。这是因为，短贷长投企业的流动性风险更高，陷入财务困境的成本更高，为了避免被银行等金融机构抽回贷款，企业会把不好的或负面的消息隐藏起来。但是当这些坏消息不能再被隐瞒时，就会井喷式爆出，从而引发股价崩盘。

现实生活中，有没有发现有些人总在各种平台上借款，而且他们这种行为大多都是借新还旧？使用信用卡刷卡消费，下月月中就要还清借款，但是工资要等到月底才发，这样就需想办法从其他地方再借款，用来偿还信用卡的欠款。刚开始还能平衡借款与还款的额度和期限，慢慢地刷卡消费越积越多，再办理新卡借出款项去还旧卡。信用卡、小额贷、现金贷等途径借了个遍，到最后借不来新款信用“崩盘”。

补充阅读

### 合理估算预期收益

通常情况下，债权人的风险容忍程度较低，而短期债务的债权人愿意承担的风险更低。首先短期借款或短期债券通常需要在一年以内偿还，这个期限本身就点出了短期借款用于经营周转的性质，一些风险低、期限短、盈利有保障的项目，可以考虑使用短期债务周转。而期限长的项目，还是考虑采用长期债务融资的方式比较好。债权人通常只考虑项目能不能到期还清本金和按时偿还利息，至于还清之后项目是不是还赚钱，赚多少钱，都和债权人没有关系了。也就是说，债权人更注重短期利益。这就和公司所有者更关注长期收益的特性有着天然的矛盾。

所以借这笔钱干什么，能不能为企业带来收益，风险可不可控，这是选择融资方式时首要考虑的。也就是说，除了要考虑期限之外，还要考虑融资方式和投资项目之间的风险配比的问题。

如果你是公司的管理层或者决策者，那我问你一个问题。现在有两个项目。一个投资 10 亿元，2 年后能收回 90 亿元。但如果项目失败，则血本无归，不但没有收益，连当初的 10 亿元投资也打了水漂。这个项目有 10% 的可能性会成功。

另一个同样是投资10亿元，2年后能收回15亿元。如果失败同样血本无归，但有90%的可能性会成功。你会选哪个？

你可以把自己的答案写下来，并写下选择这个项目的理由。

我猜大概有一半以上的人会选第一个项目。很显然第一个项目属于高风险项目，大家潜意识里认为高风险等于高收益。有10%的可能性成功，也就是有90%的可能性失败。第二个项目属于低风险项目，有90%的可能性成功，10%的可能性失败。实际上我们可以用概率论的方法来计算出这两个项目的预期收益。

第一个项目有10%的可能性收回90亿元，扣除掉当初投资的10亿元，可以净赚80亿元。还有90%的可能性赔掉10亿元。预期收益是亏损1亿元，即10%×（90−10）+90%×（−10）=−1亿元。

第二个项目90%的可能性收回15亿元，扣掉当初投资的10亿元，可以净赚5亿元。还有90%的可能性赔掉10亿元。预期收益是3.5亿元，即90%×（15−10）+10%×（−10）=3.5亿元。

看到两个项目的预期收益后是不是觉得有点反常识，选择第二个低风险项目的预期收益竟然更高，它能真正使企业实现价值最大化。

无论你是基于企业赢利的前提选择第一个项目，还是基于企业亏损的前提选择第一个项目，显然你在做这个决策时没有完全站在企业整体价值最大化的立场上去考虑。高风险高收益的思维模式会让你的决策更加激进。

如果你观察过赌博游戏，你会发现往往在亏损多的情况下，人们更倾向玩获利多的游戏，期待获得更多的收益填补亏损。这就像在基于公司亏损的前提下去选择项目时，人们更倾向能获得更多的收益的项目，更愿意放手一搏。在获取利益上，人性驱动人们去追逐更高收益的交易。

---

### 2. 应付票据和应付账款

我们依然把应付票据和应付账款放在一起来说，应付票据和应付账款都是最终要付钱给对方，区别在于应付票据有承诺付款期限，而应付账款的强制性则弱于应付票据，它更像是一种口头承诺。

应付票据的减少有时候不一定是因为偿付了到期票据，也有可能是票据金额转入了应付账款或短期借款。应付票据和应收票据是相对的，同样有银行承兑汇票和商业承兑汇票两种。开出并承兑的商业承兑汇票，如果不能如期支付，就会在票据到期时转入应付账款。如果重新签发新的票据以清偿原应付票据，则会从应付账款转入应付票据。银行承兑汇票到期无力支付的，会转入短期借款，成为企业向银行的贷款。

应付票据相当于企业的短期借款，而且有可能是无息的。甚至可以说，企业开出承兑汇票反而要比取得短期借款更好，因为企业取得一年期的短期借款，真正实际有效的使用期也不比承兑汇票长多久。

应付票据和应付账款的背后体现了企业对供应商的管理能力。实际上，企业的供应商允许企业赊购，就是在向企业提供资金，供应商本身也是企业的债权人，对供应商的管理不仅体现了企业的资金管理能力，也体现了企业的谈判能力。但是这并不是说拖欠供应商的资金越多、时间越久越好，因为这反而表示企业可能陷入了资金周转的困境，是让企业信用受损的行为。如被供应商取消信用采购，则无形中加重了企业的采购成本。

**补充阅读**

### 供应链的管理能力

一般情况下，如果企业处于供应链的主导地位，那么对供应商的谈判能力则比较强，甚至会主导供应商的生死。苹果公司会为自己的供应商提供生产设备。我们知道富士康是苹果手机的代工厂，在富士康的各条苹果生产线中，有20%~50%不等的设备由苹果提供。而在一些小型的苹果代工厂中，几乎每1000台设备里，就有500台是由苹果提供的。但是，苹果公司并不会让供应商将这些设备用于其他产品的生产，这条生产线是被单独划给苹果的。这就从根本上杜绝了供应商为其他同行提供相同品质零配件的可能，从而保证了自己产品在一段时间内的竞争力。

在苹果的供应链中，因为苹果的一个决定而走向破产的企业不在少数。最典型的就是极特先进。

2013年，苹果为了支持用蓝宝石替代康宁的玻璃屏幕，与极特先进签订了5.78亿美元的协议，极特先进火速筹集了9亿美元在亚利桑那州盖蓝宝石工厂，苹果预付预购款用于扩产及相关设备的投入。仅仅一年后，苹果就因蓝宝石成本高且易碎重新使用康宁的玻璃屏幕。而极特先进为了偿还债务，一度沦落到拍卖熔炉还债，最终裁员破产。

相似的事情还发生在欧菲光身上。2021年3月，欧菲光正式发布公告与苹果“分手”，股价随即跌停。欧菲光与苹果公司2019年的相关业务营业收入为116.98亿元，占当年营业总收入的22.51%，超过其全部收入的1/5。这也意味着欧菲光超过1/5的年收入化为乌有，还有专为苹果打造的价值约33亿元的生产设备也将面临减值。

**欧菲光集团股份有限公司**

**关于特定客户业务发生重大变化的公告**

本公司及董事会全体成员保证公告内容的真实、准确和完整，没有虚假记载、误导性陈述或者重大遗漏。

欧菲光集团股份有限公司（以下简称“公司”）于近日收到境外特定客户（以下简称“特定客户”）的通知，特定客户计划终止与公司及其子公司的采购关系，后续公司将不再从特定客户取得现有业务订单。

2019年经审计特定客户相关业务营业收入为116.98亿元，占2019年经审计营业总收入的22.51%。

公司分别于2021年1月26日、2月8日披露了《关于公司股价异动的公告》（公告编号：2021-011）、《关于签订〈收购意向协议〉的公告》（公告编号：2021-013），筹划出售与特定客户业务相关的子公司全部或部分资产，该事项仍在进行中，因订单终止带来的影响，双方正在评估中，仍存在较大不确定性。

本次特定客户订单变化对公司经营和业绩的影响尚在评估中，存在较大不确定性。

根据上述突发情况，公司将尽快与审计和评估机构沟通，对相关设备等资产进行减值测试，测试结果和计提金额尚未确定。经公司初步估计，截至2020年12月31日，相关设备资产账面价值约为32.82

亿元（未经审计），约占公司2020年12月31日归属于上市公司股东净资产（未经审计）的31.78%。

苹果公司只是终止合作，而供应链上的供应商则损失惨重。具有强谈判力的苹果公司，其应付账款和应付票据多年来一直占其流动负债的一半以上。再加上预收款项，苹果公司还真是将供应链的超强管理能力发挥到了极致。

3. 预收款项

预收款项也是在销售过程中产生的，与应收账款有所不同的是，预收款项是先收款、后发货，是企业欠客户货，这是企业的一项负债，但却也是企业未来收入的晴雨表。这是因为，预收款项未来是要转化为收入的。预收款项高，说明企业未来有确认较高收入的潜力。

对企业的客户来说，企业产品具有市场竞争力，客户要想顺利拿到货，就要提前预付定金或预付全款，这实际是向企业提供资金，预收款项体现了企业较高的商业竞争能力。

预收款项并不是越多越好，预收款项挂账太多，而收入又没有明显增长的话，传递的就有可能是企业没有及时确认收入，将收入长期挂在预收款项上，从而引发税务风险。一般情况下，预收款项多说明企业产品销量好，供不应求。而存货多则表示企业的产品滞销，那么如果存货和预收款项双高，同样会引发税务风险。

补充阅读

OPM战略

OPM的全称是other people's money，直译就是“别人的钱”，俗称就是用别人的钱赚钱。实际上，OPM战略的本质是鼓励推动企业采取一种无息债务融资方式：要么是用客户的钱，比如说茅台、海天味业的预收款项；要么是用供应商的钱，比如格力电器、京东、沃尔玛的预收款项。因此 OPM 战略又被称为类金融模式，使企业像银行一样，以较低的成本甚至无成本的方式吸纳、占用各方资金，通过循环滚动的方式长期使用，最终利用这些资金实现自身扩张和利润最大化。

OPM 战略充分利用企业做大规模的优势，强调公司应增强与供应商讨价还价的能力，利用供应商在货款结算上的商业信用政策，将在存货和应收账款上占用的资金成本转嫁给供应商和客户，用供应商和客户的资金经营自身事业，从而谋求公司价值最大化。也就是说，这是一个上对供应商、下对客户“两头吃”的超强管理战略。

OPM 战略的传统做法是要求供应商提供一定时长的账期，比如沃尔玛、苏宁以及京东等商业零售企业，通过供应商压在企业的存货来进行销售，赚取利润，然后又通过延长账期来利用供应商手中的货款，所以这类企业的现金流往往很强大。

而强大的现金流又反哺这些企业产生规模效应，降低成本。在门店扩张时，占用供应商的资金就可以适当减少资金缺口，一方面节省了贷款所要支付的利息费用，一方面又解决资金缺口，帮助企业实现规模效应。比如贵州茅台，它的预收款项在 2011 年时曾一度占到总负债的 74%。这实际是 OPM 战略利用客户资金的典型案例，这种情况一般常在行业的龙头企业中遇到，它们相对处于卖方市场，有强大的底气形成“先付款，后消费”的经销模式。

采用 OPM 战略的企业，其报表一般具有净营运资本为正、应付账款占流动负债比例大、净现金需求为负、现金周转期短等特征。

但是，OPM 战略并不是万能的，它更像一把“双刃剑”，合理利用可以为企业减少资金占用，节约融资成本，但同时也会带来较大风险。有学者研究发现，实施 OPM 战略的企业，其经营活动营运资本周转期和企业价值呈倒“U”形的非线性关系。也有学者研究了 2017 年 3374 家 A 股上市公司的会计报表和证券数据，发现 2017 年我国上市公司实施 OPM 战略，且对供应链上下游企业具有较强影响力的公司占比不高。也就是说，2017 年的上市公司数据显示，我国上市公司实施 OPM 战略的效果并不显著。相对于 OPM 战略来说，营运资本和毛利率对企业价值的影响力更大。

因此，企业更应该注重的是从渠道、供应链的角度对营运资本进行管理，从而实现共赢，并不是一味对上下游的资金进行占用。通过对渠道关系、供应商关系、客户关系等的管理，来整合业务流程，从整体上实现资源的优化配置，保持合理的营运资本持有量，实现多方的共赢，而不是一方的独赢。

---

我们来看一下企业的采购与收款通常会出现的几种收付款方式。

（1）一手交钱，一手交货。采用这种钱货交易的方式的企业没有借助任何商业信用，比如集贸市场的小商贩采用的就是这种方式。又如现在面向农户的生鲜采购零售商，他们在面向农户采购和面向终端消费者时也多会采用这种方式。采用这种钱货交易方式的企业往往现金流量大、现金流充足、资金储备多。

（2）采购原材料时先款后货，销售商品时先货后款。这时体现出来的就是企业的预付款项和应收账款双高，表明企业在上下游都没有议价能力。企业资金被严重占用，随着经营规模的扩大，对营业资本的需求会不断增多，表面上看是业绩在不断提升，但背后的经营活动现金流量反而很可能会持续恶化。

（3）采购原材料时先货后款，销售商品时同样先货后款。这时体现出来的就是企业的应付账款多，应收账款同样多，表明企业仅在上游具有议价能力。在面临经营规模扩张、资金需求不断增大的情况下，企业势必会将压力转移，寻求资金的平衡。

（4）采购原材料时先款后货，销售商品时同样先款后货。这种情况和上面的第三种情况刚好相反，体现为预付款项和预收款项都多，但同样是只对一边有议价能力。这种一方强一方弱的状态会制约企业的发展。

（5）采购原材料时先货后款，销售商品时先款后货。这种情况和第二种相反，应付账款和预收款项多，企业对上下游都具有极强的议价能力，基本上使用别人的资金就能完成自己的事业。这种方式也正是 OPM 战略的本质。

从这几种方式可以看出，企业与上下游企业之间的关系在会计报表中主要体现在应收账款、应收票据、预收款项、应付账款、应付票据、预付票据等会计项目中，通过这些项目的金额大小和变动情况，可以看出企业在上下游中的地位及实施 OPM 战略效果。

4. 合同负债

合同负债与合同资产是在收入准则修订后新增的科目。很多人在看报表时发现前几年还有“预收款项”，后面这一数据就越来越小，还冒出来个“合同负债”。实际上，这是企业执行新收入准则后，对预收款项进行重新分类引起的。“合同资产”的情况也差不多。比如企业销售了一件商品，这件商品由两部分商品构成，第一部分已经交付了，但是要等到第二部分也交付了企业才算完成履约义务，这时企业仅有的是收款的权利，因为合同还没履行完，这就是合同资产。合同资产不同于应收账款的是：如果对方不履行合同了，也就谈不上应收账款了；而应收账款是随着时间的推移无条件收款的权利，它只有信用风险，而没有履约风险。从收取款项的确定性上来说，合同资产是弱于应收账款的。

合同负债和预收款项体现的都是与收入相关的负债，二者都是基于具有商业实质的合同形成的，未来都会转为收入。准则上的解释十分拗口，我们可以用一条简单的划分标准：钱收了吗？签合同了吗？要是签了合同未必收到钱，就是合同负债；要是收了钱还没签合同，那就是预收款项。预收款项是提前收到了钱，即使没有合同规定要交付商品或履行义务。而合同负债则不以收款为前提，即使没有收钱，只要签订了合同，就是企业的一项负债。

但实际中，除了个别行业，大多数企业对合同负债和预收款项以及合同资产和应收账款区分并不明显。比如我们前面提到的海天味业，它的预收款在 2020 年被重分类为合同负债后，就不再体现为预收款项了。海螺水泥同样在将预收款重分类为合同负债后，不再体现预收款项（见表 3–26）。合同负债中体现的都是签订销售合同后收取的预收款，这些也是在未来会转化为收入的销售储备。

表 3-26　海螺水泥合同负债

| 项目 | 2019 年 | 2018 年 |
|---|---|---|
| 预收货款 | 3,493,690,637 | 3,313,102,709 |
| 合计 | 3,493,690,637 | 3,313,102,709 |

合同负债主要涉及本集团从水泥及水泥制品客户的销售合同中收取的预收款。该预收款根据客户订单及提货量全额收取。该合同的相关收入将在本集团履行履约义务后确认。

5. 应付职工薪酬

工资大家都不陌生，与我们每个人息息相关。而财务上的工资和我们平时所说的工资还有所不同。

资产负债表中的应付职工薪酬是企业已经预提但尚未支付给员工的工资、福利费等。可以说，应付职工薪酬不仅反映了企业尚未支付给员工的工资，也反映了企业的实力。一般情况下，薪酬高的企业更容易招揽到优质的人才。但是薪酬差距大的企业就很容易“被平均”，所以还要结合财务报告中的其他信息进行判断，如高管薪酬、员工分布情况等。

大多数人会觉得自己拿到手的工资就是这个应付职工薪酬，实际上，对企业而言，应付职工薪酬可不仅包括职工拿到手的工资，还包括很多你不知道的项目，比如工会经费，比如企业发给职工家属的各种福利。像给职工子女的教育费、给父母的节日费等，都是职工薪酬。实际上，要看懂资产负债表上的应付职工薪酬，你要先明白什么是职工，什么是薪酬。

假如你是企业的管理层，你能把自己所在单位的职工说清楚吗？不用很细，大概有多少总清楚吧？

可能答案很遗憾，大多数人都说不出企业的职工人数。因为他们会把兼职人员、临时工人员、劳务派遣人员给忽略掉。

没错，这些也是企业的职工。职工包括与企业订立劳动合同的所有人员，也包括那些虽然没有与企业订立劳动合同，但却由企业正式任命的人员。比如全职人员、兼职人员和临时人员，包括签了无固定期限合同或固定期限合同的人员，还包括以完成一定工作为期限的劳动合同人员。又比如没有和企业订立劳动合同但由企业正式任命的董事会成员、监事会成员等，因为这些向董事会、监事会支付的津贴、补贴，从性质上来看就是职工薪酬。再比如通过企业与劳务中介公司签订用工合同而向企业提供服务的人员，他们虽没有与企业订立劳动合同或由企业正式任命，但是向企业提供服务了，在本质上，他们和职工无异，因为即使企业不使用这些劳务用工人员，也还是要雇用其他人提供类似服务，所以本质上他们也是职工。职工的主要构成请参见图 3-15。

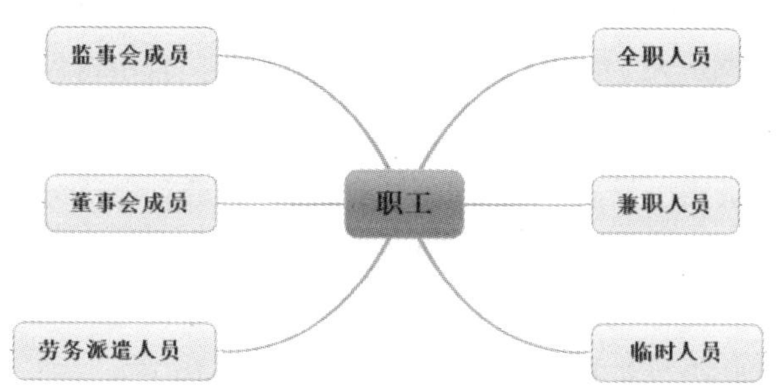


图 3-15　职工的主要构成

是不是给这些人发的工资就是薪酬呢？

对，但不全。

除了工资，还有支付给职工的津贴、奖金、补贴，职工教育经费、工会经费、住房公积金、医疗保险费、工伤保险费、生育保险费，还有给职工的非货币性集体福利，比如卫生保健费、防暑降温费、外地就医费、职工疗养费、困难补助费、安家费、独生子女费、丧葬补助费等，还有企业未独立运营的内设的福利部门比如幼儿园、食堂等的设备、设施等费用，还有为职工提供住宿、低价购房、交通工具等，或者是将自己生产的产品或购买的商品发放给职工所产生的费用，另外离职补偿金也是职工薪酬。除了发给职工本人的，还有发给职工父母、配偶、子女、受赡养人、已故员工遗属的福利等，这些也都是职工薪酬。不但给在职员工，还给退休人员，比如有些企业设定了提存计划或者是受益计划，员工退休后企业依然会支付职工薪酬。

职工薪酬有现金形式的，也有非现金形式的。比如企业开个运动会或歌咏比赛，发给职工的运动服、参赛服等就是职工薪酬。又比如夏天发个绿豆凉茶、冬天发个面粉姜茶，小到发个毛巾肥皂洗衣液，大到分配住房，这些都是职工薪酬。

是不是惊讶于职工薪酬竟然可以这么多样？其实在古代社会中，社会生产力和经济水平有限，发放工资时完全发钱的情况是相当少的，更多的是发一些盐、米或者布匹之类的东西。在战争纷乱的年代，朝廷也拿不出什么东西的时候，甚至会直接发放良田，让官员们耕种。比如汉朝早期给官员的工资就是粮食，汉朝后期才改成一半粮食一半货币。唐朝会发粮食、布匹、绢等东西。而宋朝就会发放福利券了，官员可以凭借券享受服务，和现在的代金券倒是很像。

我们在工资表上反映出来的底薪、绩效、交通补贴等只是职工薪酬中很小的一部分。就拿社会保险费来说，工资表外企业承担的那部分就比我们看到的要多，通常情况下，五险一金的单位承担部分一般在30%~40%。所以职工薪酬并不只是我们理解的工资（见图3–16）。

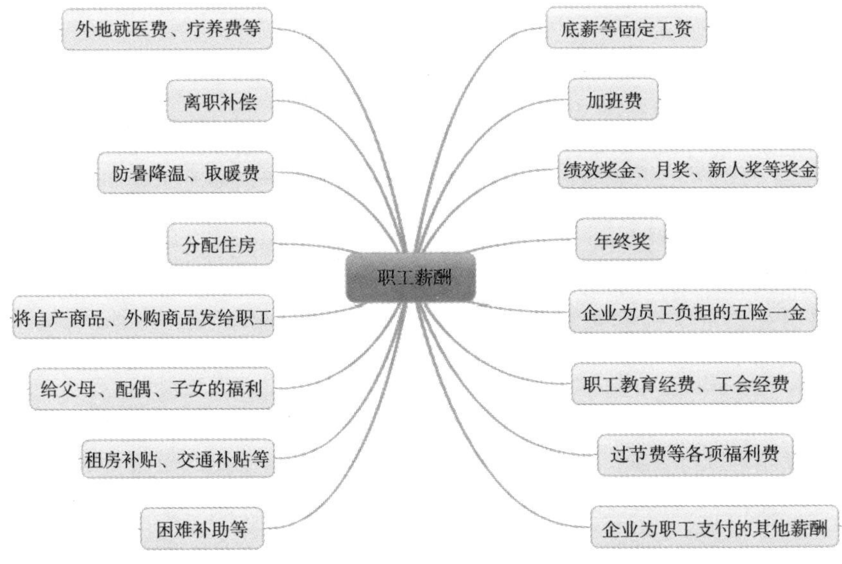


**图3-16　职工薪酬的主要构成**

大多数企业都是员工工作完一整个月后再将工资发放给员工，但按照财务上的配比原则，员工在这个月付出劳动，企业理应把相应的劳动成果支付给员工，而不能留到下个月再支付，所以这是企业的一项负债，在财务上就是本月计提下月发放。

## 补充阅读

### 应付职工薪酬如何调节利润?

作为一项负债，职工薪酬又是怎么调节利润的呢?

在中国的传统文化中，年终奖在秦朝就有了，最初和年底的祭祀有关，是政府发放给官员的一项赏赐。年底腊月里君王祭完祖之后把祭品送给官员们，《汉官仪》写道：“大将军、三公，腊赐钱各三十万，牛肉二百斤，粳米二百斛；特侯十五万；卿十万；校尉五万；尚书丞、郎各万五千；千石、六百石各七千；侍御史、谒者、议郎、尚书令各五千；郎官、兰台令史三千；中黄门、羽林、虎贲士二人共三千；以为当祠门户直，各随多少受也。”用购买力一换算，像大将军、三公之类的高级官员，年终奖能比全年工资还高。

所以年终奖由来已久，发放也基本在腊月，按现在的历法，古代腊月是公历的1月，而财务上的会计分期是公历的1月1日至12月31日，所以年终奖也都在12月份按照权责发生制一并计提，这就提供了操作空间。

比如一家企业当年因为市场行情好，企业的利润达标了，管理层担心下一年的任务，不想在当年要太多利润，就需要把一部分利润留到下一年，这时就把当年的利润以奖金的形式计提出来，等到下一年就原路冲回，利润自然就增加了，也有利于股价上涨。除了减少利润，还可以增加利润。如果当年业绩不佳，比如当年的利润目标是2000万元，但是快到年底时一计算，只完成了1500万元，还差500万元的缺口，要是完不成，管理层的奖金就会大打折扣，怎么办呢?和前面的反着来，把已经计提的奖金冲回一部分，这样就调增了当年的利润。如果已经计提的奖金不够弥补缺口，那就会在当月计提的工资奖金上少计提一些，一样会增加当年利润。这实际是将利润在两个年度内进行重新分配，两个年度的总利润没有变化，但重新分配后各年的利润就不一样了，让人看起来稳定有序，这就是传说中的利润储备，为公司未来根据行业变化而调节利润留下操作空间，以增加公司利润的稳定性。

工资俸禄由来已久，对应付职工薪酬的管理也就如影随形。除了上面提到的计提与冲回工资以外，还有多种情况也会影响企业的利润。

（1）对人员的管理

通过变动职工人数来调节利润。比如在企业生产规模并没有发生变化的情况下，职工的人数却在大幅上升，这会达到调减利润的目的。相反，在企业规模没有减小，工作效率未提高的情况下职工人数显著减少，这是在调增利润。

当然，财务高手不会在工资表上虚构职工人数以增加职工薪酬，达到调减当期利润的目的。他们往往会借助母公司或合并范围以外的关联企业，将这些企业部分人员职工薪酬在本企业列支，以此来达到目的。

另外，混淆人员属性，将收益性支出和资本性支出混淆，也同样能对利润产生很大影响。比如：将应列入收益性支出的职工薪酬转入资本性支出，就会使利润虚增；反之将应列入资本性支出的职工薪酬转入收益性支出，就会使利润虚减。举个例子，企业将部分生产工人的薪酬列入基建工程人员的薪酬，就将本应作为生产成本核算的职工薪酬转入了在建工程中，这就降低了当期的成本费用，达到了增加盈利的目的。反之，将本应作为基建人员的薪酬列入生产成本中，就增加了当期的成本费用，减少了利润。将销售人员当成生产人员，将管理人员当成车间管理人员，混淆了人员属性，同样调节了利润。还记得我们前面在无形资产中提到的资本化和费用化的问题吗？这里也是同样的逻辑。为了调节利润，公司可以把一名人力主管变成车间主任，把办公室主任变成开发总监。

（2）对时间的管理

我们前面提到，给职工的离职补偿金也是职工薪酬的一部分，在离职补偿金上，企业早计和晚计对利润会产生不同的影响。比如为了调减当期利润，企业提前将补偿款列入当期管理费用，相当于企业提前进行解除劳动关系并给予补偿的处理。而为了调增本期利润，企业就推后这样的处理，将补偿处理放在以后年度列支，这样就平滑了利润。

实际上，只要是计提性质的应付职工薪酬，往往成了上市公司调控利润的“潘多拉”宝盒。比如浦发银行、哈药集团、五粮液等都曾被公众媒体质疑过使用应付职工薪酬调节利润。

对职工薪酬的管理本质上是对企业人力资源的管理，是评价企业绩效的视角之一。薪酬持续降低会被质疑企业的可持续能力，亦会被质疑是否存在压低薪酬支出调节利润的现象。比如在 2017 年浙江绩丰岩土技术股份有限公司 IPO 被否决时，反馈意见就提出："报告期内，发行人员工平均薪酬呈现下降趋势，是否存在压低薪酬支出调节利润的情形？"紧接着西藏国策环保科技股份有限公司 IPO 被否，反馈意见提出："发行人高管薪酬总额逐年下降、董事长薪酬大幅下降，社保公积金的缴纳是否符合我国《社会保险法》的相关规定？"随之多家公司也因职工薪酬问题导致 IPO 被否，包括职工薪酬在内的员工相关问题成为 2017 年 86 家 IPO 被否企业的重点问题之一。

我们来看一下这些企业的职工薪酬情况。

以浙江绩丰岩土技术股份有限公司为例，绩丰岩土主营业务包括地基与基础工程业务和建筑物资租赁业务。该公司的薪酬情况如表 3-27、表 3-28 所示。

**表 3-27　绩丰岩土发行员工薪酬及其增长情况**

| 项目 | 2016 年 | | 2015 年 | | 2014 年人均年薪 / 元 |
|---|---|---|---|---|---|
| | 月均薪酬 / 元 | 变动比例 /% | 月均薪酬 / 元 | 变动比例 /% | |
| 高层员工 | 27,277.00 | 17.56% | 23,203.57 | 21.35% | 19,121.07 |
| 中层员工 | 10,517.16 | 0.83% | 10,430.88 | 1.55% | 10,272.04 |
| 普通员工 | 4,725.53 | 9.52% | 4,314.96 | -14.28% | 5,034.02 |
| 人均薪酬 | 5,834.60 | 3.71% | 5,625.80 | -11.93% | 6,387.64 |

注：人均薪酬 = 员工所属层级薪酬总额 / 该层级员工年末人数。

**表 3-28　绩丰岩土发行员工薪酬与同行业上市公司对比**

单位：元

| 公司名称 | 2016 年 | 2015 年 | 2014 年 |
|---|---|---|---|
| 中化岩土（002542） | — | 8,127.08 | 5,822.02 |
| 上海城地（603887） | 7,554.06 | 6,891.37 | 6,250.86 |
| 普邦园林（002663） | 9,056.42 | 8,992.00 | 8,356.19 |
| 东南网架（002135） | 6,038.22 | 5,915.87 | 5,317.97 |
| 发行人平均薪酬 | 5,834.60 | 5,890.96 | 7,595.98 |

注：平均薪酬按照可比上市公司各年报"应付职工薪酬"本年增加额，除以各年度年末员工人数估算。

从招股说明书中可以看到，绩丰岩土近3年的员工薪酬情况从2014年的人均6387.64元下降到了2016年的5834.60元。细分类下，高层员工的平均薪酬是在持续增长的，而普通员工的薪酬却在2015年显著下降。参考同期的公司收入和利润都是逐年上升的，而员工薪酬却出现相反波动。再对比同行业薪酬情况，在同行业平均薪酬持续增长的情况下，绩丰岩土同样表现出相反的变动趋势，且显著低于同行业薪酬情况。因此发审委质疑公司存在压低薪酬支出调节利润的情况，并质疑公司的盈利能力。

补充阅读

### 受追捧的股权激励

先问大家一个问题，你所在的公司有没有实施股权激励？你觉得公司实施股权激励后对公司业绩产生了什么样的影响？

我们先来看一组数据。

2020年我国A股上市公司发布的股权激励计划共有508份（见图3–17）：民营企业有374份，占到了73.62%；国有企业有71份，占到了13.98%；外资企业有19份，占3.74%。从公告来看，创业板发布的股权激励方案最多，其次是主板，然而增长速度最快的是科创板。508份股权激励计划激励形式不一，其中有387份限制性股票，120份股票期权，1份股票增值权。

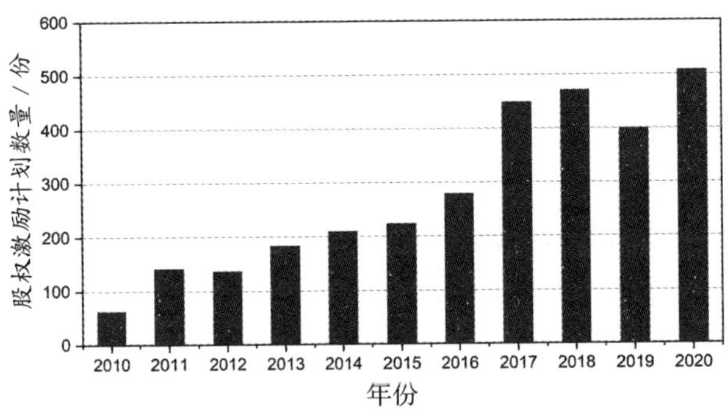


图3–17　2010—2020年A股上市公司发布股权激励计划数量

上市公司通常使用的股权激励形式有两种，一种是股票期权，一种是限制性股票。先说股票期权，从字面来看：权，权利；期，期限。股票期权就是授予员工在未来一定期限内以预先确定好的价格和条件购买本企业一定数量股票的权利。简单来说，就是未来的一个权利。但是这个权利是有条件的，而这个条件才是决定员工未来能不能真正获得这份权利的关键。通常这个条件就是业绩要求，而企业最常采用的业绩考核指标就是净利润增长率和净资产收益率。比如伊利股份 2019 年公布的股权激励方案，要求以 2018 年净利润为基数，2019—2023 年净利润增长率分别不低于 8%、18%、28%、38%、48%，净资产收益率不低于 15%。只有完成业绩指标，才能按事先约定的时间、价格、数量进行购买。

那么问题来了，股票期权能否最终实现就存在着不可确定性了。如果业绩指标没有完成，那事先的约定也就不算数了。如果业绩指标完成了，而到股票期权可行权时股票的价格比事先约定的价格还低，那员工就可能选择不行权。所以，要想获得收益，员工就面临着完成业绩指标和提高股价的双重压力。

那么限制性股票呢？与股票期权不同的是，限制性股票并不是约定未来，而是约定现在。也就是说，限制性股票是允许员工现在以一个较低的价格去购买本企业一定数量的股票，只不过现在不能卖掉这些股票。也就是说，员工出售这些股票是要受到一定的限制的，这些限制通常包括连续服务一定年限或者是业绩达到一定的要求。当然，在限售期内员工是不能转让或者将股票抵押出去以获得贷款或者是偿还债务的，因为这相当于变相地出售了这些股票。

除了股票期权和限制性股票，股票增值权的形式也比较常见。在这种形式下，员工不用事先掏钱出来购买股票，只是享有一定比例的股权，在未来股价上涨时，可以获得由于这部分股价上涨所带来的收益。举个例子，比如你老板对你说，你好好干，我给你 10 万股股票，不用你掏钱给我，你看我们现在股价是 10 元，3 年后涨到了 30 元，赚的 20 元乘以给你的股数就是你的奖励。这就是股票增值权。股票增值权本质上和股票期权一样，都是一种与股票价值挂钩的薪酬工具。所不同的是：股票增值权要用现金支付，更像是企业奖金的延期支付；而股票期权和限制性股票给的都是股票，并且所用来激励的股票通常是从市场上回购，或者是专门面向这些股东们发行的新股。

相信大多数企业实施股权激励是为了留住人才，因为企业最终靠的还是人，可以说人才的竞争就是企业核心竞争力的竞争。大多数使用股权激励的企业初衷是把员工变成股东，让员工站在企业的角度思考，把目光放远，格局放大，企业越来越好，员工的收益也就越来越多。一般情况下一个股权激励计划的实施时间很长，又是分期行权，将员工的利益与公司的利益捆绑在一起，这样就增加了员工的黏性，降低了员工的离职率。良好的股权激励方案及有效的制度实施能在一定程度上留住核心人才，从而为企业创造更多的价值。

在挖掘人才方面，令很多企业困惑的是——自己所找到的是不是对企业真正有用的人？企业想找到能力强、效率高的价值型人才，这就和所聘员工之间形成了天然的信息不对称的局面，而股权激励制度可以有效消除这种信息不对称和契约不完备所带来的障碍，留住人才，提升企业业绩，进而提高企业竞争力。

事实真的如此吗？

**股权激励计划只要设置就好？**

我们来看一下美好置业的股权激励计划。美好置业成立于 1989 年，公司的主营业务为房地产开发、装配式建筑、现代农业等。2011 至 2016 年 5 次获得“中国房地产百强企业”称号，并获得“中国房地产百强之星”荣誉。2019 年度入选中国房地产开发企业 500 强，2018—2019 年度装配式施工类首选品牌。该公司从 2008 年 4 月开始至 2013 年 7 月，短短 5 年多的时间实施了 3 次股权激励，皆以失败告终。第一次股权激励，2008 年 4 月开始，同年 9 月就终止实施，简直是还没来得及开始就已结束。第二次和第三次则是在实施期间停止了计划。究竟是什么原因导致美好置业的股权激励计划失败。我们先来看一下这 3 次的股权激励方案（见表 3–29）。

表 3–29　美好置业三次股权激励方案

| 项目 | 2008 年第一次股权激励 | 2009 年第二次股权激励 | 2012 年第三次股权激励 |
| --- | --- | --- | --- |
| 激励对象 | 60 人 | 90 人 | 78 人 |
| 激励方式 | 股票期权 | 股票期权 | 限制性股票 |
| 授予数量 | 2000 万份，占总股本的 2.08% | 2000 万份，占总股本的 1.48% | 3000 万份，占总股本的 1.17% |
| 行权价格 | 12.32 元 / 股 | 8.20 元 / 股 | 1.15 元 / 股 |
| 行权期限 | 10 年 | 8 年 | 4 年 |
| 股票来源 | 发行新股 | 发行新股 | 发行新股 |
| 行权条件 | （1）以本集团 2007 年扣除非经常性损益后归属于母公司所有者的净利润为基数，行权限制期内净利润年复合平均增长率不低于 30% 且不低于行业内上市公司平均水平。 | （1）股票期权行权限制期（2010 年至 2014 年）内，各年度本集团归属于母公司所有者的净利润及扣除非经常性损益后归属于母公司所有者的净利润均不低于授予日前最近三个会计年度的平均水平且不为负。 | 首次解锁条件（T 年度）① T 年度归属于上市公司股东的净利润及归属于上市公司股东的扣除非经常性损益的净利润不低于授予日前最近 3 个会计年度的平均水平且不为负；② T 年度较 2010 年归属于上市公司股东的扣除非经常性损益的净利润增长率不低于 100%；③ T 年度扣除非经常性损益后的加权平均净资产收益率不低于 6%。 |
| | （2）行权限制期内扣除非经常性损益后的年平均加权平均净资产收益率不低于 12% 且不低于行业内上市公司平均水平。 | （2）净利润年复合平均增长率：以本集团 2008 年扣除非经常性损益后归属于母公司所有者的净利润为基数，行权限制期内扣除非经常性损益后归属于母公司所有者的净利润年复合平均增长率不低于 25%。 | 第二次解锁条件（T+1 年度）① T+1 年度归属于上市公司股东的净利润及归属于上市公司股东的扣除非经常性损益的净利润不低于授予日前最近 3 个会计年度的平均水平且不为负；② T+1 年度较 2010 年归属于上市公司股东的扣除非经常性损益的净利润增长率不低于 200%；③ T+1 年度扣除非经常性损益后的加权平均净资产收益率不低于 12%。 |
| | （3）行权限制期内 A 股向后复权的年均股价增长水平不低于同期市场深圳证券交易所地产指数增长水平。 | （3）年平均净资产收益率：行权限制期内扣除非经常性损益后的年平均加权平均净资产收益率不低于 10%。 | 第三次解锁条件（T+2 年度）① T+2 年度归属于上市公司股东的净利润及归属于上市公司股东的扣除非经常性损益的净利润不低于授予日前最近 3 个会计年度的平均水平且不为负；② T+2 年度较 2010 年归属于上市公司股东的扣除非经常性损益的净利润增长率不低于 300%；③ T+2 年度扣除非经常性损益后的加权平均净资产收益率不低于 12%。 |

第一份方案提出后不久就终止，原因是外部环境发生变化，方案无法实现激励目的，不具有可操作性，董事会决定终止实施。那么外部环境

发生了什么变化呢？2008 年爆发了金融危机。第二份方案提出后，因为 2010 年的业绩未达标，公司董事会决定终止股权激励计划。第三份方案于 2012 年提出，于 2013 年 7 月董事会决定终止实施股权激励计划，原因与前一次相同，依然是业绩未达标——2012 年度实现业绩未达到股权激励方案第一期解锁条件。

三次股权激励计划，两次因业绩未达标而终止。那么美好置业的股权激励计划又对公司业绩产生了怎样的影响呢？我们看一下美好置业在股权激励计划推出前后的相关经营数据（见图 3-18，图 3-19）。

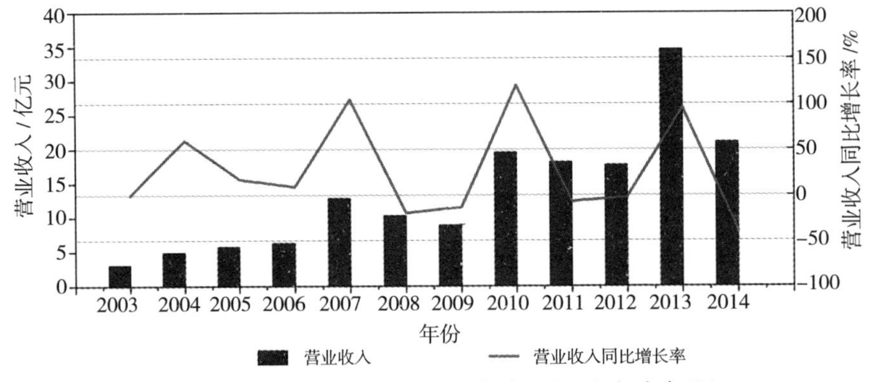


图 3-18　美好置业 2003—2014 年营业收入与扣非净利润

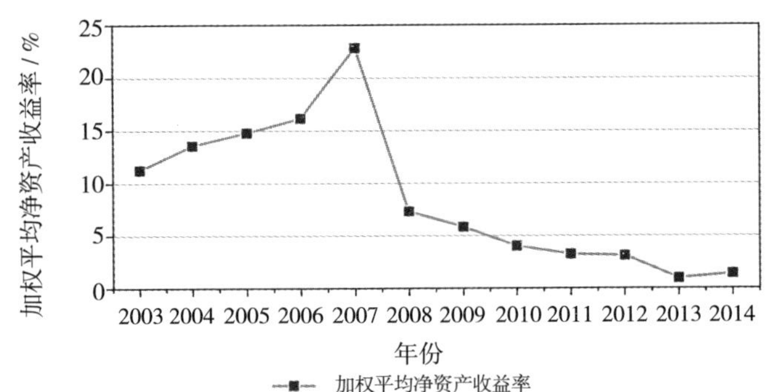


图 3-19　美好置业 2003—2014 年加权平均净资产收益率

从上面两张图中可以很明显看出，实施股权激励计划前和实施股权激励计划后完全是两个走向。在 2008 年实施第一次股权激励计划以前，

2003年至2007年该公司的营业收入是连续增长的，从2003年的3.07亿元攀升到2007年的12.87亿元。加权平均净资产收益率在2007年更是达到了22.84%的峰值。但从2008年开始实施股权激励计划以来，无论是加权平均净资产收益率还是扣非净利润都呈现出了下降的趋势，并且远远低于行业平均水平，营业收入和扣非净利润的增长更是呈现出倒“W”形的不稳定状态。

公司的业绩没有起色，甚至还在不断下滑，那有没有留住核心人才呢？从开始实施股权激励计划以来，几乎每年都有高管人员离职，特别是第三次股权激励计划，从计划授予的78人下降到实际授予的54人，差额24人中11人离职，8人自动放弃认购，5人工作岗位变动。

美好置业的股价也在不断受挫。在2008年4月11日发布第一次股权激励计划公告时，当日的股票收盘价是11.80元每股，到2013年7月16日发布终止第三次股权激励计划的公告时，当日的股票收盘价是1.81元每股。

业绩不振、股价下跌、高管离职，看来美好置业的股权激励计划并没有达到提升业绩、保留并吸引人才的目标，反而屡屡因为业绩不能达到行权条件而终止实施，美好的愿望并没有实现。这与其股权激励方案设置不合理不无关系，并且每次股权激励计划中的行权条件设置得都明显高于企业的正常发展水平。以第二次股权激励方案行权条件中的净利润年复合平均增长率的指标来看，即使是当时排名第一的万科也达不到这样的水平，更何况是美好置业了。

可见，股权激励并不是计划了就能顺利完成的。根据wind数据库的资料统计，2006年至2020年，A股上市公司共发布了3195份股权激励计划，其中限制性股票2076份，股票期权1089份，股票增值权36份。其中民营企业2309份，国有企业459份，外资企业216份。在这些股权激励计划中，停止实施、延期实施和未通过的有361份，终止率达11%，2008年的终止率更是达到了68%。

除了不能顺利实施，有些顺利完成的股权激励计划可能也会起到负面效应。

有学者对1996—2003年美国证券交易委员会公布的50家财务欺诈公司进行了分析，发现高管股权激励占高管薪酬的百分比每增加1个单位，财务欺诈发生的可能性就提高68%。

我们前面说了股权激励让员工面临着完成业绩指标和股价指标的双重压力，被授予股权的员工除了通过努力工作、优化资源配置、提高产品竞争力等方法来提高公司绩效外，还有可能通过盈余管理的手段来提高绩效水平。如果公司利润超出市场预期，又面临着高股权激励的刺激，那么他们很可能会选择平滑利润，为下期预留出部分利润。

实际上，股权激励强度越大，被激励人员进行盈余管理的可能性就越高。一方面，管理者们在获得股权激励后，自身利益受到股价变化的影响，差额越大，收益就越高。另一方面，企业股价的高低也会传达出员工人力资本的价值和努力程度。所以，不管是从获得经济利益的角度来考虑，还是从人力资本价值的角度来考虑，获得股权激励后，管理者们通过盈余管理来提高公司业绩的动机都会增强。

也有学者以我国2007—2013年的A股上市公司为样本，剔除金融保险类上市公司、数据缺失公司、数据异常公司和ST公司，对剩余的1893家公司进行研究，结果发现：实施股权激励强度与公司绩效呈显著的正相关关系；但剔除公司绩效中的盈余管理“噪声”后，未发现股权激励计划与公司绩效具有显著的相关关系。

这就表明，股权激励可能刺激管理者们为了获得行权收益而进行盈余管理，提高业绩水平。事实上，在实务中股权激励负效应的存在显著削弱了其应有的激励作用。

那么，如何规避股权激励的负效应呢？

### 如何规避股权激励的负效应？

实际上，股权激励对企业是否有效，很大程度上取决于企业股权激励的方案设计是否合理，是否和企业自身情况相贴合，是否和企业的战略方向相一致。比如激励有效期过短，会使管理者们为达到行权条件而只顾眼前的利益，这种短视行为不利于企业的长期发展。相反，如果股权激励有效期过长，又将管理者们的注意力放在了长期业绩上，而忽视企业是否有能力平稳经营。

改名为国家市场监督管理总局的国家工商总局曾在2013年的时候发布过一个《全国内资企业生存时间分析报告》，截至2012年年底，近5年退出市场的企业平均寿命为6.09年，寿命在5年以内的接近六成。规模越大的企业，存活率越高。也就是说，一半以上的企业活不过5年。那么股权激励的有效期设置多久合适呢?

燕山大学经济管理学院的李春玲教授以我国沪深两市2006年至2010年度公布股权激励计划的上市公司为样本进行研究，发现我国企业的股权激励有效期设置为4~5年最为合适。

事实上，根据wind数据库2006年至2020年发布的股权激励计划情况统计，股权激励计划平均有效期为4.56年，有超过一半的企业将有效期设置为4年。

这恰好和我国企业的平均寿命期呈现明显的正相关关系。但是如果激励有效期设置得过短，这将使得管理者们一方面难以在短期内通过实施各项措施来提高业绩，另一方面也会出现即使通过自身不断的努力采取积极措施，其业绩效果也难以在短期内体现出来。最终导致股权激励效果不明显。

随着激励年限的增加，管理者们拥有更多的时间来达到预期的业绩目标，这就使得股权激励的实施效果随着有效期的增加而不断提升。但是当激励有效期提升到超过一定年限后，由于各种因素的影响，达到预期业绩的不确定性也会随着年限的增加而增大，管理者们愿意为之努力工作的动力会越来越小，从而最终导致激励效果越来越差。

除了激励有效期的设置，还有激励比例的设置。根据我国《上市公司股权激励管理办法》的规定，上市公司全部在有效期内的股权激励计划所涉及的标的股票总数累计不得超过公司股本总额的10%。也就是说，实行股权激励计划的公司其激励比例不得超过总股本的10%。实际上，根据统计，我国绝大部分上市公司的股权激励比例都没有超过5%，在3%左右的占到多数，平均为2.22%。

通常我们认为股权激励的比例设置越高，受激励的管理者们的工作效率也越高，受利益趋同效应的影响，此时受激励员工的利益与企业的利益是趋向一致的，这些员工会尽可能多地站在企业的角度来考虑，就会有更大的动力来努力工作，因此表现出来的企业的业绩也会提高。但是当激励过度，管理者们拥有的权力越大，受到的约束就会越小，此时就会出现管理者们利用手中的权力牟取私利的现象，从而损害企业的利益。从这点考虑，实际上股权激励的比例并不是越高越好，虽然给予较大的股权激励力度能提高管理者们的工作积极性，但也会过犹不及。

因此，控制股权激励负效应应从完善股权激励制度着手。

但这并不是说所有企业的股权激励年限都要控制在 4~5 年，激励比例都在 3%，也不是说推出一个单期股权激励政策就可以一劳永逸。新的经济形势下，特别是在互联网浪潮的推动下，企业迭代的速度越来越快，新经济模式不断出现，股权激励方案也顺应变化不断在改进，产生了随着企业自身发展和战略转变而动态调整的新型连续多期股权激励方案。企业通过发布高频率、连续性的股权激励计划，使股权激励效果更具有长期性和有效性。

连续多期股权激励计划是相对于单期股权激励计划而言的，二期及以上的股权激励计划都可以被视为连续多期股权激励计划。实际上，从相关数据来看，多期股权激励的市场比重是在不断上升的。越来越多的上市公司开始意识到长期激励机制的必要性。在推出首期激励计划之后，更多的公司逐步推行多期股权激励计划，以促进企业的长期发展。

比如家用电器行业的美的集团，已经连续推出了 7 期针对骨干员工的股权激励计划。还有信息技术与计算机软件服务业的用友网络，也于 2020 年推出了第 7 期股权激励计划。目前我国上市公司实施股权激励次数最多的是与用友网络同属信息技术与计算机软件行业的汉得信息，它已推出了 9 期股权激励计划。

以美的集团为例，我们看一下连续多期的股权激励计划模式以及其对企业业绩的影响。

美的是一家覆盖消费电器、暖通空调、机器人与自动化系统、数字化业务四大业务板块的全球科技集团，在全球拥有约 200 家子公司、28 个研发中心和 34 个主要生产基地，业务与客户已遍及全球。自 2013 年 9 月在深圳证券交易所上市以来，公司每年都会根据行业背景和公司战略推出多方位的、分层的股权激励计划，几年下来，已形成了自己独有的特色。目前已实施了 7 期针对骨干员工的股票期权计划，4 期针对部门负责人及管理人员的限制性股票计划，4 期针对总裁、副总裁、事业部及经营单位总经理的全球合伙人持股计划和 3 期事业合伙人持股计划，将高级管理人员、中层管理人员和骨干员工完美覆盖。图 3–20 是美的集团股权激励时间轴。

目前实施的两项核心管理团队持股计划的期限都为 4 年，资金来源为公司计提的持股计划专项基金、持有人自有资金以及员工持股计划通过融资方式自筹的资金，激励人数每期最少的 15 人，最多的 50 人。除了核心管理团队的持股计划以外，股票期权和限制性股票采用员工自筹资金的方式，行权期限在 4~6 年不等。考核的业绩指标均以净利润和净资产收益率为主。现在美的 2021 年的股权激励计划还没有推出，不过大概率 2021 年仍然会继续推出这套股权激励计划组合。股票期权和限制性股票的具体情况如表 3–30 所示。

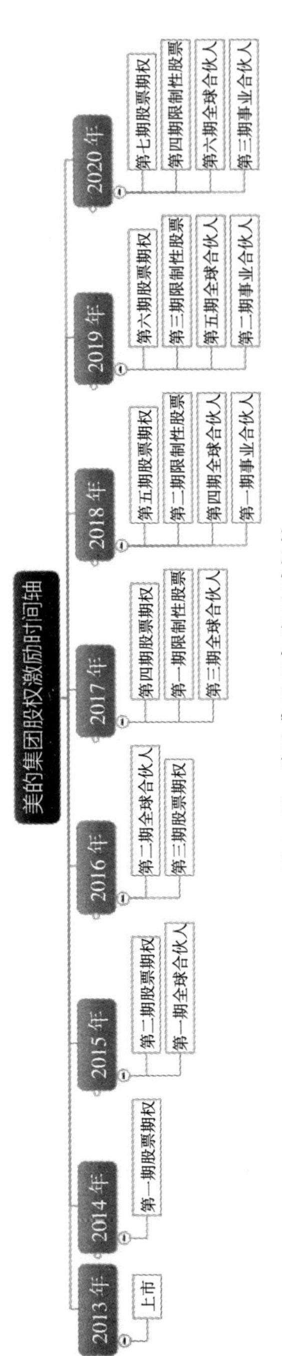


图 3-20　美的集团股权激励时间轴

**表 3-30　美的集团股权激励情况一览表**

| 公告时间 | 激励方式 | 期数 | 激励对象 | 授予数量 | 行权价格 | 股票来源 | 行权期限 | 行权条件 |
|---|---|---|---|---|---|---|---|---|
| 2014 年 1 月 13 日 | 股票期权 | 第一期 | 693 人 | 4060.20 万份，占总股本 2.41% | 48.79 元 / 股 | 定向发行 | 5 年 | 2014 年净利润增长较 2013 年不低于 15%；2014 年度净资产收益率不低于 20% |
| | | | | | | | | 2015 年净利润增长较 2014 年不低于 15%；2015 年度净资产收益率不低于 20% |
| | | | | | | | | 2016 年净利润增长较 2015 年不低于 15%；2016 年度净资产收益率不低于 20% |
| 2015 年 3 月 31 日 | 股票期权 | 第二期 | 738 人 | 8430 万份，占总股本 2% | 31.54 元 / 股 | 定向发行 | 5 年 | 2015 年净利润增长率较 2014 年不低于 15%；2015 年度净资产收益率不低于 20% |
| | | | | | | | | 2016 年净利润增长率较 2015 年不低于 15%；2016 年度净资产收益率不低于 20% |
| | | | | | | | | 2017 年净利润增长率较 2016 年不低于 15%；2017 年度净资产收益率不低于 20% |
| 2016 年 5 月 26 日 | 股票期权 | 第三期 | 931 人 | 12753 万份，占总股本 1.98% | 21.35 元 / 股 | 定向发行 | 5 年 | 2016 年的净利润不低于前 3 个会计年度的平均水平 |
| | | | | | | | | 2017 年的净利润不低于前 3 个会计年度的平均水平 |
| | | | | | | | | 2018 年的净利润不低于前 3 个会计年度的平均水平 |
| 2017 年 3 月 31 日 | 股票期权 | 第四期 | 1414 人 | 9898.20 万份，占总股本 1.53% | 33.72 元 / 股 | 定向发行 | 4 年 | 2017 年的净利润不低于前 3 个会计年度的平均水平 |
| | 限制性股票 | 第一期 | 140 人 | 2979 万份，占总股本 0.46% | 16.86 元 / 股 | 定向发行 | 5 年 | 2018 年的净利润不低于前 3 个会计年度的平均水平 |
| | | | | | | | | 2019 年的净利润不低于前 3 个会计年度的平均水平 |
| 2018 年 3 月 31 日 | 股票期权 | 第五期 | 1341 人 | 6208 万份，占总股本 0.94% | 57.54 元 / 股 | 定向发行 | 6 年 | 2018 和 2019 年的净利润不低于前 3 个会计年度的平均水平 |
| | | | | | | | | 2020 年的净利润不低于前 3 个会计年度的平均水平 |
| | 限制性股票 | 第二期 | 344 人 | 2501 万股，占总股本 0.38% | 28.77 元 / 股 | 定向发行 | 6 年 | 2021 年的净利润不低于前 3 个会计年度的平均水平 |
| | | | | | | | | 2022 年的净利润不低于前 3 个会计年度的平均水平 |
| 2019 年 4 月 20 日 | 股票期权 | 第六期 | 1150 人 | 4724 万份，占总股本 0.72% | 54.17 元 / 股 | 定向发行 | 6 年 | 2019 和 2020 年的净利润不低于前 3 个会计年度的平均水平 |
| | | | | | | | | 2021 年的净利润不低于前 3 个会计年度的平均水平 |
| | 限制性股票 | 第三期 | 451 人 | 3035 万股，占总股本 0.46% | 27.09 元 / 股 | 回购 | 6 年 | 2022 年的净利润不低于前 3 个会计年度的平均水平 |
| | | | | | | | | 2023 年的净利润不低于前 3 个会计年度的平均水平 |
| 2020 年 4 月 30 日 | 股票期权 | 第七期 | 1425 人 | 6526 万份，占总股本 0.93% | 52.02 元 / 股 | 定向发行 | 4 年 | 2020 年度的净利润不低于前两个会计年度的平均水平 |
| | | | | | | | | 2021 年度的净利润不低于前两个会计年度的平均水平 |
| | 限制性股票 | 第四期 | 520 人 | 3418 万股，占总股本 0.49% | 26.01 元 / 股 | 回购 | 4 年 | 2022 年度的净利润不低于前两个会计年度的平均水平 |

那么，美的集团的股权激励计划对业绩和员工产生了怎样的影响呢？我们可以看一下美的集团实施股权激励计划前后的经营业绩表现（见图 3–21）。

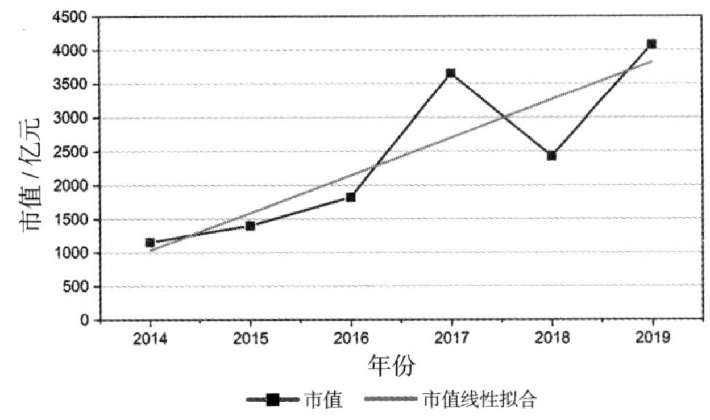


图 3–21　美的集团 2014—2019 年市值走势

上面这张图是美的集团从 2014 年开始实施股票激励计划以来的市值走势图，我整理了 2014 年至 2019 年的市值走势，不难看出，美的的市值在一路攀升，企业整体价值也在急速提升的过程中，多层次股权激励计划的确起到了推动作用。

企业总资产从 2013 年的 970 亿元增长到 2019 年的 3020 亿元，实现了 2 倍多的增长，资产规模不断扩大。实施股权激励计划前的 2012 年和 2013 年，营业收入分别为 1027 亿元和 1213 亿元，增长率分别为 –23.41% 和 18.06%。2014 年 1 月推出针对骨干员工的第一期股票期权形式的股权激励计划，侧重于面向研发、制造等科技人员，整体向一线倾斜。2014 年营业收入稳步攀升，股权激励计划对于短期发展起到了一定的促进作用。2015 年国内推进供给侧结构性改革，消费端略显疲软，家电行业竞争激烈，行业的营业收入有一定的下降。美的进一步贴合全球经营战略，转向全球视野，推出第一期全球合伙人持股计划，同时推出第二期股票期权计划，营业收入快速反弹，营业收入增长率先下降后上升，2016 年和 2017 年连续两年高增长。2017 年又推出针对在决策层和执行层中间起桥梁作用的中层管理人员的第一期限制性股票计划，2017 年营业收入增长率更是达到了 51.35%。2019 年营业收入为 2794 亿元，经营状况和市场占有得到提升，营业收入增长率一直高于行业水平，表明股权激励计划产生了一定的促进作用。

扣非净利润在 2012 年和 2013 年分别为 30.27 亿元和 39.03 亿元，扣非净利润增长率分别为 7.44% 和 28.93%。2014 年推出第一期股票期权计划后，当年扣非净利润增长率达到了 142.79%，这也成为扣非净利润增长率的峰值。随后下降到 20% 左右，并稳定在 20% 左右。扣非净利润连续保持稳定增长，2019 年扣非净利润更是突破了 220 亿元。

整体来看，不管是营业收入还是扣非净利润都表现出持续稳定的增长，股权激励计划根据战略发展不断适配调整，并推出组合方案，在一定程度上促进了企业的业绩增长，为企业的长期持续经营提供保障（见图 3–22）。

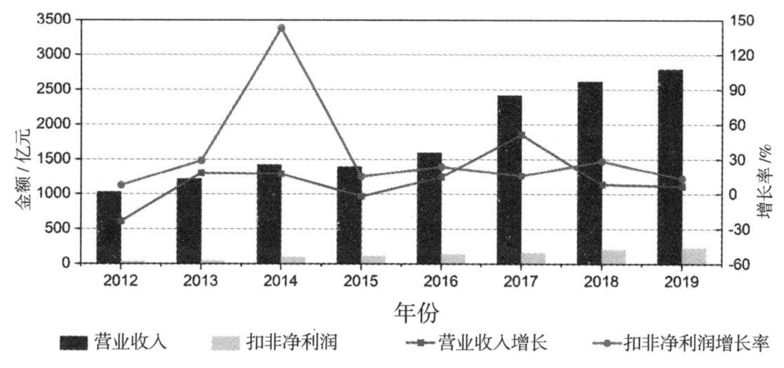


图 3–22　美的集团 2012—2019 年营业收入及扣非净利润

反映盈利能力的加权平均净资产收益率在推出股权激励计划前的 2012 年和 2013 年分别为 23.92% 和 24.87%，2014 年推出股权激励制度后，美的的加权平均净资产收益率快速上升，表明股权激励的实施带来了显著效果。从 2014 年到 2019 年，加权平均净资产收益率保持在 26% 上下，远高于家电行业的平均净资产收益率。美的在 2016—2017 年收购德国库卡集团，对机器人自动化领域进行布局，并在 2017 年推出第一期针对部门负责人等中层管理人员的限制性股票激励计划，员工与企业的捆绑性加强。同时继续推出股票期权计划和全球合伙人持股计划，加权平均净资产收益率较为稳定。

整体来看，美的平均净资产收益率比较平稳，而且高于行业平均水平，说明美的的资本获利能力较强。在实施股权激励后，在行业净资产收益率下降的环境下，还能保持稳定状态，说明股权激励对美的的盈利能力有一定的正向效果（见图 3-23）。

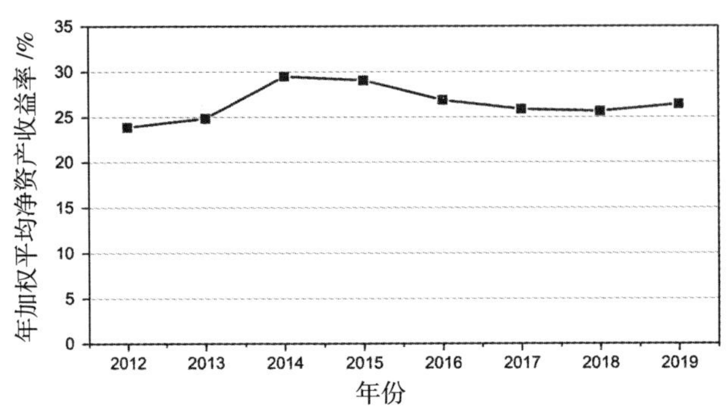


**图 3-23　美的集团 2012—2019 年加权平均净资产收益率**

美的的速动比率在 2012 年和 2013 年分别为 0.83 和 0.89，低于行业平均水平，2014 年之后逐步提升到 1 以上，2019 年达到 1.28。资产负债率对比同行业其他企业并不高，2012 年和 2013 年分别为 62.20% 和 59.69%，2017 年因为并购行为提高债务融资，使资产负债率攀升到 66.58%，同比增长 11.77%，随后在 2018 年开始回落，并持续下降到 2019 年的 64.40%（见图 3-24）。2014 年推出首期股权激励计划后，美的不断滚动推出新的股权激励计划，对管理层的经营管理进行一定的约束，使企业的经营更加稳健，没有通过利用放大杠杆效应来提高效益。在稳定经营方面，股权激励的实施起到了一定的促进作用，财务风险小，偿债能力较强。但这同时也说明美的在资源利用上并没有太过充分，也会因此错失一些投资时机。

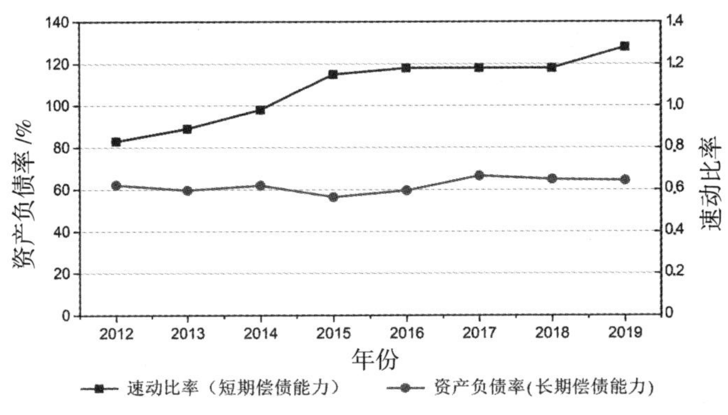


**图 3-24　美的集团 2012—2019 年速动比率和资产负债率**

在人员结构上，不断提升技术、研发人员的占比，加大享有股票期权激励的人数。技术人员占比从股权激励计划实施前2013年的5.74%提升到2019年的10.18%，而生产制造人员则从87.55%下降到81.96%（见图3–25）。研发人员占比逐渐攀升，而生产制造人员占比不断下降，美的不断优化人员结构，使企业创新能力得以不断提升。截至2019年年底，美的全年一共获得中国发明专利授权2704件，位居家电行业第一，国内外专利申请共计13525件，是2013年5647件专利申请总量的2.4倍。在企业逐步向数字化驱动的创新性企业转变上，股权激励计划也起到了一定的推动作用。

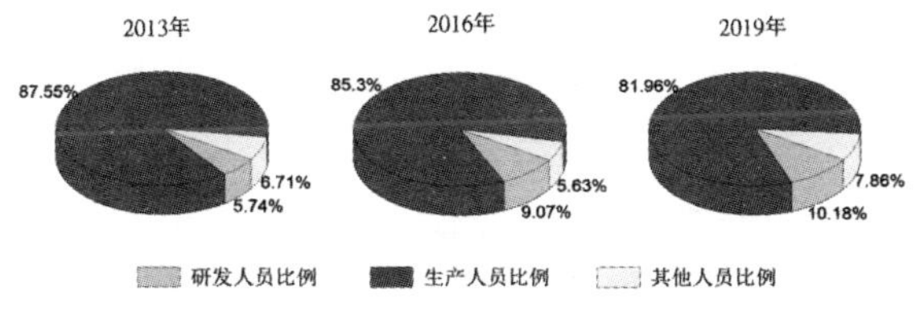


**图3–25　美的集团2013—2019年人员结构对比**

从统计来看，2014—2019年辞职和解聘的高管人员只有6名，表明美的推出的核心管理团队持股计划在团队凝聚力上也起到了很好的作用。

美的集团根据外部行业背景变化以及内部公司战略调整，在激励对象和考核机制上更加灵活，不断推出符合公司自身发展情况的激励计划，针对公司高管团队、中层管理人员和骨干员工搭配不同的激励计划。合伙人持股计划由企业计提专项基金，本质上更像是业绩股票，通过分享业绩收益来深度捆绑高管。限制性股票更趋向长期激励，高风险高收益，但需要提前出资，绑定中层管理人员。而股票期权则更加考虑骨干员工的承受能力，风险和收益相适配。差异化、分层制的激励方法更加符合企业和员工的需求。

但是针对净利润等盈利情况做考核也会让企业忽视自身的营运管理以及资源的有效利用，比如在利用杠杆经营上就表现得不那么激进，会使管理层趋向稳健的投资风格，也可能忽视对资产的充分利用。

企业要想创造更多收益，一看效率，二看效益，员工的股权激励更重视效益的提升，而对效率的提升则有一定的弱化。

**选股票期权、限制性股票还是股票增值权?**

有没有人在想，在激励形式的选择上，是选股票期权还是选限制性股票，又或者选股票增值权呢?

实际上，按照维克托·弗鲁姆的期望理论，人们采取某项行动的动力取决于其对行动结果的价值评价和预期达成该结果可能性的估计。所以企业和员工双方都会对企业的股权激励计划有着评估。

我统计了2006—2020年已发布的股权激励计划发现，限制性股票占到了64.98%，股票期权占34.08%。这会让你直观地觉得，既然选择限制性股票的企业这么多，那限制性股票的效果一定好于股票期权。你如果这样想，就受到了典型的从众心理的影响——群体中越多人意见一致就越容易对个体产生从众压力，但只要有一个持异议的人，从众压力就会降低。正如阿伦森·亚里士多德在他的著作中《政治学》中说到的一样："从本质上讲，人是一种社会性动物；那些生来离群索居的个体，要么不值得我们关注，要么不是人类。"既然我们不可避免要被大众所影响，就要学会辨析。

有学者对这两种激励方式对企业绩效产生的影响做过研究，一个观点认为：在股票期权模式下，企业绩效受股权激励强度变化的影响更加显著，股权激励的激励效应更强；在限制性股票模式下，企业绩效受股权激励强度变化的影响不显著。另一个观点认为：三大板块限制性股票的激励效果普遍好于股票期权。

这就有意思了，一个说股票期权好于限制性股票，一个说限制性股票好于股票期权，你听谁的?

从现金流的角度来说，限制性股票需要员工现在拿出真金白银交给企业，对企业来说，现在可以获得一部分的资金。企业可以定向增发部分股票给员工，这部分股票锁定期内不能上市交易。员工此时在法律上是公司的股东，但在经济业务上还不是公司的股东，没有表决权、分红权等，等到限制性股票解锁后才能成为真正意义上的股东。未来如果有未被解锁而失效的股票，公司需要按事先约定的价格支付现金回购，这些限制性股票是公司的一项金融负债，对公司来说有潜在风险。

当企业处于成熟期时，经营状况稳定，经营收入和盈利能力都处于平稳持续状态，你甚至可以一眼望到头，此时给期权向员工展望美好未来的意义就不大了，也没那么诱人了。我们前面说了股票期权是给员工未来低价购买公司股票的权利，对于处于成长期的企业来说，公司正在快速发展，未来可期，给员工期权就是给期望，相信企业的明天会更好，是一种对向往的生活的期许，此时给期权的作用更大一些。

所以，不同的企业、不同时期的需求是不一样的，根据自身情况来选择合适的方法才能使其发挥作用。实际上，很难说谁优于谁。相较之下，美的集团的方法就值得我们学习借鉴，我们可以摸索出一套适合自身发展的股权激励方案。这实际和企业财务管理方案一样，需要根据企业背景和战略方向制定符合自身情况的方案，量体裁衣才更合适。

查理·芒格在《穷查理宝典》中提出了多元思维模型，一个模型往往只能解决一些问题，要在头脑中构建多个模型，在遇到问题的时候恰当组合，灵活运用，这样就能显得比普通人稍微智慧那么一点点。股权激励方案也一样，不是一个模型适合所有的企业，企业要根据自身的情况和战略方向，结合市场经济环境以及政策影响，设计出适合自己的方案来。毕竟适合自己的，才是最好的。

6. 应交税费

企业在一定时期内取得的营业收入、实现的利润或者是发生的特定经营行为，要按照国家有关规定缴纳各种税金，这些应缴纳的税金在尚未缴纳之前，形成企业的一项负债，就反映在应交税费中。比如增值税、消费税、资源税、土地增值税、房产税、土地使用税、车船税、城市维护建设税、所得税等。

有些管理者会认为只有销售商品或提供劳务时才会产生增值税，实际不然，在一些不是对外销售的经济活动中也会产生增值税。比如税法上的某些视同销售行为，如以自产产品对外投资，按照会计准则的规定属于非货币性资产交换，因此财务核算应按照会计准则的规定进行处理，但无论财务上如何处理，只要税法规定需要缴纳增值税，就要计算缴纳增值税。

这也就解释了有些管理者认为把自家生产的商品发给员工做福利怎么还得交增值税的原因。

从现金流的角度来说，企业尚未缴纳的这部分税金，实际上相当于税务局提供的一项短期无息借款。比如海螺水泥 2019 年年底的应交税费有 67 亿元，主要是增值税和所得税（见表 3-31）。

**表 3-31　海螺水泥应交税费**

单位：元

| 项目 | 2019 年 | 2018 年 |
| --- | --- | --- |
| 增值税 | 1,607,880,088 | 1,968,398,406 |
| 企业所得税 | 3,895,321, 111 | 4,156,124,688 |
| 资源税 | 108,011,973 | 162,074,425 |
| 重大水利工程建设基金、可再生能源附加 | 636,254,816 | 540,404,091 |
| 土地使用税 | 51,446,280 | 40,959,278 |
| 教育费附加 | 35,978,703 | 29,582,452 |
| 城市维护附加 | 25,727,217 | 68,331,376 |
| 其他 | 343,295,397 | 281,782,485 |
| 合计 | 6,703,915,585 | 7,247,657,201 |

### 7. 其他应付款

其他应付款属于流动负债，也是“兜底负债”，主要反映除应付账款、预收款项、应付职工薪酬、应交税费等以外的其他暂收、应付款项，例如收取的存入保证金，我们前面讲到的收取的有回购义务的限制性股票款，还有企业采用售后回购方式融入的资金、从母公司借入的周转金等也会反映在其他应付款里。

其他应付款总让人不好捉摸，没有明确的列示主题，预收、应付款项都可以列示。所以对这个科目就需要特别关注了，这里面很可能藏有公司的潜盈，比如那些长期挂账又不支付的可能是企业隐藏的收入。而对于隐藏在其他应付款中的收入来说，如果长期挂账且金额异常的话，可能会引发税务风险。另外，其他应付款里可能还会有不方便记入借款项目的负债融资款，目的是隐藏借款项目，使其金额显得不那么巨大。因此，其他应付款和其他应收款被戏称为企业的“聚宝盆”和“垃圾桶”。一个隐藏有企业的潜盈，一个暗藏着企业的潜亏。

资产负债表中的其他应付款不单单指其他应付款项目的余额，它是“其他应付款”“应付利息”“应付股利”三个科目余额合计数。

比如海螺水泥的其他应付款有应付利息和应付的工程及设备款、工程质保金等（见表3–32至表3–34）。

**表3-32　海螺水泥其他应付款合计**

单位：元

| | 注 | 2019年12月31日 | 2018年12月31日 |
|---|---|---|---|
| 应付利息 | (1) | 50,859,760 | 44,660,322 |
| 其他 | (2) | 4,013,338,574 | 3,776,541,092 |
| 合计 | | 4,064,198,334 | 3,821,201,414 |

**表3-33　海螺水泥其他应付款类型（按款项性质列示）**

单位：元

| 项目 | 2019年 | 2018年 |
|---|---|---|
| 应付工程及设备款 | 1,310,544,064 | 1,145,151,350 |
| 应付股权转让款及收购价款 | 339,341,296 | 547,431,289 |
| 工程质保金 | 442,339,892 | 329,678,903 |
| 存入保证金 | 564,869,590 | 479,459,049 |
| 履约保证金 | 596,304,261 | 519,885,641 |
| 其他 | 699,939,471 | 754,934,860 |
| 合计 | 4,013,338,574 | 3,776,541,092 |

**表3-34　海螺水泥账龄超过一年的其他应付款**

单位：元

| 项目 | 2019年 | 未偿还原因 |
|---|---|---|
| 应付工程及设备款 | 44,023,873 | 尚未达到付款条件 |
| 工程质保金 | 18,814,150 | 质保期限尚未到期 |
| 合计 | 62,838,023 | |

美的集团的其他应付款有应付股利和限制性股票回购款、押金保证金、代垫物流费、工程设备款等（见表3–35）。

表 3-35 美的集团其他应付款（2019 年 12 月 31 日）

单位：元

| 项目 | 期末数 | 期初数 |
| --- | --- | --- |
| 其他应付款 | 3,800,568 | 3,346,129 |

其他应付款主要包括限制性股票回购款、押金保证金、代垫物流费、工程设备款、应付股利等。

于 2019 年 12 月 31 日，账龄超过一年的其他应付款 765,092,000 元（2018 年 12 月 31 日：821,240,000 元），主要为本公司执行股份激励方案相关的应付款及应付保证金及押金，因为相关项目尚未结束，该等款项尚未结清。

## （二）非流动负债

### 1. 长期借款

长期借款主要为企业借入的一年期以上的借款。如果长期借款在一年内到期，且企业不能自主展期，就要将其反映在资产负债表中的“一年内到期的非流动负债”中。

相对于短期借款来说，长期借款的借款时间更长，利率更高且更难申请，一些企业就喜欢借短期借款并将之用于长期项目，也就是我们在短期借款那里讲到的“短贷长投”，虽然短期借款一时间借着方便也用着方便，但对于企业来说短贷长投并不是明智之举。

一般来说，长期借款的风险要略低于短期借款，因为借款方有足够的时间来获取还款资金。在资金选择上，长期借款融资要优于短期借款融资，一般企业的长期借款也会多于短期借款。但同样的，无论是短期借款还是长期借款，以及下面我们要说到的应付债券，都会加大企业的费用支出。不过只要贷款被用于那些收益大于利息支出的项目，负债融资就是可行的。

实际上，按照《企业会计准则第 17 号》关于借款费用的规定，对于企业用于固定资产等投资的借款，符合资本化的资产在购建或者生产过程中，其借款利息等财务费用在项目投产前记入建设费用，形成固定资产的一部分，也就是我们常说的借款费用资本化。等到项目正式投产之后，尚未归还的借款发生的利息支出是要计入财务费用中的，对当期的利润会产生影响。但是，如果符合资本化条件的资产在购建或者生产过程中发生非正常中断且中断时间连续超过3个月的，应当暂停借款费用的资本化。在中断期间发生的借款利息要确认为费用，计入当期损益，直至资产的购建或者生产活动重新开始。但是，现实中有些企业为了规避利息支出对公司利润的影响，将其违规资本化处理。比如我们在前面提到的凯迪生态，就因虚增在建工程、虚减财务费用、虚增利润被证监会立案调查，这背后也体现着凯迪生态巨额负债融资的失控。

## 补充阅读

### 负债融资是把双刃剑

凯迪生态，成立于1993年，于1999年在深圳证券交易所上市，是一家以生物质发电为主营业务，兼顾风电、水电等清洁能源的平台型公司，是生物质发电行业的龙头企业。2017年、2018年、2019年分别被会计师事务所出具无法表示意见的审计报告，因涉嫌信息披露违规，2018年5月被证监会立案调查。凯迪生态于2018年6月11日发布因资金周转困难，致使部分到期债务不能清偿的公告，称截至2018年6月8日，公司到期未清偿部分有17.91亿元。随后凯迪生态发布退市风险警示。2019年5月该公司股票暂停上市。2020年10月深圳证券交易所出具了决定该公司股票终止上市的文件。2020年12月凯迪生态被深圳证券交易所摘牌。截至摘牌时，公司逾期未清偿债务尚有189.51亿元，而最近一期经审计的公司净资产为−28.04亿元，逾期债务占最近一期经审计净资产的比例为−675.96%。

2020年5月证监会发布的对凯迪生态的行政处罚决定书（〔2020〕19号）中指出，凯迪生态存在虚假记载、未按规定披露关联交易、未按规定披露重大债务违约等6条违法事实。经证监会查明，2018年3月15日至3月29日，凯迪生态及宿迁市凯迪绿色能源开发有限公司等6家子公司，陆续有共计7笔融资租赁债务到期未能清偿，逾期金额合计8121.92万元。凯迪生态在上述7笔债务发生违约后，未能及时予以披露，构成信息披露违法行为。

另外，2015年1月1日至2017年12月31日期间，部分借款费用资本化的在建电厂存在停建情形。2015年、2016年、2017年，凯迪生态分别有75家、36家、34家在建电厂建设发生非正常中断且中断时间连续超过3个月。2015年、2016年、2017年凯迪生态上述电厂建设中断期间借款费用资本化金额分别为150,253,821.08元、272,808,639.77元、209,114,154.48元。凯迪生态未按照《企业会计准则》的相关规定对发生非正常中断的借款费用进行暂停资本化的会计处理，导致2015年、2016年、2017年财务报告存在虚增在建工程、虚减财务费用、虚增利润总额的情形：2015年度虚增在建工程、虚减财务费用、虚增利润总额150,253,821.08元；2016年度虚增在建工程、虚减财务费用、虚增利润总额272,808,639.77元；2017年度虚增在建工程、虚减财务费用、虚增利润总额209,114,154.48元。

不管是未披露的关联交易还是未停止资本化的借款费用，都和借款引发的相关债权债务关系相关，我们可以看一下凯迪生态上市以来的融资情况。

根据其历年的年报统计，凯迪生态从1999年上市以来至2020年，收到的包括但不限于通过取得借款和发行债券等筹资方式获得的筹资活动现金流入金额达872.55亿元（见图3–26和表3–36），其中2010—2020年通过借款收到的现金有512.25亿元，通过发行公司债券和非公开发行的股票以及中期票据融入的现金有94.37亿元。通过整理凯迪生态的融资类型发现，其融资类型多种多样，包括但不限于保理、产业基金、固贷、过桥、流贷、信托、信用证贴现、银承、债权、租赁、ABS、特定收益权转让等。

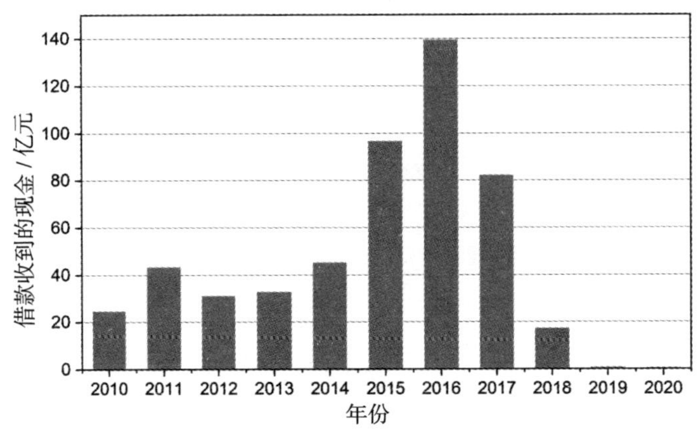


图3–26 凯迪生态2010—2020年通过借款收到的现金

表 3-36　凯迪生态通过发行债券、股票和中期票据收到的现金

单位：亿元

| 项目 | 2011 年 | 2015 年 | 2016 年 | 合计 |
|---|---|---|---|---|
| 公司债券 | 11.6 | | 15.83 | 27.43 |
| 非公开发行股票 | | 13.19 | 41.75 | 54.94 |
| 中期票据 | 12 | | | 12 |
| 合计 | | | | 94.37 |

随着负债融资的多样性以及借款金额的增加，凯迪生态的财务费用也不断提高，2010 年财务费用还只有 2.18 亿元，约占当期营业总成本的 7.16%，到退市前的 2019 年已达到了 21.1 亿元，约为 2010 年的 10 倍，占当期营业总成本的 41.19%（见图 3-27）。财务费用的增加也影响着企业的利润情况，凯迪生态的净利润从 2010 年的 4.31 亿元下降到 2020 年的 −17.02 亿元，其中 2017 年更是亏损 69.04 亿元。这也是凯迪生态选择将借款费用资本化的动因，2015—2017 年，凯迪生态分别将 1.5 亿元、2.73 亿元、2.09 亿元的财务费用计入在建工程，使得当期利润相应虚增。

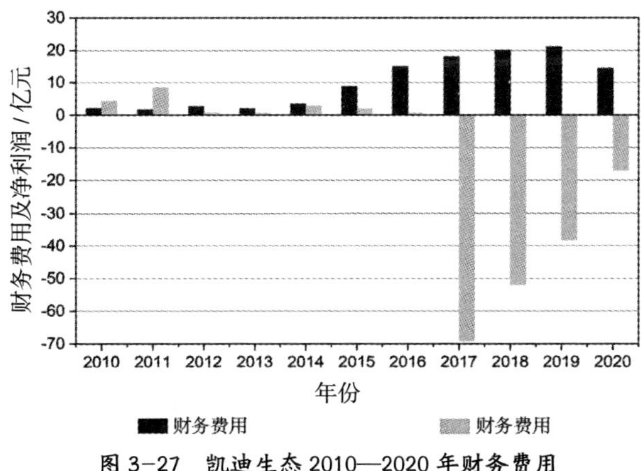


图 3-27　凯迪生态 2010—2020 年财务费用

我们前面说了，只要负债融资的项目收益能覆盖住借款利息的支出，负债融资就是可行的。但凯迪生态大规模地借贷融资却并没有将钱全部投入生产建设中，其上市以来用于购建资产的资本支出只有 202.79 亿元，还不到其通过借款收到的现金的一半，所能转换的经营收益更是寥寥无几，

经营活动所产生的现金流量净额只有76.42亿元。

借款金额被大规模挪作他用，经营活动无法产生现金流量，本身的造血能力有限，面对需要不断偿还的借贷利息，凯迪生态开始借新债还旧债。其2011年和2016年发行的将近28亿元的公司债券一部分被用来归还银行贷款，一部分被用来补充流动资金。另外，凯迪生态还将部分募集到的资金用于支付银行借款利息、日常经营结算、补充流动资金、支付年报审计费用，资金紧缺情况逐渐显现。

比如其2019年年报中披露：

“2017年5月10日，公司第八届董事会第三十三次会议审议通过了《关于使用部分闲置募集资金暂时补充流动资金的议案》，使用林业生态文明建设项目闲置募集资金29,500万元及14家生物质发电厂建设项目中敦化、平乐、天门、汉寿、乐安、紫云、黄平、三都8个项目部分闲置募集资金83,621万元，合计113,121万元，用于暂时补充流动资金。截至本核查意见出具日，公司尚未归还用于暂时补充流动资金的募集资金。

“2018年汉寿凯迪绿色能源开发有限公司、天门市凯迪绿色能源开发有限公司、敦化凯迪绿色能源开发有限公司、紫云凯迪绿色能源开发有限公司、黄平凯迪生物质发电有限公司、乐安县凯迪绿色能源开发有限公司、三都凯迪绿色能源开发有限公司、平乐凯迪绿色能源开发有限公司、凯迪生态环境科技股份有限公司、凯迪阳光生物能源投资有限公司等10个非公开发行股票募集资金专户存在共计402,784,983.02元的多笔大额支出未用于募集资金项目，截至本报告日尚未归还。

“2017年度募集资金存放与使用过程中存在的未按要求使用807,500.00元募集资金以及募投项目实施主体使用募集资金支付公司银行借款利息等问题尚未纠正。

“平乐凯迪绿色能源开发有限公司募集资金专户中国银行武汉武昌支行营业部（账号554771169928）和广元凯迪绿色能源开发有限公司募集资金专户中国银行武汉武昌支行营业部（账号574271172362）未专户专用，存在使用募集账户结算日常经营资金的情况。”

凯迪生态挪用募集资金不仅暴露了其资金管理上面的缺陷，也严重影响了其在建项目的进展，资金短缺不能正常建设投产，致使企业正常经营受到影响，不能产生经营资金又影响了企业的持续经营能力，这就造成了恶性循环。本为减轻自身经营压力而进行债务融资，却因为过度融资而使自己陷入了资金链断裂的漩涡。这一方面说明了凯迪生态对募集资金的管理存在缺陷，另一方面也反映出该企业整体的财务制度和内部控制存在缺陷。

负债融资能帮助企业解决资金需求，但负债融资同样能使企业陷入危机。正如巴菲特在2011年给股东的信中曾说："有些人通过借款投资成为巨富，但此类操作同样可能使你一贫如洗。杠杆操作成功的时候，你的收益成倍放大，配偶觉得你很聪明，邻居也艳羡不已。但它会使人上瘾，一旦你从中获益，就很难回到谨慎行事的老路上去。而我们在三年级都学到，不管多大的数字一旦乘以0都会化为乌有。历史表明，无论操作者多么聪明，金融杠杆都很可能带来0。对企业来说，金融杠杆也可能是致命的。许多负债累累的公司认为债务到期时可以靠继续融资解决，这种假定通常是正常的。可一旦企业本身或者全球信用出现危机，到期债务就必须如约清偿，届时只有现金才靠得住。信贷就像氧气，供应充沛时，人们甚至不会注意到它。而一旦氧气紧缺，那就成了头等危机。"

2. 应付债券

应付债券一般分为一般公司债券和可转换公司债券。债券融资的利息较低，融资成本相对也低，但并不是所有企业都可以进行债券融资。一方面债券融资有较高的门槛，对企业的要求比较高；另一方面发行债券的手续也较为烦琐，同时规模也会受到限制。除此之外，企业能否顺利发行债券，还取决于市场主体对企业风险和债券价值的判断。

随着修订后的《证券法》的实施，公司债券的发行由核准制改为注册制，国家发展和改革委员会为企业债券的法定注册机关，发行公司债券需要在国家发展和改革委员会注册。公司债券发行条件取消了对净资产的限制，鼓励将发行公司债券募集的资金投向符合国家宏观调控政策和产业政策的项目。

应付债券和短期借款、长期借款都被划分为金融负债，它们一起影响着企业的负债情况。作为有息负债，其比例越高，对企业的资金要求越高，企业的偿债压力就越大。所以企业在进行债务融资时，首先要考虑项目对资金的供应能力，其次还要考虑债务结构，避免造成偿债压力，陷入资金链断裂的漩涡。债券一旦发生违约兑付，通常预示着资金链的断裂。

海螺水泥一共只发行了两次公司债券，这两次公司债券分别发行于2011年和2012年，其中2011年的两期债券均已到期兑付，现资产负债表中的应付债券为2012年发行的公司债券中尚未到期的12海螺02。该债券发行总额为60亿元，分为5年期和10年期两个品种。其中5年期发行规模25亿元，票面利率为4.89%，票据存续期内固定不变；10年期发行规模35亿元，票面利率为5.1%，票面利率附加有调整选择权，即发行人有权在第7年年末上调后3年的票面利率，也可以选择不行使该权利，维持原票面利率。还本付息方式都为分期付息，即利息每年各支付一次，最后一期利息随本金一起支付。海螺水泥选择不上调10年期票面利率，且5年期公司债券已到期兑付。

和长期借款一样，如果应付债券在一年内到期，且不能自主将清偿义务展期，要将其反映在资产负债表中的“一年内到期的非流动负债”中。合并短期借款和长期借款以及一年内到期的非流动负债来看，海螺水泥的有息负债只有17.43亿元，对比当期的货币资金549.8亿元，海螺水泥显然是毫无偿债压力的（见表3-37）。

**表3-37 海螺水泥应付债券**

单位：元

| 项目 | 2019年 | 2018年 |
|---|---|---|
| 12海螺02 | 3,498,053,867 | 3,498,750,180 |
| 小计 | 3,498,053,867 | 3,498,750,180 |
| 减：一年内到期的应付债券 | — | — |
| 合计 | 3,498,053,867 | 3,498,750,180 |

3. 长期应付款

长期应付款一般反映的是在较长时间内应该支付的款项，是除了长期借款和应付债券以外的其他各种长期应付款项，是一项还款期限在一年以上的长期负债。比如分期购买的固定资产、无形资产等（见表 3–38）。企业购买资产有可能延期支付，长期应付款实际上是具有融资性质的。

表 3-38 海螺水泥长期应付款

单位：元

| 项目 | 2019 年 12 月 31 日 | 2018 年 12 月 31 日 |
|---|---|---|
| 分期付款方式购入采矿权 | 948,523,440 | — |
| 减：未确认融资费用 | 53,033,347 | — |
| 小计 | 895,490,093 | — |
| 减：一年内到期的应付采矿权款 | 437,357,799 | — |
| 合计 | 458,132,294 | — |

## 三、所有者权益（或股东权益）

所有者权益也是一种融资，即我们通常所说的股权融资。

所有者权益也称净资产，反映企业投入的资金和运营的成果。一般情况下，所有者权益增值有三个途径：

其一，股东入资，形成股本或者是实收资本以及资本公积；

其二，利润积累，形成盈余公积和未分配利润；

其三，其他资产增值，也就是我们看到的“其他综合收益”。

### （一）股本 / 实收资本

股本 / 实收资本是投资者投入的资本。实收资本的构成比例实际上就是投资者的出资比例，同时也代表着股东的股份比例。它确定所有者在企业所有者权益中所占的份额，也是参与企业财务经营决策的基础，又是企业进行利润分配或股利分配的依据，还是企业清算时确定所有者对净资产的要求权的依据，是企业所有者一切权利的来源。

企业增加实收资本同样有三个途径：

其一，将资本公积转为实收资本或股本；

其二，将盈余公积转为实收资本或股本；

其三，所有者投入，包括原有的企业所有者和新投资者的投入。

### （二）其他综合收益

其他综合收益实际上是不在利润表上的利润。

其他综合收益是由资产的价值发生变化而引起的增值。这种由资产的变化而引起的增值不属于利润，但按照现行的会计准则的要求，需要将其在账面上反映出来。很多人会忽视其他综合收益形成的非利润性增值，但在长期来看，其他综合收益带来的非利润性增值和利润性增值一样重要。

### （三）专项储备

前面我们提到过专项储备，专项储备是高危行业为了应对风险，建立的安全生产长效机制，按规定提取的安全生产费、维简费及环境恢复与治理费等专项资金。根据我国的政策要求，煤炭生产、建设工程施工、危险品生产与存储、道路交通运输、烟花爆竹生产、机械制造、武器装备研制生产与实验等企业要提取安全生产费。安全生产费是企业的成本支出，计提时计入当期的成本费用中，使用时直接冲减专项储备。专项储备的计提方法及比例根据行业不同而不尽相同，但这种类似于预提费用性质的计提方式，给企业留有一定的操作空间。

**补充阅读**

**利润调节的“蓄水池”**

我们知道，专项储备在计提时计入当期成本费用，而在使用时冲减计提的专项储备。那么，什么时候计提、计提多少、什么时候使用就由企业自己做主把握了，拿专项储备中的安全生产费来说，它的使用就和企业的日常经营很难区分开来。

2015 年 10 月，美资投行杰富瑞分析师在最新的第三季度业绩点评中对兖州煤业的专项储备和资本公积大幅减少提出了质疑，认为其所谓的“削减成本”，不过是把自己的安全生产和维护费用的专项储备给榨干了。那么，兖州煤业的专项储备发生了怎样的变化呢？

兖州煤业是一家同时在境内外上市的公司，主要从事煤炭的采选与销售业务。我们先看一下兖州煤业2009—2019年专项储备的计提与支出的情况。从图中可以看出，专项储备的计提数在连年上涨，从2009年的4.67亿元，提高至2012年的9.89亿元，2013年达到10.8亿元，2014年更是上涨到28.05亿元，其中2014年从以前年度的资本公积中转入18.21亿元。相对应的，值得注意的是专项储备的使用情况。自2013年开始，兖州煤业开始大量使用以前年度计提的累计专项储备额度，2013—2015年分别使用了13.68亿元、33.06亿元和16.70亿元，远远超过相应年度的计提数，这也使得专项储备余额从2012年的30.74亿元下降到2015年的10.97亿元（见图3-28）。

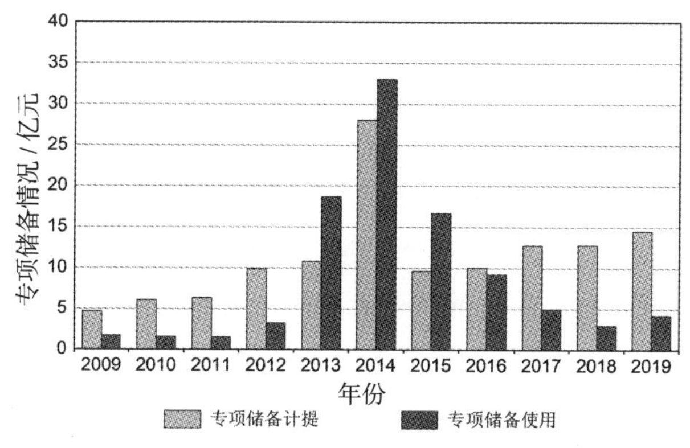


图3-28　兖州煤业2009—2019年专项储备计提与使用情况

与此同时，全球经济增速放缓，国际大宗商品及能源价格持续走低，煤炭行业产能过剩，市场供需失衡等原因的叠加效应明显，国内煤炭行业的获利风险和偿债风险开始集中爆发，煤炭行业开始进入下行通道。在此背景下，兖州煤业的经营业绩保持前列，虽然兖州煤业披露其加强了成本控制以减少支出，但仍被中外投资者质疑其进行了盈余管理。

实际上，兖州煤业的净利润从2011年开始就出现了下滑，净利润由2010年的90.13亿元逐年下降到2012年的53.95亿元。2013年兖州煤业在当年只计提10.80亿元的情况下使用了18.68亿元的专项储备额度，当年净利润仍下降到2.99亿元。2014年将以前年度计入资本公积的18.21亿元转入专项储备，当年使用达到了33.06亿元，而当年的净利润上升到17.68亿元。2015年同样在当年只计提9.64亿元的情况下使用了16.70亿元的专项储备，净利润为8.31亿元。而同期同行业则普遍出现了亏损，比如陕西煤业和中煤能源2015年的净利润分别为亏损23.50亿元和亏损20.64亿元（见图3–29）。

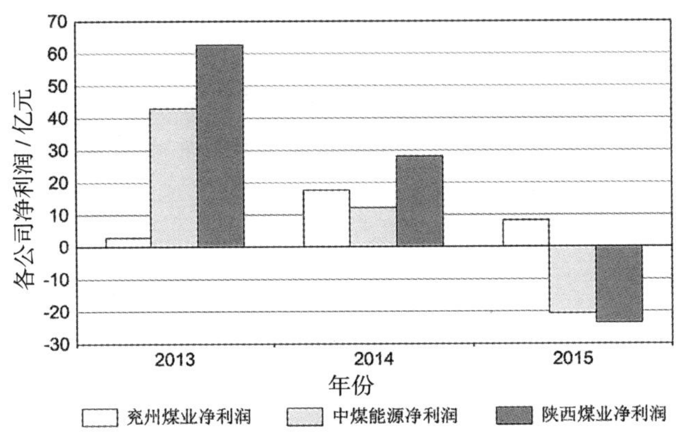


图3–29 兖州煤业与同行业净利润对比

2009年财政部印发的《财政部关于印发企业会计准则解释第3号的通知》对高危行业企业提取的安全生产费的会计处理做出了新规定，将计提的安全生产费由不计入当期损益改为计提时计入相关产品成本或当期损益，这一政策一直沿用至今。这也很好地解释了为什么兖州煤业的专项储备计提从2009年开始大幅上升。虽然财政部同样规定了安全生产费的使用范围，但在实际情况下相关费用的支出也需要人为判断。

实际上，专项储备的计提和使用本质上是为了建立企业的安全生产长效机制，但如果用于成本控制则明显缺乏可持续性，这种赢利时注水、亏损时抽水的弹性"蓄水池"并不会为企业提供可持续发展的保障。

## （四）盈余公积和未分配利润

我们在看企业的盈利情况的时候，习惯去看利润表。个别人可能还会去看资产负债表中的未分配利润（未分配利润是企业留待以后分配的结存利润）。实际上，要了解企业的利润情况，不能忘记盈余公积。盈余公积和未分配利润合称企业的留存收益，两者合起来共同反映企业一定时期的经营成果。

企业对当年实现的净利润一般会先提取公积金，然后再向投资者分配利润或股利。我们有时候会看到上市公司在分配利润或股利时会说“每 10 股送 3 股”或“每 10 股派 3 元”，这分别代表着分配股票股利和现金股利，一个是给股票，一个是给现金。股票股利只是所有者权益的内部对转，并不会影响利润，实际上它的底层逻辑就是两个字——没钱。

别小看这样的利润累积，实际上它还具有一定的战略意义，比如在盈利规模既定的情况下，企业可以通过制定不同的股利分配政策来在一定程度上改变企业的财务结构，比如改变资产负债率。除此之外，对企业的融资战略也会形成支撑，比如在资产负债率高企、现金紧张、投资支出压力大的情况下，企业可以选择实行分配股票股利的方法，或者是使股票股利与现金股利相结合，尽力降低现金支出的规模，使企业的股东权益在进行利润分配后仍然维持较高的规模。这样既降低了现金流出量，又保证了融资能力不受大的影响。反之，企业在现金充裕，资产负债率低，特别是有息负债规模小的情况下，可使用激进的股利分配政策，提高现金股利分配额度。实际上，这也是在向市场传递积极的信号。

企业提取的盈余公积可以被用于弥补亏损、转增资本和扩大企业生产经营。有些人会有疑惑，提取的盈余公积在哪里？实际上，盈余公积并没有实际的占用形态，也不会单独将这部分资金转出。资产负债表上的盈余公积结存数，实际只表现为企业所有者权益的组成部分，表明的是企业生产经营资金的一个来源，可能是一定的货币资金，也可能是一定的实务资产，比如存货和固定资产。它同企业的其他来源资金进行循环周转，被用于企业的生产经营。

讲到这里，资产负债表才算介绍了个大概。你可能已经发现了，我们花费了大量的时间来讲解资产负债表，足以看出资产负债表的重要程度。要知道，资产负债表从卢卡·帕乔利开创以来已经经历了 500 多年的变革与改进，企业的资产规模、债务结构、经营状况、竞争优势和发展潜力等实际上都体现在资产负债表中。从企业设立开始，企业的资产结构就透露出了企业的战略。对资产负债表上的数字，如果仅仅按照传统会计的理念和思维去认识和理解，我们往往会被数字的表象所影响，关注的也往往停留在业务变化对企业报表不同科目的影响上，但实际上，支撑企业业务变化的企业战略和资产负债表科目变化的战略意义，才是我们应该重点关注的对象。

你可能已经发现了，资产负债表上数字的变化，往往体现着企业的经营战略和经营模式。除此之外，无论是资产还是负债，都不是单纯意义上的资产负债，它们往往对企业的利润盈余也产生着影响。企业之间的竞争已经不是产品的直接竞争了，而是包括上下游在内的整个生态链的较量，这与企业的资产负债管理、企业权益的结构也密切相关，如果企业想要找到支撑其发展的动力在哪里，就必须看透资产负债表。

# 第四章　细说利润表

在很长一段时间，大家都是以利润为导向的，最关心的也是利润如何，利润表将企业获得的收入一步步扣减掉成本和费用来展现出企业在一定时期内的最终获利情况，所以是最受重视的。

如果说资产负债表反映着企业的资产质量，那么利润表反映的就是企业的利润质量。我们依然以海螺水泥的利润表为例来进行辅助说明（见表 4-1）。

**表 4-1　海螺水泥利润表**

单位：元

| 项目 | 附注 | 2019 年 | 2018 年 |
|---|---|---|---|
| 一、营业收入 | 五、37 | 157,030,328,135 | 128,402,625,696 |
| 减：营业成本 | 五、37 | 104,760,090,086 | 81,230,031,437 |
| 税金及附加 | 五、38 | 1,403,049,105 | 1,457,667,777 |
| 销售费用 | 五、39 | 4,416,574,602 | 3,733,294,706 |
| 管理费用 | 五、40 | 4,741,154,188 | 3,752,167,303 |
| 研发费用 | 五、41 | 187,198,737 | 70,967,313 |
| 财务费用（收益以“-”号填列） | 五、42 | -1,338,169,232 | -474,090,826 |
| 其中：利息费用 | | 446,007,016 | 483,381,653 |
| 利息收入 | | -1,588,831,946 | -1,076,546,170 |
| 加：其他收益 | 五、43 | 870,484,774 | 773,513,859 |
| 投资收益 | 五、44 | 1,209,080,928 | 658,485,100 |
| 其中：对联营企业和合营企业的投资收益 | | 853,622,685 | 460,380,672 |
| 公允价值变动收益 | 五、45 | 257,596,877 | 22,833,563 |
| 信用减值损失（损失以“-”号填列） | 五、46 | -6,260,519 | -2,432,941 |
| 资产兼职损失（损失以“-”号填写） | 五、47 | -1,164,209,774 | -206,990,458 |

续表

| 项目 | 附注 | 2019 年 | 2018 年 |
|---|---|---|---|
| 资产处置收益 | 五、48 | 30,214,666 | 4,358,748 |
| 二、营业利润 | | 44,057,337,621 | 39,882,355,857 |
| 加：营业外收入 | 五、49 | 648,126,672 | 590,681,765 |
| 减：营业外支出 | 五、49 | 148,619,034 | 843,841,723 |
| 三、利润总额 | | 44,556,845,259 | 39,629,195,899 |
| 减：所得税费用 | 五、50 | 10,204,838,573 | 8,993,181,439 |
| 四、净利润 | | 34,352,006,686 | 30,636,014,460 |
| （一）按持续经营分类 | | | |
| 1. 持续经营净利润 | | 34,352,006,686 | 30,636,014,460 |
| 2. 终止经营净利润 | | — | — |
| （二）按所有权归属分类： | | | |
| 1. 归属于母公司股东的净利润 | | 33,592,755,201 | 29,814,284,829 |
| 2. 少数股东损益 | | 759,251,485 | 821,729,631 |
| 五、其他综合收益的税后净额 | 五、34 | 38,559,949 | -180,619,106 |
| 归属于母公司股东的其他综合收益的税后净额 | | 33,260,287 | -180,924,451 |
| （一）不能重分类进损益的其他综合收益 | | -3,269,826 | -152,046,909 |
| 1. 其他权益工具投资公允价值变动 | | -3,269,826 | -152,046,909 |
| （二）将重分类进损益的其他综合收益 | | 36,530,113 | -28,877,542 |
| 1. 权益法下可转损益的其他综合收益 | | 10,013,536 | -13,050,221 |
| 2. 外币财务报表折算差额 | | 26,516,577 | -15,827,321 |
| 归属于少数股东的其他综合收益的税后净额 | | 5,299,662 | 305,345 |
| 六、综合收益总额 | | 34,390,566,635 | 30,455,395,354 |
| 归属于母公司股东的综合收益总额 | | 33,626,015,488 | 29,633,360,378 |
| 归属于少数股东的综合收益总额 | | 764,551,147 | 822,034,976 |
| 七、每股收益： | | | |
| （一）基本每股收益 | 五、31 | 6.34 | 5.63 |
| （二）稀释每股收益 | 五、31 | 6.34 | 5.63 |

## 一、营业收入

利润表中的第一个项目就是营业收入，海螺水泥的营业收入有 1570 亿元。

营业收入是企业在一定时期内进行商品销售或提供服务所获得的货币收入。我们看到的利润表中的营业收入是由主营业务收入和其他业务收入构成的。相对应的营业成本也是由主营业务成本和其他业务成本构成的。海螺水泥的营业收入中主营业务收入是1481亿元，其他业务收入是89亿元，它们共同构成了利润表上的营业收入。

主营业务收入来自企业的日常经营活动，也就是企业经常性活动以及与之相关的其他活动。比如说生产企业制造并销售产品、商贸企业销售商品、咨询公司提供咨询服务等，均是企业的日常活动，而对于企业出租房屋或资产收取的租金，则是其他业务收入。

经营活动是企业的生命来源，企业的一切经营活动都是为了能创造出更多的经营收入，从而获得更多的经营利润。可以说收入是企业的万泉之源，企业只有创造出收入才能获得利润，这也是经营者对收入如此关心的原因。但是在有些情况下，并不是企业销售了商品就能反映为利润表中的营业收入。比如两家都卖石油的公司，两位老板坐在一起商量了一下，决定把各自的石油互相卖给对方，相互之间开发票，这样既能使双方都增加收入，又能满足各自不同地点的客户需求，一举两得。那么，这样的操作就不能作为收入处理，虽然双方都签订有合同，但是这项交易并没有商业属性，实际上只是一项资产的交换，双方所产生的收益并不能反映为利润表中的收入。所以要想变成利润表上的收入，具有商业实质很重要。

既然收入是由销售活动产生的，那么收入对应的就是收取现金或者是将来要收取现金，所以利润表中的营业收入对应着资产负债表中的货币资金或应收票据、应收账款，这实际上体现的是一个销售循环。收入的增加必然引起货币资金或应收账款、应收票据的增加。如果货币资金的增加多于应收账款的增加，则企业的销售政策多半为现货交易，说明企业的产品具有市场竞争力。如果收入的增加主要来源于应收账款的增加，则说明企业目前的销售政策以赊销为主，企业产品销售处于推广期，以扩大市场占有率为主，那么企业相应就要多注意对应收账款的管理。另外，营业收入中的市场份额，以及毛利率等情况也可以反映出企业的定位。

企业最愿意看到的是连年增长的收入和利润，这表明企业的产品被市场所认可，有一定的市场占有率，客户群稳定。如果市场饱和或供需失衡，那么收入就可能会下降，企业需要找到新的收入来源来保障企业能持续赢利。很多企业会选择多元化发展战略来保障收入的持续稳定，而最常用的就是通过并购来扩大经营范围。另外，对于上市公司来说，并表在一定程度上也能改变企业的财务状况。实务中不乏出现这样的并购，比如一家上市公司经营出现亏损，而另一公司经营情况良好，此时上市公司将其并购，并对其财务数据进行并表处理，上市公司的财务状况因此得到了改善，而后对不良资产进行剥离，进行企业的经营自救。

我们说收入是企业的万泉之源，收入的多寡自然就影响着企业利润的多寡。为了提高利润要么增加收入，要么降低成本。回想一下，你听说过多少种关于收入的数字游戏?

## 补充阅读

### 虚增收入的 9 种方法

厦门大学的黄世忠教授归纳了 9 种，分别是：寅吃卯粮，透支未来收入；鱼目混珠，伪装收入性质；张冠李戴，歪曲分部收入；借鸡生蛋，夸大收入规模；瞒天过海，虚构经营收入；里应外合，相互抬高收入；六亲不认，隐瞒关联收入；随心所欲，篡改收入分配；以丰补歉，储备当期收入。

实际上，关于收入的数字游戏，概括来说就是无中生有和乾坤大挪移。想一想是不是这样？没有的给造出来，少了就多计点，多了就少计点，不是当期的给挪到当期，不是你的变成你的，这样收入就调节出来了。实务中最常遇到的就是通过跨期确认收入的方式来调节收入，通过推迟或提前确认收入的入账时间来达到调节的目的。比如被证监会立案调查的昆明机床，就通过虚构合同、跨期确认收入等方法连续多年虚增收入。

昆明机床股份有限公司是中国制造大型精密机床的骨干企业，先后研发出 140 多个“中国第一台”。公司筹建于 1936 年，前身是中央机器厂，曾制造出中国第一台坐标镗床与第一台精密加工中心，1941 年设计并组装出中国第一辆 4 吨卡车，1954 年 T68 卧式铣镗床曾代表中国参加莱比锡国际博览会，1980 年 T42100 坐标镗床获得国家质量金奖。1993 年在香港联合交易所上市，1994 年在上海证券交易所上市。

在退市之前，昆明机床曾先后与西安交通大学产业（集团）总公司和沈阳机床集团有限责任公司实施资产重组。沈机集团入主后，昆明机床的业绩在 2006 年和 2007 年翻了几番。2008 年后公司净利润增幅逐渐下滑，从 2012 年开始，营业利润开始连续出现负值。2014 年净利润出现亏损，2015 年公司寻求重组但最终失败。为了保壳，2016 年计划向外挂牌转让三块核心资产，最终并未成功。2017 年 3 月 21 日，该公司发布公告称，其过往财报存在存货不实、收入跨期、费用少计、控股子公司存在“多套账”及票据涂改等问题。随后证监会对其展开调查。

调查显示，昆明机床 2013 年至 2015 年通过虚构合同、虚构发货单、虚构运输协议、设置账外产成品库房、提前确认销售收入等，以跨期确认收入和虚计收入的方式虚增收入，涉及客户 123 户，交易 417 笔，其中跨期确认收入 222 笔，虚计收入 195 笔。

2013 年至 2015 年，昆明机床与相关经销商或者客户签订真实的销售合同，在经销商或客户支付部分货款后，产品未发货前提前确认收入，将当年未实际按合同履约生产、发运机床的收入跨期确认至该年度，以达到虚增当年利润的目的。另外，昆明机床与部分经销商或客户签订合同，经销商或客户虚假采购昆明机床产品后预付定金，但最终并不提货，后期将定金退回客户，或者直接按照客户退货处理。甚至还在账外设立库房，将存货以正常的销售方式出库，但实际上并不发给客户，而是转移到账外库房中。此外，昆明机床还在跟部分客户签订合同后，单边虚增合同价格。通过跨期确认收入、虚计收入、虚增合同价格的方法，2013 年虚增收入 2 亿元，2014 年虚增收入 1.21 亿元，2015 年虚增收入 1.62 亿元，3 年共计虚增收入 4.83 亿元，分别占公开披露的当期营业收入的 19.44%、13.98%、20.82%。

通过虚增收入这样的方法来达到收入的提升和利润的增加是不可持续的，收入的结构直接反映了企业的发展战略，是企业利润质量的基础。通常情况下，收入结构单一的企业产品也比较单一，那么要提高收入就需要将产品做到无可替代，或者提高行业进入门槛，以减少竞争者的竞争。除此之外，企业可以通过发展多元化的收入结构来提高行业的收入。

## 补充阅读

### 多元收入结构的发展战略

丹纳赫公司目前是一家涉及生命科学、诊断、环境及应用解决方案三大业务领域的多业务结构的公司，丹纳赫的研发、制造、销售、服务和管理设施遍布60多个国家。从1986年上市以来，丹纳赫累计收购了600多家公司，通过一系列的收购、整合以及资产剥离，从一家不起眼的信托公司发展为世界百强的综合性制造业集团。

丹纳赫的财务报表显示，截至2020年12月31日，公司的营业收入为222.84亿美元，公司年度合并销售额与2019年相比增长24.5%。收购为2020年的销售额增长贡献了18.0%（见表4–2）。三大业务领域中，生命科学的营业收入占到总营收的47.5%，诊断占33.2%，环境与应用解决方案占19.3%（见图4–1）。营业收入的增长主要由生命科学和诊断业务的增长所贡献，其中生命科学方面业务的营业收入从2018年的64.71亿美元增长到2020年的105.76亿美元，诊断方面业务的营业收入从2018年的62.58亿美元增长到2020年的74.03亿美元。生命科学方面业务的营收占比也比2018年增长了9.5百分点。可以看出，多元收入结构为丹纳赫的营收维持不变甚至略微提供了帮助，在环境与应用解决方案的营收维持不变甚至略有下降的情况下，生命科学及诊断的业务收入的增长依然能保障企业整体的营收增长。

**表4–2　丹纳赫2018—2020年营业收入构成明细表**

| 项目 | 2018年 | | 2019年 | | 2020年 | |
|---|---|---|---|---|---|---|
| | 金额/亿美元 | 占比/% | 金额/亿美元 | 占比/% | 金额/亿美元 | 占比/% |
| 生命科学 | 64.71 | 38.0 | 69.51 | 38.8 | 105.76 | 47.5 |
| 诊断 | 62.58 | 36.7 | 65.61 | 36.6 | 74.03 | 33.2 |
| 环境与应用解决方案 | 43.2 | 25.3 | 43.99 | 24.6 | 43.05 | 19.3 |
| 合计 | 170.49 | 100.0 | 179.11 | 100.0 | 222.84 | 100.0 |

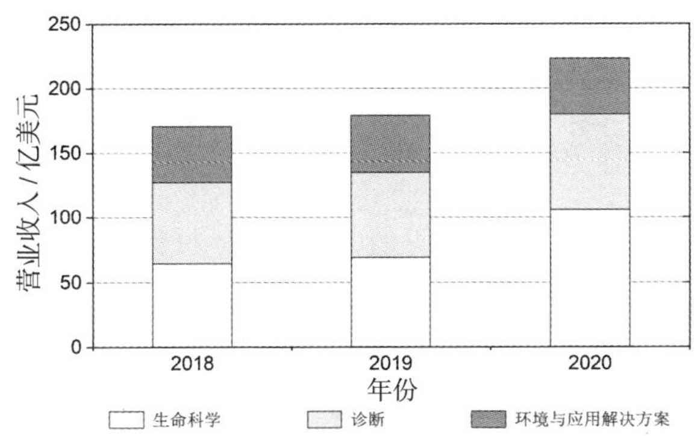


图 4-1　丹纳赫 2018—2020 年营业收入构成

不同于丹纳赫的多领域业务结构，同样采用多元发展战略的美的集团则是通过多产品来实现收入的多元发展。相比海尔专攻大家电和格力专攻空调，美的集团的家电业务产品线非常丰富，尤其是消费电器类，包括冰箱、洗衣机、厨房电器以及其他小家电等。通过并购不断进入新的行业，增加自己的营收增长点，使其营收规模不断扩大。

《诗经·小雅·鹤鸣》中这样说道："他山之石，可以攻玉。"比喻别人的先进经验，我们可以学习和借鉴。在企业发展道路上，多元收入结构很好地为企业的营收增长提供了保障。通过并购来实现多收入结构无疑是事半功倍的。但同样的，通过并购来实现多元收入结构也需要企业具备相当强的管理能力，并购后的整合和资产剥离同样重要，也是决定并购最终是否能为企业成功带来营收增长的关键。

## 二、营业成本

问一下大家，生产成本是不是营业成本？

很多人会给出肯定的答复。

我们知道，大部分生产企业还是需要一个复杂的生产过程的，甚至我们常见的服务企业，也是有生产过程的，它们提供服务的整个过程就可以被看成一个生产过程，只不过这个生产过程无法用有形物品去体现。生产过程无论是消耗人工还是机器设备、办公设备，都是一个资源消耗的过程，这个生产可以是有形的，也可以是无形的。这个过程需要消耗原材料、人工、厂房、设备、水电、能源等，这些就共同构成了我们所说的生产成本。

制造业的生产成本是显而易见的，主要是原材料，比如海螺水泥的成本构成就主要是原材料和燃料及动力，这一项占到了 78%。而提供服务的企业，如咨询业，它们的主要成本是人工成本。

但你会发现，你找遍财务报表，都找不到“生产成本”这几个字，可生产成本又确确实实存在，我们的认知告诉我们这就是企业生产产品过程中产生的成本，是获得利润过程中的一个成本消耗。那生产成本去哪里了呢？

先来想一想产品的生产过程。这个过程会消耗原材料对吧？会有人工费用，还会有折旧、水电、动力等制造费用，在耗费了这些生产成本后，我们得到了产品。产品没有销售出去之前就是我们的存货，所以这时候生产成本是以存货的形式体现在财务报表中的。产品销售出去之后，才会转变成利润表中的营业成本，也就是企业失去产品价值而获得利润收入的代价。可以说，成本与存货就是前世今生的关系，出售之前是存货，出售之后是营业成本。这也就是存货会影响利润的原因之一。

思考一下，如果企业错误地预判了市场，认为未来市场的需求会很大，于是加大了原材料的采购，并加大了产品的生产，但是实际上销量并没有增加，由此造成了企业的存货积压，那么营业成本会怎样？

答案是会下降。

还是举个例子好了。我们知道产品的成本有变动成本和固定成本之分。固定成本就是即使不生产一件产品，也依然会产生的成本，比如固定资产的折旧。而变动成本会随着产量的增加而增加。在一定范围内，无论产量怎么变，固定成本总量都是不变的。这就会导致产量越大，分摊到单件产品的固定成本就越少，单位成本也就越低，这就是规模效应的原理。假如生产 100 件产品的固定成本是 10000 元，变动成本也是 10000 元，总成本就是 20000 元，100 件全部销售出去了，随着产品的销售，这 20000

元会转入营业成本。如果产量提高 1 倍到 200 件，固定成本依然是 10000 元，而变动成本则会提高到 20000 元，那么总成本就是 30000 元，如果依然是卖掉了 100 件，那么只有 100 件的总成本会随着销售的实现转到营业成本中去，而剩下的 100 件产品因为没有销售出去，也就不会转成营业成本，依然是以存货的形式留在资产负债表中。很显然转入营业成本的成本比没有提高产量前减少了。

这样的情况在重资产企业中会更明显，因为这种现象本质上是由固定成本导致的，而重资产企业的折旧通常都很多。所以如果你遇到一个重资产企业在毛利率上升的同时伴随着产成品存货的增加，这并不代表该企业盈利能力的提升。相反，如果一个重资产企业的毛利率下降的同时伴随着产成品存货的下降，也并不代表该企业盈利能力的下降。也可能是企业卖掉了以前年度生产出来的产品，就会有以前的固定成本伴随存货的销售转入了今年的营业成本，从而使毛利率下降。实际上，提高产量当年得以提升的毛利率实际是以以后年度的毛利率下降为代价换来的。

## 三、销售费用

我们通常把销售费用、管理费用、财务费用统称为期间费用，因为它们无法被分配到某一单一对象上，通常在发生的当期记入当期损益。在很多人看来，不管是销售费用、管理费用还是财务费用，都是企业的费用支出，实际上，我们不妨换个角度去看，它们其实也是我们购买的一项服务。比如我们购买广告服务，在财务报表上体现的是销售费用，而对企业来说获得的是一项广告宣传、产品推广的服务。再比如我们给职工发放工资，在财务报表上是销售费用和管理费用，实际上我们也是在购买职工的服务。这样的服务最终转换为企业价值创造，但在财务报表中，是以费用的形式体现的。

销售费用的多少直接影响了企业的收入和利润情况，假如一个企业的毛利率很高，而它的净利率却很低，就要看企业的三费情况，以判断是哪一项费用吃掉了利润。企业常说的降本增效，除了降低单位生产成本以外，还要找到其他吃掉利润的项目支出。

销售费用通常由销售人员的薪酬支出、差旅费、广告费、运输费用等支出构成。从行业来看，医药行业和科技行业的销售费用通常都很高，比如我们前面提到的恒瑞医药，它的毛利率 2019 年为 87%，近 10 年的平均毛利率为 85%，而它的销售费用 2019 年就支出了 85.25 亿元，占到了营业收入的 37%，这也就是说，销售费用吃掉了很大一部分的收入。我们分析它的销售费用构成可以看出，有 75.26 亿元的销售费用用在了学术推广和创新药专业化平台建设等市场费用上，这部分占到销售费用的 88.3%，而这一比例在 2018 年是 84%，学术推广等市场费用的支出比 2018 年增加了 21 亿元。另有 9.09 亿元用在差旅费上，占比 10.7%。这也就是说，市场费用支出是公司销售费用的主要支出。公司发布的公告显示，2019 年市场费用中用于学术推广的支出共计 39.2 亿元，主要用于组织学术会议及推广活动、支持医学交流及患者教育，以及针对公司自主研发的创新药不同阶段开展系列的学术活动、医生用药知识的培训、不良反应的管理等。可以看出医药行业的市场费用主要还是围绕着医院和医生，这部分的渠道支出成本特别高（见图 4-2）。

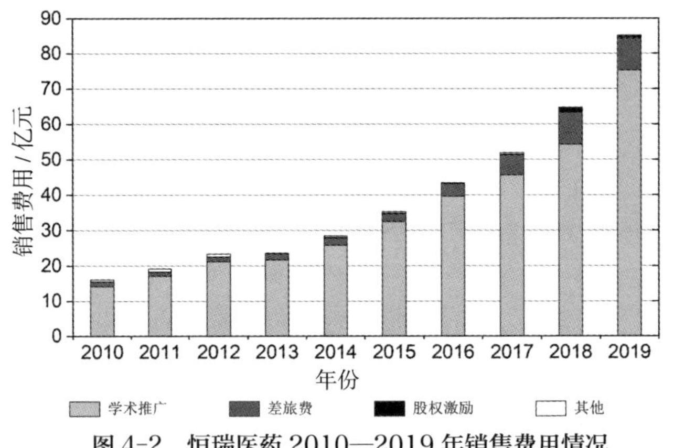


**图 4-2　恒瑞医药 2010—2019 年销售费用情况**

再比如为我们提供视频剪辑软件和画思维导图软件的科技公司万兴科技，可以说是高毛利企业，2019 年它的毛利率为 94%，在 2013—2015 年甚至维持了 98% 的高毛利率，而它的净利率 2019 年只有 11%。它的销售费用是多少呢？占到了营业收入的一半，可以说销售费用吃掉了它一半的利润（见图 4-3）。而在销售费用中，又有近 80% 是广告宣传费，说明它的广告投入力度很大，这也是这类科技公司的特性，只有加大产品宣传才能提高市场占有率，才能带来营业收入。

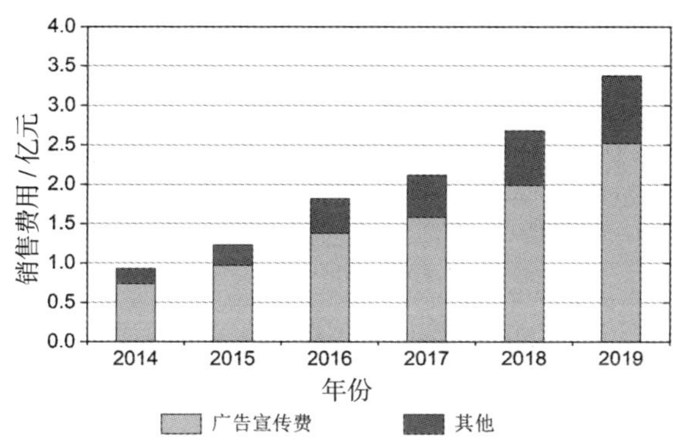


**图 4-3　万兴科技 2014—2019 年销售费用情况**

既然销售费用通常要吃掉一半的利润，那对有些企业来说销售费用就是通往利润的拦路虎，如果销售费用高又没有带来多少营业收入，那可能就意味着企业的产品没有市场竞争力，或者行业竞争激烈，企业的产品已经被残酷的市场所淘汰。那么这些渠道推广、广告宣传的费用就怎么看怎么讨厌了，恨不得把它踢得远远的。此时就有不计或少计销售费用的动机，比如家用电器生产企业惠而浦在 2015 年、2016 年通过淘宝平台销售产品时，对产生的应付给淘宝平台的销售费用就采用少计的方法，从而相应增加当年的利润。再比如游戏公司长城动漫，通过 2017 年将广告费和促销费计入预付款项，可少计销售费用，多计利润，从而促使公司 2017 年扭亏为盈。

## 四、管理费用

管理费用通常被理解为管理部门发生的费用：比如企业租用办公大楼发生的租赁费，如果办公楼是自有的，则是办公楼的折旧费；又如这些部门发生的水电费、差旅费、业务招待费等；再如管理人员的薪金支出以及职工的辞退福利等。需要说明的是，如果企业实施了职工内部退休计划，比如国企职工的内退制度，由于这部分职工不再为企业带来经济利益，所以在财务方面是比照辞退福利处理的。也就是说，这部分职工的支出也是计入管理费用的。除此之外，管理费用还包括研发费用，实际上，这也是拉开各企业之间管理费用差异的主要原因之一。在财务报表中我们可以看到研发费用是单独列示的，其实在2017年以前的财务报表中，研发费用是含在管理费用中反映的，并没有单独列示，2017年之后研发费用才单独列示在财务报表中，主要是为了鼓励企业注重科技创新，也使报表使用者能更直观地了解企业的研发情况，进而了解企业的产品是否有足够的市场竞争力，但它仍属于管理费用中的项目。

我们在前面介绍的折旧对利润的影响，就和这里的管理费用相关联。管理费用在期间费用中也占有相当大的比重，和销售费用一样，它同样是吃掉利润的“凶手”之一。通常来看，管理费用中占比较大的就是员工薪酬、房租水电和折旧摊销，所以它们的增减直接影响着管理费用的多少，进而影响当期利润。对于经营出现困难的企业，就可以从这几个方面入手进行分析。

我们前面提到过昆明机床，就曾通过隐藏内退员工的内退福利来减少管理费用，进而虚增当期利润。从2013年至2015年，昆明机床通过调减内退人数、不予全部计提内退员工福利和少计高管薪酬的方式，少计管理费用。比如2013年实际有内退人员143人，财务记录内退人员131人，少计12人，少计管理费用118万元；2014年实际有内退人员225人，财务记录内退人员123人，少计102人，少计管理费用1108万元；2015年实际有内退人员289人，财务记录内退人员120人，少计169人，少计管理费用1423万元。另外又通过少计高管的专项奖励从而少计管理费用，使得2013年至2015年管理费用少计2961万元，相应虚增利润2961万元。

我们可以看到，费用的少计直接导致利润的增加，而这只需要企业自己单方面进行操作即可。同时，有些费用的降低也使企业的负债情况得到调节，这同样使得一些企业偏向于降低费用。不过，这同时也反映出了企业的内部控制存在重大缺陷，就拿上述通过少计员工人数从而少计管理费用的案例来说，表明企业的人力资源部门和财务部门没有有效的内控机制。当然，如果在管理层蓄意舞弊的情况下，再有效的内控也形同虚设。

从企业管理的角度来说，某些情况下，管理费用的上升也体现出了企业管理效率的低下。

管理费用中另一个值得注意的就是研发费用，这也是企业之间管理费用形成差异的主要原因之一。

## 五、研发费用

在利润表中研发费用反映的是企业在进行研究与开发过程中发生的费用化支出。研发费用我们在前面的无形资产中已经介绍过了，企业的研发过程可以分成两个阶段，一个是研究阶段，一个是开发阶段。研究阶段实际进行单纯的技术研发，它有着相当大的不确定性，可能研究成功，也可能研究失败，最终成功与否与企业花多少钱并没有绝对必然的联系，但是只要是花出去的钱就需要记账，所以这段只是烧钱的阶段在财务眼里就是不会为企业带来有用的资产流入的阶段，这一阶段产生的费用就被视为研发费用。在可以将研究转化为产品的开发阶段，不确定性变小了很多，未来可以为企业带来经济利益的流入了，这时与产品开发相关的支出，比如设计、生产等支出就可以被视为资产。所以真正计入研发费用的，大多是研究阶段的支出。

但是并没有一条明确的界限告诉我们到哪里是研究阶段，哪里是开发阶段，所以企业对研发支出的费用化和资本化的划分就有很多人工判断的成分在，这也就造成了明明是同类企业，明明都进行研发投入，有些企业的研发费用很高，而有些企业的研发费用却很低。

俗话说“出来混总是要还的”，研发支出资本化实际上是平滑了以后期间的利润，反噬效果同样要引起管理者的重视。

## 六、财务费用

财务费用主要是企业在经营过程中为筹集资金而发生的各项费用。实际上财务费用可以用来验证企业有没有过度融资。如果企业的财务费用常年保持一定的规模，表明企业的融资规模不小，特别在企业已经将部分利息支出进行了资本化处理（比如计入固定资产的建造成本）的情况下，各年仍然保持了一定的规模，则很可能表明企业有过度融资的倾向。因为过度融资而增加的资产，实际上从财务管理上来说就是不良资产。

除此，对于利息支出的资本化处理，其本质还是为了降低负债。

财务费用在利润表中需要单独披露利息收入和利息支出，所以有时候有些企业的财务费用也可能显示为负数，这表明企业的利息收益大于支出。比如海螺水泥，2018 年和 2019 年的财务费用就显示为负数，利息收入要远大于利息支出。

既然财务费用是企业为筹集资金而发生的费用，那它的存在对验证企业银行存款的真假也有一定的帮助，如果企业一方面表现出利息费用很高，而同时又有着很高的银行存款，这要么是财务费用兑了水，要么是银行存款兑了水，要么就是银行存款受限。我们都知道存款利率是低于贷款利率的，正常情况下谁会钱多到把钱放银行不用而去贷款呢?

## 七、其他收益

其他收益主要是企业收到的政府补助。政府补助有与资产相关和与收益相关两种。从名称可知，与资产相关的政府补助是为了购买固定资产或无形资产等资产而获得的补助，与收益相关的政府补助是为了补偿将要发生或已经发生的成本费用或损失的补助。

实际上，政府补助在一定程度上也会影响企业的绩效。比如针对企业的研发给予的政府补助，因为这部分资金的补充会降低企业的资金压力，保证了企业的研发资金，同时也降低了企业的研发风险，从而会在一定程度上促进企业的研发投入。我们在前面讲过，企业的研发投入可以增加企业的财务绩效，而政府补助又能促进企业的研发投入，这在一定程度上也促进了企业的绩效。

但在实务中，会有本质不是政府补助的政府拨款，这种政府投入是不能作为收益反映的。比如政府作为投资者身份投入的款项，虽然来源于政府，但政府享有收益权，就不能反映为政府补助。另外比如上面提到的研发补助，如果政府要求无形资产权利，也就是说最终的研究成果归政府，那也不是政府补助。

除此之外，政府补助的资金来源渠道一定是政府相关部门，如果政府只是中间的桥梁，实际出资方是企业的控股股东或者关联方，那也不是政府补助，是不能作为收益入账的。比如从事水加热生活电器核心零部件及整机的研发、生产和销售的宁波圣莱达电器股份有限公司，就通过虚构财政补助来虚增2015年收入和利润。

宁波圣莱达电器股份有限公司的主要产品是电热水壶，地址位于浙江省宁波市江北区。2015年12月31日，圣莱达发布《关于收到政府补助的公告》，称公司获得极速咖啡机研发项目财政综合补助1000万元，确认为2015年度本期收入。证监会经过调查发现，这笔“政府补助”的实际出资方是圣莱达的第一大股东宁波金阳光电热科技有限公司。

圣莱达2014年的净利润为负值，而2015年很可能也将为负值，为防止公司股票被深圳证券交易所特别处理，圣莱达在主业亏损的情况下，寻求增加营业外收入，使公司扭亏为盈。除通过虚构影视版权转让业务虚增收入和利润外，还通过虚构财政补助的方法虚增收入和利润。圣莱达请求宁波市江北区慈城镇人民政府帮助，形成以获得政府补助的形式虚增利润的方案：慈城镇政府不用实际出资，由宁波金阳光先以税收保证金的名义向慈城镇政府转账1000万元，然后再由慈城镇政府以财政补助的名义将钱打给圣莱达。完成转账后，这两笔事项使得圣莱达2015年度年报显示公司利润总额为367万元，而如果扣除虚增金额，圣莱达2015年实际利润总额是–633万元，虚增行为使圣莱达2015年度扭亏为盈。

除了假冒补助外，政府补助也可能被提前或推迟确认，从而调节当期利润。

## 八、公允价值变动收益

在现行的会计准则下，没有对外交易也能产生利润，这个神奇的方法就是调整公允价值变动收益。比如你在资本市场上买入股票，每股是100元，一周后涨到了150元每股，这多出来的50元就是利润。但这属于纸面黄金，随时都可能消失。假如股票下跌，利润就没有了。所以在资本市场上大家都知道，账面上的盈亏只是数字的变化而已，不变现就没有意义。所以从某种意义上来说，公允价值变动收益就是实打实的泡沫利润。但这种利润，也是因为交易而产生的，可以说没有交易就没有利润。

## 九、信用减值损失和资产减值损失

我们在前面资产负债表的相关内容中穿插介绍过了信用减值损失和资产减值损失。日常中常见的信用减值损失主要是应收账款的坏账准备。资产减值损失是针对各项资产计提的减值准备，体现的是资产减值对利润的影响。比如无形资产减值准备、固定资产减值准备、在建工程减值准备、商誉减值准备、长期股权投资减值准备等。实际上，计提的减值准备，既影响资产负债表，也影响利润表。

## 十、营业外收入与营业外支出

营业外收入和营业外支出是企业主营业务以外发生的收入与支出，这些收入和支出的发生与企业的日常活动没有直接的关系。比如固定资产的报废所形成的利得或损失，就在营业外收入与营业外支出中体现出来。这些收入和支出虽然与企业的生产经营没有多大关系，但对企业来说同样能带来收入或形成支出，同样会增加或减少利润。

营业外收入中除了固定资产等非流动资产的报废收益外，也会有政府补助，但在这里反映的政府补助，通常是与企业日常经营活动无关的政府补助，比如因为遭受重大自然灾害而收到的政府补助。除此，营业外收入里反映的还有企业没法偿付的负债，比如企业有一笔负债要还，但债权人突然找不到了。连还款的对象都找不到，对企业来说这笔还不出去的负债就是企业的利得，反映在报表中就是营业外收入。还有资产的盘盈，比如盘点存货的时候，发现实际拥有的存货比账面上记录的还多，多出来的这部分价值就是营业外收入。另外还有企业接受捐赠产生的利得等。

营业外支出中则是固定资产等非流动资产的报废清理损失、企业对外进行公益性捐赠发生的支出、遭受自然灾害造成的净损失等。

可以看出，这些收入和支出都不是经常发生的，也不具有可持续性。

如果企业营业外收支过多，甚至长期超过主业收支，这并不是一个好的信号，可能说明企业的主业在萎缩。

## 十一、所得税费用（递延所得税）

所得税费用是企业经营应缴纳的所得税。利润表中的所得税费用由当期所得税（当期应缴纳的所得税）和递延所得税两部分组成，两者之和或之差，就是利润表中的所得税费用。

利润总额是按照会计准则计算的企业当期的所得税前会计利润，按照税法口径计算的利润总额称为应纳税所得额，二者不同。应纳税所得额的确认、计量和报告的依据是当期税法及其相关规定，收入的确认标准和准予税前扣除的项目的界定标准是由税法规定的，和会计准则确定的会有差异，这也是我们通常所说的税会差异。会计和税法的口径有时候会有不同，这就产生了递延所得税，颇有点“记账看会计准则，缴税看税法”的意味。

企业的利益相关方比如管理层、投资人们更关心企业利润，这是企业的实际盈利情况。而税务部门则更关心企业的应纳税所得额，而应纳税所得额则是在会计利润的基础上根据税法规定进行调整得来的数额。税会差异有永久性差异和暂时性差异之分，永久性差异可以被理解为以后不能调整回来的差异，暂时性差异可以被理解为这个税会差异只是暂时的，只是递延到以后期间了。我们又可以把暂时性差异分为可抵扣暂时性差异和应纳税暂时性差异。

实际上，递延所得税具有一定的税务筹划意义。递延所得税就是会计口径和税法口径不一致时，在资产负债表和利润表上平衡暂时性的差异的项目。递延所得税既不属于债权资产，也不属于具有实际支付意义的负债，它的作用只是平衡。

那为什么说递延所得税具有税务筹划意义呢？我们来思考一下，可抵扣暂时性差异就是未来可以抵扣的差异，也就是意味着税法让多缴而会计少缴了。是不是不好理解？我们换个说法，缴税的时候按照税法的规定要缴纳 100 元的税款，而按照会计准则的规定只需要缴纳 60 元的税款，企业当期缴了 100 元税款，实际上是多缴了 40 元的，那这多缴的 40 元就可以在以后期间缴税的时候抵扣回来，这实际上可以被看成预付给税务局的一笔款项。企业先存在了税务局，对企业来说就是资产，所以叫“递延所得税资产”。想一想，如果递延所得税出现在资产方，则意味着企业的会计利润是少于应税利润的。什么情况下会使会计利润减少呢？

最典型的就是用双倍余额递减法加速折旧。还记得前面我们在固定资产那里讲过的折旧方法对利润的影响吗？当然，在企业故意低估当期利润从而平滑未来年度利润的时候也可能会出现这种情况。

反过来，应纳税暂时性差异就是会计多缴而税法少缴。会计上要缴 100 元的税款，而税法上只让缴 60 元税款，还有 40 元税法上说以后慢慢缴，这实际上就是欠着税务局的税款，要在以后期间补上的，对企业来说就是一笔应付账款，当期应付而未付给税务局的税款，就是递延所得税负债。可以说，这是企业在占用税务局的资金。想一下，如果递延所得税出现在负债方，那就是以后要纳税的意思，只是现在推迟了，意味着企业的会计利润多于应税利润，这是一种税法的鼓励政策，也可能体现出企业的税务规划能力。

递延所得税资产和递延所得税负债大多数时候是对应的所得税费用，但也不全是。所得税费用在利润表中单独列示，递延所得税资产和递延所得税负债作为非流动资产和非流动负债在资产负债表中列示。

利润表由营业收入开始，扣除掉成本、费用、税金，加上投资收益、其他收益、公允价值变动收益等，得出营业利润，反映出企业正常的日常性经营所创造的利润，然后加减营业外收支，得出利润总额，再扣减掉所得税费用就是净利润，加上其他综合收益的税后净额构成了企业当期的综合收益总额。如果一家企业扣除非经常性损益的净利润很高，那说明这家企业赚到的利润都是实实在在经营所得的。

# 第五章　细说现金流量表

现金流量表可以被看作一定时期企业的现金收支情况表，将企业涉及现金的事项按性质分类汇总，以帮助企业了解现金的收支情况。现金流量可以被分为经营活动现金流量、投资活动现金流量、筹资活动现金流量。现金流量表对每一部分现金流量分别以现金流入和现金流出列示，现金流入减去现金流出得出的净额就是现金净流量。实际上，这三类现金活动反映的也就是企业赚钱、花钱和找钱的能力（见表 5–1）。

那么，这三类现金流中，哪一类最为重要呢?

答案是经营活动现金流最为重要，因为它反映的是企业自我供足资金的能力。

**表 5–1　海螺水泥现金流量表**

单位：元

| 项目 | 附注 | 2019 年 | 2018 年 |
|---|---|---|---|
| 一、经营活动产生的现金流量： | | | |
| 销售商品、提供劳务收到的现金 | | 196,051,253,945 | 163,783,595,965 |
| 收到的税费返还 | | 82,777,339 | 52,232,465 |
| 收到其他与经营活动有关的现金 | 五、52（1） | 1,522,333,797 | 1,414,458,160 |
| 经营活动现金流入小计 | | 197,656,365,081 | 165,250,286,590 |
| 购买商品、接受劳务支付的现金 | | 127,098,898,137 | 104,523,528,559 |
| 支付给职工以及为职工支付的现金 | | 7,213,615,240 | 5,933,138,965 |
| 支付的各项税费 | | 20,645,543,213 | 16,762,761,826 |
| 支付其他与经营活动有关的现金 | 五、52（2） | 1,960,103,506 | 1,971,890,341 |
| 经营活动现金流出小计 | | 156,918,160,096 | 129,191,319,691 |
| 经营活动产生的现金流量净额 | 五、53(1)(a) | 40,738,204,985 | 36,058,966,899 |

续表

| 项目 | 附注 | 2019 年 | 2018 年 |
| --- | --- | --- | --- |
| 二、投资活动产生的现金流量 | | | |
| 收回投资收到的现金 | | 57,503,257,497 | 27,045,000,000 |
| 取得投资收益收到的现金 | | 568,721,921 | 158,861,551 |
| 处置固定资产和无形资产及持有待售资产收回的现金净额 | | 223,260,450 | 50,222,531 |
| 处置子公司及其他营业单位收到的现金净额 | 五、53（2） | 46,950,797 | — |
| 收到其他与投资活动有关的现金 | 五、52（3） | 1,324,611,250 | 1,053,870,842 |
| 投资活动现金流入小计 | | 59,666,801,915 | 28,307,954,924 |
| 购建固定资产、无形资产和其他长期资产支付的现金 | | 8,874,118,891 | 4,748,521,753 |
| 投资支付的现金 | | 71,003,257,497 | 48,548,596,980 |
| 取得子公司及其他营业单位支付的现金净额 | 五、53（2） | 153,131,057 | 591,295,245 |
| 支付其他与投资活动有关的现金 | 五、52（4） | 325,142,000 | 89,237,993 |
| 投资活动现金流出小计 | | 80,355,679,445 | 53,977,651,971 |
| 投资活动产生的现金流量净额 | | -20,688,847,530 | -25,669,697,047 |
| 三、筹资活动产生的现金流量： | | | |
| 吸收投资收到的现金 | | 758,113,245 | 181,903,065 |
| 其中：子公司吸收少数股东投资收到的现金 | | 758,113,245 | 181,903,065 |
| 取得借款收到的现金 | | 5,697,238,046 | 1,389,358,203 |
| 筹资活动现金流入小计 | | 6,455,351,291 | 1,571,288,268 |
| 偿还债务支付的现金 | | 4,665,131,874 | 5,232,265,000 |
| 分配股利或偿付利息支付的现金 | | 9,674,862,299 | 7,283,966,131 |
| 其中：子公司支付给少数股东的利润 | | 292,855,248 | 352,322,311 |
| 支付其他与筹资活动有关的现金 | 五、52（5） | 27,252,277 | 35,059,319 |
| 筹资活动现金流出小计 | | 14,367,246,450 | 12,551,290,450 |
| 筹资活动产生的现金流量净额 | | -7,911,895,159 | -10,980,002,182 |
| 四、汇率变动对现金及现金等价物的影响 | | 19,010,708 | 19,472,207 |
| 五、现金及现金等价物净增加额（减少以“-”号填列） | 五、53(1)(b) | 12,156,473,004 | -571,260,123 |
| 加：年初现金及现金等价物余额 | | 9,857,671,783 | 10,428,931,906 |
| 六、年末现金及现金等价物余额 | 五、53（3） | 22,014,144,787 | 9,857,671,783 |

此财务报表已于 2020 年 3 月 20 日获得董事会批准。

## 一、经营活动现金流量

对于经营活动，资产负债表、利润表以及现金流量表的口径是有很多不同之处的。资产负债表中与经营有关的项目包括货币资金、存货、固定资产、无形资产等，而利润表关于经营的项目更多，我们看利润表中的营业利润是包括投资收益的。而经营活动现金流量表仅反映部分与流动资产和流动负债相关的现金活动，不包括与固定资产和无形资产有关的现金活动。固定资产和无形资产产生的现金流属于投资活动现金流量。

经营活动实际上反映的是企业的日常经营情况，通过销售商品或提供劳务为企业带来现金流入（“销售商品、提供劳务收到的现金”），同时购进商品（“购买商品、接受劳务支付的现金”）、支付职工的薪酬（“支付给职工以及为职工支付的现金”）以及缴纳各项税款(“支付的各项税费”)。如果经营活动产生的现金流量净额足够充分，则表示企业的经营是优质的，也预示着企业的市场占有率较高，产品销路较好、附加值较高，企业对商业信用利用得比较充分。与之相反的，如果企业经营活动现金流量呈现净流出的状态，传递出的则是消极的信号，预示着企业的产品销路较差、附加值较低，产品市场占有率低，企业没有有效利用商业信用。实务中常常用经营活动的现金流量净额来作为检验经营活动中利润质量的试金石。我们在讲分析方法时会介绍。

经营活动的现金净流量除了要满足经营活动以外，还要能够支付经营用融资利息和投资用融资利息。也就是说，用于购建固定资产和无形资产的贷款利息，以及因投资而发生的贷款利息支出，都应该由经营活动现金净流量来补偿。另外，还要能够补偿固定资产折旧和无形资产、长期资产的摊销。如果这些支出企业都有能力支付，这实际上也表明了企业经营活动现金能力强。

如果企业的日常经营呈现出一片繁荣的景象，并且在财务报表上营业收入也在连年增长，但是企业经营活动现金净流量却没有持续增长，这样的繁荣景象就是镜花水月，是虚假的繁荣。

经营活动现金流实际上是在说企业的赚钱能力，如果看到利润表中的净利润很高就认为企业很有钱显然是不恰当的，企业能赚很多的利润并不代表同样能赚很多钱，纸面黄金还要转换成真金白银才算真正赚到钱。如果企业通过高赊销比例来推动利润的增长又不考虑预期信用损失的话，那这样的高利润大多会反噬以后期间的利润，同时，企业现金流量表中的经营现金流就不会持续增长。但是如果企业没有利润那就更不会有现金的流入了。所以经营活动现金流的持续流入也是企业能否可持续经营的关键。

## 二、投资活动现金流量

投资活动现金流量是与非流动资产和交易性金融资产相关的现金流量，以及与利息、股利收入有关的现金流量。

猛一听这句话很不好理解。记得宋丹丹的小品中有一句话："女人就要对自己狠一点，美国的麦当娜买什么，咱就买什么。"这实际就是女人对自己的投资。同样，企业对自己的投资也是通过"买"这个行为实现的，所不同的是，企业买的是机器、设备、股票、债券这样的长期资产。

投资活动说白了就是花钱，"购建固定资产、无形资产和其他长期资产支付的现金"反映的就是企业本期购买固定资产、无形资产和其他长期资产所花出去的钱。这就是一个对内扩大再生产的投资过程。另外像购买子公司（"取得子公司及其他营业单位支付的现金净额"），也是一个扩大产业的投资过程。企业在前期的投资活动，就是不断扩大产业的过程，这个"买买买"的过程实际上透露的是企业的战略方向和效益。流出量的质量越高，所购买的资本越优质，日后为企业带来的效益也越多。

所以投资活动的现金流入和流出是不配比的，现在的"买买买"是为了未来现金滚滚来。比如说现在买的固定资产以后处置了（"处置固定资产和无形资产及持有待售资产收回的现金净额"），就是投资活动的现金流入。这个固定资产的处置收入实际上是对现在购买支出的现金补偿，只不过是在未来期间实现的。那么现在的现金补偿呢，实际上是体现在经营活动中的，也就是购买的固定资产、无形资产等资产经过产能的转换和产品的销售从而实现的经营活动现金流量。所以，本年购建的固定资产、无形资产和其他长期资产的现金流出量是由未来期间固定资产、无形资产和其他长期资产使用期内经营活动的现金流入量来补偿的，补偿的速度则取决于折旧或摊销的速度。

除了购入固定资产等资产，企业对股票、债券、基金的买卖也是投资活动（“投资支付的现金”“收回投资所收到的现金”）。与购入固定资产等资产不同的是，股票、债券等的买入与卖出不会与经营活动有过多交叉。也就是说，现在支付的对外投资的现金流出量，一定是由未来投资项目的现金流入量来补偿的。

所以，企业花钱出去，一定是为了未来赚钱回来的。那么我们就可以得出，在一般情况下，企业的投资活动现金流量为负比较好，这表明企业是在处于扩张状态的。那么反过来想一想，如果企业的投资活动净流量为正，这代表着什么呢？

这说明企业在不停地卖卖卖，今天可能卖个厂房，明天可能卖个设备，后天又可能卖个子公司，这种卖卖卖的节奏，像极了我们平时所见的清仓大处理。如果经营活动再不能补偿资金流入，那么企业的未来要如何发展呢？实际上，在卖卖卖的过程中，如果没有投资活动现金流的同步流出，也就是没有固定资产、无形资产和其他长期资产的购入，企业是靠什么生产的呢？

另外，如果企业的在建工程规模过大、转化成固定资产的时间过长、短时间内企业的固定资产增长过快，都可能使得企业近期的财务效益下降。当没有相应的市场容量进行消化吸收时，就形成了过度投资。所以在投资的过程中，还要配比资产的实际转换速度，这就要结合资产负债表和利润表来看了。

能花才能赚，企业花钱恰恰是企业创收的必经途径。

## 三、筹资活动现金流量

筹资活动表示的是企业的融资情况，比如向银行等金融机构的借款，股东入资和贷款，发行债券以及分配股利、利润等。说白了就是找钱。

很多人分不清投资活动和筹资活动，实际上，投资就是往外花钱要效益，筹资则是往内筹钱促增长。投资主要是债券、股票、固定资产、无形资产的买进和卖出的过程。筹资则主要是发行债券、股票，向银行借款，支付股利、利息，还有融资租赁的过程。

筹资活动和投资活动也完全相反，筹资活动关注的是流入的来源，以及企业的筹资规模和支持方向。

实际上，企业筹钱是为了保障自身的成长性，但企业目前自身资金有限，从而需要投资人来投资。可以说，资产增值的主要动力是融资。企业的利润带来现金流量的能力是有限的，企业扩张所需要的现金要么是通过消耗已有的现金存量来获得，要么是通过增量融资来获得。很显然，绝大多数企业主要通过融资来获得。企业筹集到的钱应该是支持经营发展和资本规模的扩大的。企业获利的过程是通过经营使资产不断转化形态并实现增值的过程，如果将过多的资金放在企业，则通常会形成资金闲置、不会参与经营周转，这就最终导致企业的资产报酬率下降，也会导致企业资产结构和债务结构的失衡。

吸收投资收到的现金——反映企业从股东处获得的资金，比如上市公司增发股份，引入新的投资人。

取得借款收到的现金——企业从债权人处获得的现金。

偿还债务支付的现金——企业每年偿还债务支付的现金。

分配股利或偿付利息支付的现金——企业因分配股利支付的现金和因偿付利息支付的现金。

三种活动的现金流量方向实际预示了企业面临的不同风险，但是不管企业的现金流量情况如何，都要和企业的生命周期相结合进行分析，这点我们在前面已经介绍过了，就不再赘述了。如果脱离了企业的生命周期而只是单纯根据各种活动的流量方向去判断企业的风险，显然忽视了企业的实际状况。另外，新的商业模式的不断出现、经营环境的改变也同样影响着企业的经营，所以在判断的时候一定要懂得变通。

# 第六章　财报的分析方法

财务分析可以使看似复杂的财务报表能有逻辑有条理地反映经济活动的本质。实际上，分析没有好坏之分，只要能利用现在的分析结果更好地布局未来，就是好的分析。企业的经营是动态的，而企业所处的环境也是动态的，竞争更是动态的，所以财报只是帮助我们分析的工具，却不能代替我们做决策。

财务分析看似在分析三张财务报表，实际上支撑分析的很多工夫都花在表外，对非财务信息的捕捉、对财会政策的了解和把握，这些都是帮助我们做出分析的重要因素。我将自己常用的方法归类为“定性＋定量”：定性在前，通过对企业的经营环境、所处行业、市场规模、外在压力、商业模式等的了解，对企业有一个初步的判断；然后再通过比率分析等方法对财务数据进行定量分析，对企业的过去、现在和未来做出全面的了解判断。分析方法推荐哈佛分析框架。《孟子·尽心下》中说道：“尽信书，则不如无书。”分析方法也一样，实际上，哈佛分析框架的好用之处就在于，它不局限于某个指标，又能很好地进行扩张，可以在此框架下融入自己的需求。

不过我们首先要明白的是，我们现在通常所熟知的比率分析大多来源于美国，这些比率大都以美国的报表体系为基础，是配合美国的报表体系的，我们在中国的报表体系下，就要考虑本土化的问题了。这是我们首先要有的一个认知。另外商业模式不断改变，新的经济形势也在不断出现，我们在使用这些财务比率来评价财务状况时也要多考虑一下这方面的因素。

## 一、哈佛分析框架

哈佛分析框架是由哈佛大学的三位会计学教授提出的，这是目前公认的对财务分析方法论做出颠覆性提升的分析方法。传统的财务分析只注重对财务数据的量性分析，却忽视了内、外部环境对企业数据的影响。因为数据是事件的结果，至少是事件发展到这一时点或在这一时段所形成的结果，而企业的战略是导向，也是数据的起因，你指定了方向，所有的事情都是顺着这个方向去发展的。所以抛开战略去谈分析是片面的。

哈佛分析框架的第一步是战略分析。我们可以先把战略分析粗略地分为外部和内部两个部分：对外通过对企业所处行业状况的分析，了解企业当前所处的经营环境；对内再结合企业自身的战略，从宏观到微观去掌握企业整体情况，为后续进一步的分析做基础。

其实在分析中另一个重要的因素就是你不知道这些财务数据有多少是真实的干货，有多少是做了调节的。我们知道，会计政策它是灵活的，并不是非黑即白、一条道走到黑的，在某些时候它也是可以变更的，但这个变更发生了，对这些时点或以后时点的数据就会产生影响。另外，会计政策通常是有一个范围的，在这个范围内要怎么选择，是要靠选择之人自己做出判断的，不同的判断结果、不同的选择结果也都会对数据产生不同的影响。这是让我们很困惑的，怎样去伪存真？有这些因素在，分析就会被干扰。不过这些影响因素都有固定套路，了解这些套路，也就能避免这些“噪声”带来的影响。这就是哈佛分析框架的第二步会计分析。这也是我在前面花了大量的时间对有些项目进行详细说明的原因。战略分析和会计分析可以被看成“定性”的分析，是分析的基础和基调。

哈佛分析框架的第三步是财务分析，有了第二步的“去伪存真”，第三步做起来才有意义，这也是我们最常用到的传统分析方法，对财务报表数据的“定量”分析。通常我们会从偿债能力、营运能力、盈利能力和价值创造这几个维度来进行分析，通过同行业之间的横向比较和企业自身当期数据与历史数据的纵向比较，来对企业的经营进行分析判断，分析企业所处的行业位置以及企业的发展趋势，并对企业业绩进行评估，这就是所谓的“纵向指标看趋势，横向指标看异常”。

第四步是前景分析，这也是哈佛分析框架的终点。根据前面分析的积累，可以对企业未来的发展预判提供基础，对企业的前景进行预测，判断其业绩是否具有可持续性，有没有投资价值。

## （一）战略分析

前面说了战略分析是分析的起点，那么外部经营环境分析又是战略分析的起点。经营环境分析主要有“宏观环境分析”和“行业环境分析”。

1. 宏观环境分析

宏观环境分析关注的是会对企业经营产生影响的政治和法律、经济、生活方式变化以及技术方面的因素，这些因素被简称为 PEST（见图 6-1）。主要是分析这些因素的转变会对企业经营带来什么样的影响。

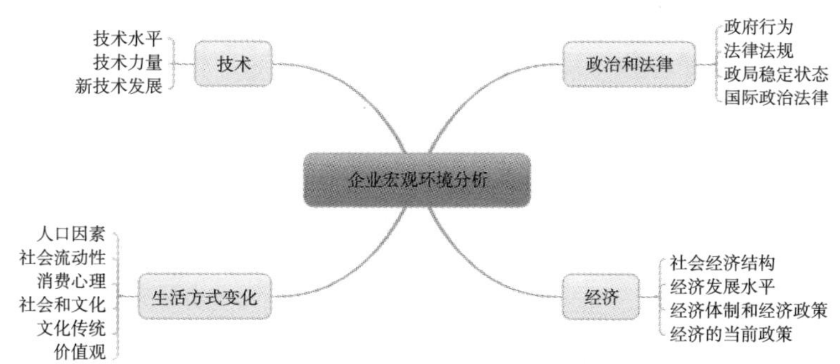


**图 6-1　宏观环境分析**

比如技术方面，技术的进步一方面会使企业对市场及客户进行更加有效的分析，另一方面也会导致企业现有产品生命周期被大大缩短甚至被淘汰。现在的技术发展速度快得已经难以想象了，对科技板块的企业，技术因素的影响显然尤为明显。又比如生活方式变化，它是社会文化环境的重要组成部分，随着经济的发展、科技的进步，人们对物质的需求会越来越高，对品质的要求会越来越高，精神需求也会更加突出，比如对社交的需求，对情感、友谊的需求，以及对内在尊重的需求，包括自尊、认同等，还有求知、审美这样的个人成长方面的需求，这些精神需求会越来越强烈，这就会给教育、文化行业带来新的发展机遇，与之相伴随的，还有巨大的挑战。

2. 行业环境分析（波特五力模型）

相比宏观环境，行业环境对企业的影响更加直接，可以说宏观环境通过对行业进行影响进而影响企业。对于行业环境分析，我们通常会关注这个行业的规模有多大，行业的未来有没有发展前景，行业内的利润空间是高还是低，这个行业会不会遭受变革……《孙子兵法·势篇》中说："求之于势，不责于人。""势"在这里就是指行业。

行业利润的高低取决于行业的竞争是否激烈，我们通常使用波特五力模型来进行分析。这是哈佛大学迈克尔·波特在20世纪80年代提出来的经典分析框架，记录在他的《竞争战略》一书中。虽然近些年被指出对构成要素考虑不够全面，低估了供应商、客户、企业之间强强联手求共赢的可能性，但不可否认的是，波特五力模型依然是使用起来最方便的工具。

波特认为有五种力量共同决定行业利润率，分别是潜在进入者的威胁、替代品的威胁、购买方的谈判能力、供应方的谈判能力和现有竞争者间的竞争（见图6–2）。

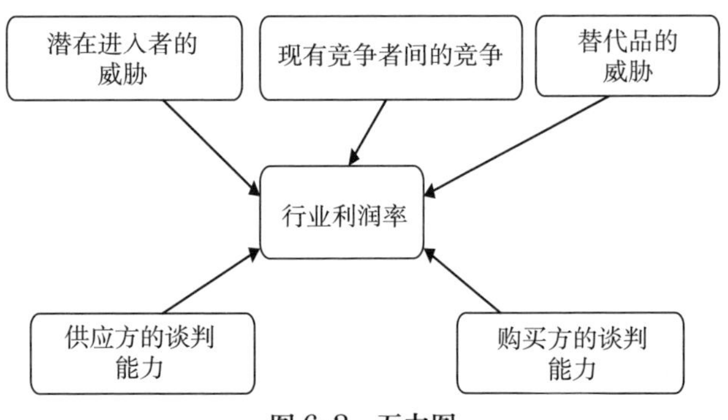


**图6-2　五力图**

不知道你有没有发现，我们实际上可以把这五种力分成两部分来看：一方面是来自产业链方面的（即下面的供应方和购买方的谈判能力），另一方面是来自竞争方面的（即上面的潜在进入者的威胁、现有竞争者间的竞争、替代品的威胁）。行业内企业之间的竞争越激烈，潜在进入者的进入壁垒越低，替代品威胁越大，供应商和购买商讨价还价的能力越强，行业的利润空间就被挤压得越小。近年被频频提起的“干掉你的可能是你不知道的行业”就代表了竞争的压力，比如网约车对出租车的冲击，比如智能手机对相机的冲击。

技术创新对行业的影响是巨大的，甚至会让整个行业出现重新洗牌的局面，比如马斯克所创办的特斯拉，可以说引领了整个汽车行业的新能源变革。所以企业的状况如何，在很大程度上取决于竞争对手。

通过对宏观环境的分析和行业环境的分析，可以看到企业面临的外在压力有哪些，企业未来的转变会在哪些方面。

3. 自身资源分析（SWOT 分析）

企业自身资源的分析可以告诉我们企业能够做什么，企业拥有什么独特的资源与能力去支持企业的行动。

在分析企业自身资源之前，可以先问一下自己如下这些问题：

企业有没有独特的资源？

该资源是不是不可替代？

该资源能否源源不断地供应？

企业有没有核心能力？

它是什么？

它对顾客是否有价值？

与竞争对手相比它是否有优势？

它容易被复制被替代吗？

我们把企业的资源分为有形资源、无形资源和人力资源。有形资源就是看得到的、能直接用钱去计量的资源。比如企业的厂房、设备、土地、原材料等，是实实在在存在的实物资产。又比如能拿来用的资金。再比如现金、股票、存单、应收账款等。需要说明的是，它们与资产负债表上所表现的数据不能直接画等号，也就是说这些资产的价值并不能简单地用资产负债表上的账面价值去衡量，因为这些账面价值是不包括战略价值的。举个例子，企业拥有一台设备，行业内的某项产品只能用这种设备生产，而这种设备全世界也根本就没几台，你能说它的价值就等于账面价值吗？

这个资源就是企业竞争的优势资源，对它不能单看账面价值。

无形资源就是企业长期积累下来的，没办法用资金去确切计量的，又没有实物状态的资产。比如企业的口碑、品牌、形成的优秀的企业文化、摸索出来的有效的组织经验、独有的技术等。尽管这些资源无法被准确计量，但是一般都无法轻易被竞争对手模仿或超越，对企业来说，这也是一些优秀的资源。

人力资源是现在越来越被企业重视的一项资源，新经济形势下实际上拼的就是人才，创造繁荣的就是人所掌握的知识以及所掌握的技能。

SWOT 分析也是常用的一种分析方法，是把外部环境和企业内部条件进行综合考虑的一种方法：S 是指企业内部的优势，W 是指企业内部的劣势，O 是指企业外部环境的机会，T 是指企业外部环境的威胁。企业内部的优势和劣势是相对于竞争对手而言的。比如企业很有钱，现金流充足，那对企业来说就是一种优势。又比如企业产品没有竞争力，市场占有率低，市场替代品多，那就是企业的劣势。而外部环境的机会和威胁实际上是指对企业有利和不利的外部因素。比如行业内的竞争者有很多，产业链上的购买方和供应商讨价还价的能力很强，这对企业来说就是不利影响因素，可以被看作威胁。而如果是获得政府的支持，则属于有利影响因素，对企业来说就是机会。

我们运用 SWOT 分析主要是找出影响企业的因素，并找出所用的竞争战略，分析评价企业为实现竞争战略所采取的行动是否合理，并帮助企业把企业资源聚焦到优势之处和机遇方向。

这些影响因素包括但不限于以下。

S 优势：

企业拥有的专业市场指数；

对自然资源的独有进入性；

专利权；

新颖的、创新的产品或服务；

企业地理位置优越；

由于自主知识产权所获得的成本优势；

质量流程与控制优势；

品牌和声誉优势。

W 劣势：

缺乏市场知识与经验；

与竞争对手比，无差别的产品和服务；

企业地理位置较差；

竞争对手进入分销渠道并占据优先位置；

产品或服务质量低下；

声誉败坏。

O 机会：

新兴市场；

并购或战略联盟；

进入具有吸引力的细分市场；

新的国际市场；

政府规则放宽；

国际贸易壁垒消除；

某一市场的领导者力量薄弱。

T 威胁：

企业所处的市场中出现新的竞争对手；

价格战；

竞争对手发明新颖的、创新性的替代产品或服务；

政府颁布新的规则；

出现新的贸易壁垒；

针对企业产品或服务的潜在税务负担。

PEST 分析、波特五力模型以及 SWOT 分析等都可以单独使用，也可以结合使用。一般人们更多将 PEST 分析和 SWOT 分析结合起来，因为这样既从外部宏观环境的角度下进行了分析，又结合了自身影响因素。除此之外，SWOT 分析中的外部环境分析可以与波特五力模型一起结合使用，而 SWOT 分析中的内部条件分析又可以将分析延伸到企业内部，这样的搭配方法分析更省时省力一些。当然也可以只使用一种，看分析的目的进行选择。

## 补充阅读

### 财务战略矩阵分析

实际上，我们在进行战略分析的时候可以考虑同步进行财务战略矩阵分析，以判断企业应该采用什么方式进行资金的筹集，有没有过度筹集资金，资金管理是不是有效健康。

我们在前面谈过企业的生命周期，企业就如同人一样，会经历出生—成长—成熟—死亡的生命过程，这个过程就叫作企业的生命周期。当我们把生命周期理论与财务战略矩阵结合起来后，就会得出四个象限，分别是增值型现金短缺、增值型现金剩余、减损型现金剩余和减损型现金短缺（见图 6-3）。

象限的横坐标是现金状态，代表现金短缺或现金剩余。当销售增长率大于可持续增长率时，说明企业销售带来的现金流量不能维持其自身发展，也就是现金短缺；当销售增长率小于可持续增长率时，说明企业销售带来的现金流量可以满足自身发展需要，企业有剩余现金。可持续增长率就是在不增发新股或回购股票，也不改变经营效率（不改变营业净利率和资产周转率）和财务政策（不改变权益乘数和利润留存率）时，企业销售可以实现的最高增长率。

象限的纵坐标是经济增加值。当经济增加值大于零时，企业创造价值；当经济增加值小于零时，企业减损价值。那么，经济增加值又是什么呢?它是企业从税后净营业利润中扣除包括股权和债权的全部投入资本成本后的所得，也就是会计利润减资本成本，也称经济利润。实务中通常用加权平均资本成本来计量资本成本。你可能想不到，资本成本计算的就是资金的机会成本。

加权平均资本成本 = 股权资本成本 ×（股权资本 ÷ 总资本）+ 债务资本成本 ×（债务成本 ÷ 总资本）（1− 税率）

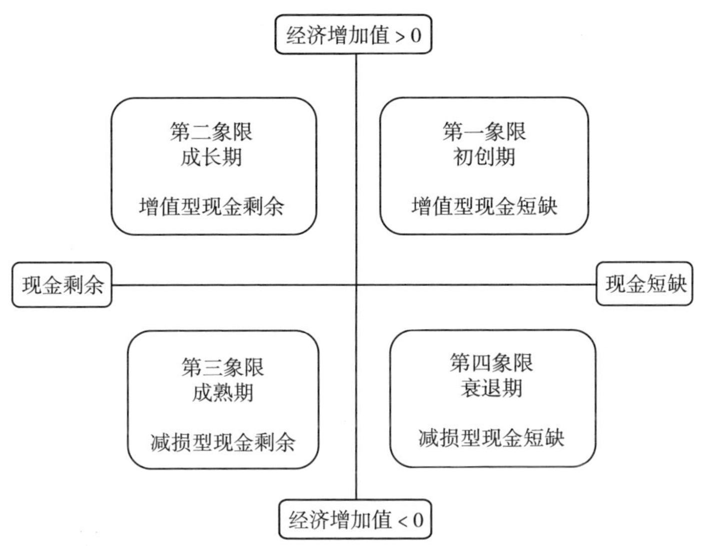


**图 6-3 企业生命周期财务战略四象限**

第一象限，初创期，增值型现金短缺。

处于这一象限的，经济增加值大于零，销售增长率大于可持续增长率，通常为初创期企业，特点是发展快，缺资金，现金流量不足以支持业务增长。比如拼多多大量补贴客户吸引流量，扩大市场份额。又比如滴滴为了占据市场，对司机和乘客使用大量的补贴，这些对现金的需求随着客户的增长会越来越严重，且增长越快，现金短缺也就越严重。

在初创阶段，企业是不考虑盈利的，而是考虑市场占有量，这也跟商业模式有关。此时企业需要明白这种高速增长是暂时性的还是长期性的。高速增长表明前景看好，市场需求大，但相应就会引来许多竞争者。企业此时通常会采用外部融资的方式来筹集资金。但我们要知道的是，高速增长通常是不可持续的，增长率迟早是会下降的。如果是短期性的高速增长，那企业采用债务方式筹集资金即可，等到销售增长率下降后，企业也有多余的资金偿还借款。如果高速增长持续很长一段时间，企业通常会选择增发新股筹集资金，或者是通过兼并成熟企业来获得资金支持。这类成熟企业通常是现金牛企业，这类企业通常增长缓慢，并且有大量的多余现金。除此，还会通过剥离资产等方式来提高经营资产周转率。企业会把筹集到的钱尽可能地留在企业内部，来保障业务的扩张和资金的需求，而不会考虑分配的问题。

第二象限，成长期，增值型现金剩余。

处于这一象限的企业，经济增加值大于零，销售增长率小于可持续增长率，通常处于成长期。随着企业业务的发展，企业已经获得了持续的现金净流量，产品被市场所接受，状态稳定，获利水平持续增长，企业此时的财务风险低，企业业务不仅能为企业带来正的现金流入，满足自身的增长需要，还会有剩余。此时企业应尽可能地维持和延续这种状态，并利用剩余资金创造出更多的价值，增加股东财富。此时通常会进行内部投资和收购相关业务。内部投资比如加大研发投入。但这个周期通常会很长，投入也比较大，并且结果还可能存在不可预测性，所以大多数企业会更愿意选择收购相关业务，不仅能快速提高业绩，也大大减少了不可测的风险。也有少部分企业会同时进行，当然这对资金要求就会更高一些，同时也要控制财务风险。比如我们前文提到的丹纳赫，通过不断地并购、剥离，来实现销售的可持续增长。

第三象限，成熟期，减损型现金剩余。

处于这一象限的，经济增加值小于零，销售增长率小于可持续增长率。虽然业务能够提供足够的现金流量来维持自身发展，但是业务的增长反而会降低企业的价值，这是业务处于衰退期的前兆。主要问题是盈利能力差，而不是增长率低，如果只是简单地加速增长很可能有害无益，关键是要找到盈利能力差的原因——是不是资本结构出现了问题，负债比率是否适当，同时分析经营业绩，看能不能控制成本，降低存货、应收账款等对资金的占用。如果还不能获得正的现金流入，企业就要考虑出售业务了。

第四象限，衰退期，减损型现金短缺。

处于这一象限的，经济增加值小于零，销售增长率大于可持续增长率。这可以说是企业最不愿意看到的了，表明业务既不能给企业带来正的现金流入，又不能提高企业价值，还因为缺钱，经营处处受限。就像人进入了老年，时常有心无力。在这种状态下就要下狠心了，通过扩大销售是不能得到改变的，要下功夫弄清楚盈利能力差的原因，甚至彻底打破重组，不破不立。如果盈利能力差是整个行业的衰退引起的，那就要出售了，此时企业靠自己的力量是无法对抗整个市场的衰退的。

使用财务矩阵进行分析，我们可以了解企业的筹资方式是不是与经营状态相吻合，企业对资金的管理是否有效。要明白的是，企业在所处的不同阶段，需要采取不同的财务战略，这样才会使企业立于不败之地。

---

### （二）会计分析

会计分析恐怕是对我们的分析结果最具有影响的分析了。企业采用不同的会计政策就会形成不同的财务结果。我们在前面介绍过不同的会计政策和会计估计是如何影响企业利润的，实际上，会计分析也是在分析企业的会计处理有没有真实地反映业务，以及在多大程度上反映业务。会计政策的灵活性给予了企业在会计处理上一定的选择空间，通过会计分析我们能尽可能地消除这些“噪声”带来的影响，以使分析能更接近真相。

影响力最大的会计政策和会计估计是什么？

首先找找看，对企业影响最大的会计政策是什么，然后分析在这些政策下企业是如何处理的。正如我们前面介绍的，重资产企业和轻资产企业在选择会计政策时，对资产使用寿命的年限估计完全不同。对于重资产企业来说，这个年限的估计对利润的影响就会比对轻资产企业的影响大。对于科技企业来说，研发费用资本化与费用化的处理则对企业利润的影响较大。另外还有我们前面讲到的借款费用的处理，也会影响企业的利润。这些会计政策的选择对企业利润的影响是我们在分析时需要特别关注的。

会计政策和会计估计发生了哪些变化？

政策和估计的变更往往伴随着利润的变更，它们的变化直接影响企业的财务状况，比如企业忽然改变了固定资产的使用寿命，那么这种改变是如何造成的呢？企业缩短或延长使用年限，是正常和合理的吗？是在什么状态下进行的变化，对利润造成了怎样的影响？以此判断企业有没有调节利润的嫌疑。

这些会计政策和会计估计的变化发生在什么时点?

前面我们谈过这些政策对企业产生的影响，那么分析这些变化都发生在什么时点也是至关重要的，有助于帮助我们更好地理解利润的构成。实际上，不知道大家有没有注意到，对质量下降的资产计提减值准备，对企业进行预计负债的账务处理，还有对固定资产采用加速折旧的折旧方法，这些在把资产转化成利润表中的费用的方法，往往发生在企业年度利润出现大幅波动的时候，也就是说，企业往往会在年度利润波动幅度较大的情况下选择采用这些方法。

与同行业中的其他企业相比有什么不同?

其实在分析中，最好的方法就是与同行业其他企业进行对比，情况相近的企业处于行业内什么状态，是如何处理问题的，与之有什么不同。因为行业内企业经营环境相近，具有可比性，而行业外的企业因为经营环境的不同自然处理方法也不同。比如你将高科技互联网行业和传统制造业相比，所得到的结果就不具有有效性。另外比较时，也要注意最好选同行业同地区的进行比较，比如处于地震多发区的企业和处于平原区的企业，即使处于同行业内，固定资产的使用寿命也是有很大区别的。

苏轼写过一首《题西林壁》的诗:“横看成岭侧成峰，远近高低各不同。不识庐山真面目，只缘身在此山中。”用在财务分析中，也再合适不过了。

## （三）财务分析

财务分析是哈佛分析框架里的定量分析，也是我们最传统的分析方法、被使用最多的分析方法，我们通过对一些核心的财务指标进行分析，以考察企业在偿债能力、营运能力以及盈利能力等方面的情况。

但我们并不是一上来就拿起报表挨个套公式去计算指标比率，而是要先看一看报表情况，根据实际情况去选择适用的财务指标，而不是统统计算个遍。对于资产负债表，我们首先要看资产总规模的变化，是持续增长还是持续萎缩。如果资产规模出现重大变化，要看负债和股东权益的部分，判断是什么导致了资产的巨大变化。接着查看资产结构，判断企业是重资产企业还是轻资产企业，观察主要资产的变化，找出变化的原因及其对盈利的影响。查看固定资产的规模、构成与存货的规模、构成是否匹配，与企业的业务规模是否匹配。存货的规模与应收账款相匹配吗？企业的整体资产规模又与企业利润规模相匹配吗？有没有对外投资，状态又如何？最后是负债状况，判断债权融资的程度是否合理。对于利润表和现金流量表，要看下企业利润的构成，用以判断经营状况。有没有依靠关联关系？还有企业利润与经营活动产生的现金净流入之间的关系是否匹配？费用构成情况与企业的实际经营情况是否匹配？先这样大概地扫一下，在心里先有个数，然后再去重点分析，这样有的放矢，才会事半功倍。

另外，我们要明白的是，一项资产，即使再好，如果不能满足企业的需要，那对于企业来说就是一项不良资产。

资产首先要满足企业的变现需求。比如固定资产的利用率和产能要转换为利润，利用率越高，转换为利润的能力就越强，这对企业来说就是越有用的资产。固定资产一次增加太多，也容易形成市场有效需求不足的情况，也就是说，一次增加太多又太超前，容易形成固定资产闲置。如果一项固定资产很先进、很昂贵，但常年摆着落灰，几乎不使用，闲置率太高，这对企业来说就不是资产，就变成费用了。另外，还有应收账款的可收回性。如果应收账款回收的可能性很低，那对企业来说也不是资产，甚至对利润的质量也会造成影响。还有积压的存货如果不能有效地转换为利润，对企业来说也不能认为它是资产。

从企业管理的角度来说，企业资产的综合增值能力实际上也反映出了企业管理层的管理能力。要知道，对同一行业的企业来说，管理所带来的盈利能力的提升远比资产本身重要。我们说过，资产是相对的，也是动态的，今天无用的资产可能明天就是企业产能的主要提供者。

比如应收账款，欠款人是谁，信用如何，欠款人的变化是否有波动，是否稳定？欠了多少？年末与年初的应收账款有着怎样的变化，比如规模、应收票据和应收账款的结构有没有变化，是应收票据增加还是应收账款增加？欠款是谁促成的，有无内外勾结的可能？有坏账吗？坏账有怎样的变化？又比如存货，存货的规模变化、结构变化、周转变化、减值准备的计提，这些都是需要关注的点。要知道，存货只有周转起来才能带来经济效益。但虽然周转了却没能带来效益，这就表明企业产品没有市场竞争力。正常情况下，存货在周转中是能带来核心利润和经济活动的现金净流入的。再比如长期股权投资，要结合利润表的投资收益一起看，分析其构成以及变动情况，权益法下的长期股权投资，确认的投资收益也是有可能使利润产生泡沫的。而成本法下的投资收益，又有没有等额的现金流入呢？这也是需要关注的点。

有了这些做铺垫，再来借助财务指标对偿债能力、营运能力以及盈利能力进行分析，就可以事半功倍了。

1. 偿债能力分析

偿债能力分析按时间的长短可以分为短期偿债能力分析和长期偿债能力分析，短期偿债能力分析指标有流动比率、速动比率、现金比率、现金流量比率，长期偿债能力分析指标有资产负债率、利息保障倍数。

我们之所以把偿债能力放在第一位，也是因为生存是第一要务，如果没有足够的资金去偿还债务，企业可能面临破产的风险。我们在前面说过负债按流动性分为流动负债和非流动负债，但企业并不是按流动性去考虑债务的，而是按先后顺序，也就是一年以内和一年以上两个时点对债务进行偿还。

（1）流动比率

流动比率由流动资产除以流动负债（流动比率 = 流动资产 ÷ 流动负债）得到，被用来衡量流动资产满足流动负债需要的程度。流动比率假设企业的全部流动资产都可用于偿还流动负债，也就是企业把全部流动资产变卖成现金，去偿还短期债务，表明每 1 元流动负债有多少流动资产来保障。比如上年末的流动比率是 2.5，本年末的流动比率是 2，这就表明为每 1 元流动负债提供保障的流动资产减少了 0.5 元。

流动比率没有统一标准的数值，这点是需要我们明白的，不同行业会有明显的差别，在过去很长一段时间里，大家普遍认为流动比率的数值在 2 比较好，是因为在当时的经济环境下，制造业是主要的经济实体，而制造业这种生产型企业流动资产中变现能力最差的存货就占了一半以上，那么将剩下的流动资产等于流动负债以保障最低偿债能力无疑也是合理的。

但随着经济的不断发展，新的经济模式不断出现，特别是营业周期越短的企业，合理的流动比率越低，流动比率明显有下降的趋势，实际上，很多优秀的企业流动比率都低于 2。

单纯的一个流动比率的数值只能告诉我们企业当期的状况，也就是在某一个时点的状况，而流动比率又是一个相对数，所以流动比率要有比较值才有意义，也就是说，我们需要把流动比率变成动态的来分析才对，可以将企业的流动比率和行业内其他企业比较，获得它与对标企业的差别值，还可以和企业自己的历史数据比较，获得企业这一数据的变化情况，比如我们上面的例子。如果流动比率与上年相比发生了较大的变化，或与行业平均值相比存在很大偏差，就需要一一分析流动资产和流动负债，看是什么原因造成了这种变化，也可以结合我们后面说的周转率一起分析。

要知道，流动比率有时也是会被高估的，比如流动资产中有大量的预付款项，又比如最大的应收账款欠款单位已经申请破产，这些情况下流动比率都会被高估。

另外，流动比率也存在人为操纵的可能性。比如，一家企业的流动资产是 120 万元，流动负债是 80 万元，计算流动比率为 1.5，于是该企业立马偿还了 40 万元的欠款，这下流动比率就变成了 2，流动比率随着债务的清偿得到了提升。再比如，企业加大赊销力度，在其他情况不变的情况下，同样会提高流动比率。那么，从供应链管理的角度来看，流动比率实际上也反映了企业对上下游关系的管理。

实际上，有些流动资产的账面价值与实际的变现金额是有差别的，而且企业的经营是在滚动前进的，不可能把全部流动资产拿去变现偿还债务，况且在持续经营的情况下，有些债务也无须彻底清偿。拿存货来说，也不是想卖就立即能卖掉的。所以，我们可以先扣除掉周转速度慢的存货等，再使用速动比率来衡量短期偿债能力。

（2）速动比率

其实速动比率这个词很有意思，我们知道，构成流动资产的各个项目流动性的差别是很大的，货币资金、交易性金融资产、应收账款、应收票据、其他应收款等项目的变动速度比较快，能迅速地变动的资产，我们称之为速动资产。而对于存货、一年内到期的非流动资产、预付款项、其他流动资产等，因为变现的速度慢一些，最终变现的金额和时间都不确定，我们称之为非速动资产。

试想一下，如果企业的存货存在很多残次品，甚至很多已经处于报废状态，而企业又没有及时处理，那这时候的存货就不能准确反映出真实的价值，甚至不具有可偿债性。所以要把这些“水分”挤掉。

速动比率 = 速动资产 ÷ 流动负债。速动比率表明每 1 元流动负债有多少速动资产作为偿债保障，比如与上年比，速动比率上升了 0.5，就表明为每 1 元流动负债提供保障的速动资产增加了 0.5 元。

和流动比率一样，很长一段时间大家都把速动比率的理想数值定为 1。实际上，如同流动比率，速动比率在现行的经济模式下也在趋于下降，大多数企业的速动比率都是远低于 1 的，但如果低于 0.5，就需要查看是什么原因导致的。另外，速动比率的变化也可以反映出企业销售政策的变化，比如如果加大了赊销政策，那所得出的速动比率可能会增长，甚至大于 1。这就表现出了速动比率和营运能力之间的联系了，实际上，我们在分析时最怕为指标而指标，而应该分析指标形成的原因。

因为速动比率里含有应收账款，而应收账款的可收回性又存在着不确定性，实际坏账也可能比计提的准备多，所以我们会对应收账款质量比较差的企业，使用更苛刻的短期偿债指标——现金比率来分析。

（3）现金比率

现金本身可以直接用来偿债，所以是最快也是最有保障的，企业持有一定的现金可以应对不时之需，但企业如果持有太多现金，无疑表明资金使用效率不高，是会被投资人谴责的。还记得我们在前面讲到的苹果的例子吗，库克就曾被投资人谴责持有过多的现金。实际上，还有一个有趣的实务现象，如果企业的负责人出身财务，或者是 CPA（注册会计师），那么这家企业的现金储备通常会比较充裕，经营风格也会偏于保守。这可能与财务处事谨慎的风格分不开吧。

现金比率 = 货币资金 ÷ 流动负债，现金比率表明 1 元流动负债有多少现金作为偿债保障，一般企业会把现金比率保持在 0.3 左右。

（4）现金流量比率

用流动比率、速动比率和现金比率进行分析呈现了一个“松—紧—严”的变动过程。实际上，无论是流动资产还是速动资产，这些可偿债资产存量都没有考虑资产未来的变化，以及最终的变现能力的问题，因为最终企业用来偿还债务的始终是现金，而不是其他可偿债资产，那么此时，我们把眼光从资产负债表中转移开来，使用现金流量表的经营活动现金流量净额来代替流动资产等可偿债资产存量，与流动负债进行比较来反映偿债能力，反而更具有可参考性。

现金流量比率 = 经营活动现金流量净额 ÷ 流动负债

现金流量表中的经营活动现金流量净额反映了企业经营活动创造现金的能力，并且净额本身就已经扣除了经营活动所需的现金流出，这点是货币资金等无法比拟的。现金流量比率越大，企业出现现金流动危机的可能性就越小。公司流动性越强，经营失败的风险也就越小。经营现金流健康迅速地运转，预示着企业业务的良性发展。

需要说明的是，在使用现金流量比率时，此时流动负债采用的是期末数，因为实际偿还的就是期末数。

除此以外，我们在进行财务分析时，当财务比率的分子和分母一个使用利润表或现金流量表的数据，而另一个使用资产负债表的数据时，资产负债表的数据通常使用的是平均值。

除了短期债务，大部分企业还会有长期债务，对于长期偿债能力，我们通常使用资产负债率和利息保障倍数来进行衡量。

（5）资产负债率

资产负债率是最常用的指标之一，也是被大众广为熟知的指标之一，它反映的是企业的总资产中有多大比例是通过负债取得的，也就是说有多少资产是用债权人的钱购买的。资产负债率衡量的是资产对债权人的保障程度。

资产负债率 = 总负债 ÷ 总资产

资产负债率越低，对债权人的保障程度越高，负债越安全。反之，企业的财务风险就越大，所能承受的亏损就越小，相应的融资能力就越差。

那么，怎么降低企业对债务的依存性呢？要么股东入资，要么提高利润。但提高利润的积累和现金股利分配政策相矛盾，企业一般都想提高利润积累，而通常又愿意选择高股利分配政策。企业想改善财务杠杆，降低资产负债率，就要少分现金股利。

怎么理解？

我们知道，资产负债率 = 总负债 ÷ 总资产。总负债越高，资产负债率越高；总负债越低，资产负债率越低。总资产与资产负债率的关系则正好相反。

分派现金股利会引起怎样的会计变动呢？资产的减少和未分配利润的减少。而资产的减少则会引起资产负债率的提升，所以只有少分现金股利才能降低资产负债率。我们前面在未分配利润那里也提到过股利分配对融资战略的影响。

大多数人把资产负债率单纯看成偿债能力分析指标，实际上，资产负债率还间接反映了企业的盈利能力。这是因为，如果企业的盈利能力比较强，它会更多采用债务融资，使得企业的净利润会更快速地增长。从这个角度来看，资产负债率也间接影响了企业的盈利能力。

那么资产负债率达到多少为好呢？实际上，这并没有一个准确的数值，不同的行业对资产负债率也有不同的看法。比如我们看房地产行业，如果你仔细观察一下会发现，这些房地产公司的资产负债率都在 80% 以上。实际上，资产负债率中含有的预收款项、合同负债，无形中也会造成资产负债率的高估。

那是不是意味着这些公司的偿债能力极弱呢？不是。房地产行业的经营模式就是需要投入大量的资金的，而这些拿地开发楼盘的资金大多来自债务融资，那么这种情况下计算出来的资产负债率就会很高。所以看资产负债率是要分行业的。

另外，计算资产负债率还要区分有息负债和无息负债，比如我在《一本书掌握财务思维》中用的格力电器的数据。格力的资产负债率比较高，但实际的有息负债率并不高，这实际上反映了格力对上下游的管控能力，是企业具有竞争优势的体现，就是人们常说的拿别人的钱发自己的财。

有息负债一般包括短期借款、长期借款，以及转入一年内到期的非流动负债中的长期借款、应付债券等。无息负债有应付账款、应付职工薪酬、应交税费等。应交税费是企业缴纳的各种税费，在一些考虑现金流的财务处理中，应交税费就相当于向税务局借一笔无息借款。

实际上，企业真正的财务风险体现在有息负债率上。

如果企业中存有大量的预收款项，预收款项里包含着毛利，所以预收款项会拉高企业的资产负债率，预收款项较多的企业，它的资产负债率是被高估的。也就是说，由此引起的高负债率实际上是不可怕的。

实际上，企业的偿债能力与企业的现金流量关联性最强，如果没有钱，指标再完美，企业也还是会陷入财务困境中的。当然，如果有钱而恶意拖贷，也会让企业陷入未来的经营困境中。

（6）利息保障倍数

通常情况下，企业大都是负债经营的，要定期支付债务融资的利息将带给企业巨大的偿债压力，这时可以使用利息保障倍数指标进行分析。利息保障倍数是息税前利润对利息支出的倍数。

利息保障倍数 = 息税前利润 ÷ 利息支出

如果利息保障倍数小于 1，表明自身产生的经营收益不能支持现有规模的债务。而等于 1，因为息税前利润受经营风险的影响很不稳定，而利息又是到期就要支付的，所以企业同样也很危险。所以利息保障倍数越大，企业就越有能力支付利息，保障程度越高。

2. 营运能力分析

如果说偿债能力分析是看企业有没有偿还债务的能力，那营运能力分析就是看企业有没有能力赚到去偿还债务的资金。经营说到底还是资产的流动，企业的经营主要是从现金到现金的循环，从购买资产、原材料进行生产，到销售、收回货款，这个过程就是企业营业周期的写照，而我们要分析，也主要是从总资产、存货、应收账款、固定资产等的周转情况来看企业资产产生效益的能力。

需要说明的是，周转率最好是与原值比，净值一般比原值小，而分母小又会使数值虚胖。但对于外部人员进行的分析来说，通常就直接使用财务报表中的数据了。

（1）应收账款周转率

应收账款周转率是营业收入与应收账款的比率，我们通常用应收账款周转率来衡量企业对应收账款的管理能力，应收账款周转率越高，说明企业回款的速度越快，应收账款的流动性越强，产生坏账的风险越低。

应收账款周转率 = 营业收入 ÷ 应收账款

应收账款是由赊销引起的，所以这里的营业收入应该使用年赊销收入净额，但因为赊销的金额外人一般很难知道，通常我们使用的是财务报表上的数据。这会导致对周转次数的高估，如果企业的赊销政策保持稳定，这种高估也倒无妨，不妨碍与历史数据的比较，但如果企业突然改变了赊销政策，就要考虑下这层因素了。另外，在与同行业其他企业比较的时候，也需要考虑可比公司赊销比例的问题，以增加比较值的准确性。

周转率通常还有另外的表现形式——周转天数，也就是我们通常所说的平均收款期，它能告诉我们赊销后平均需要几天能把货款收回。

应收账款周转天数 =365÷ 应收账款周转率

我们拿平均收款期和企业的信用政策进行比较，可以看出企业对应收账款的管理能力。如果实际收款期超出企业制定的信用期限太长，就表示企业需要加强应收账款管理，因为这是企业在为客户提供无偿的资金援助。但也不是说应收账款的收款期越短越好。

另外，对于受季节性影响较强的企业，应收账款使用季度平均或全年平均数据会比较可靠，可以免受季节的影响。我们在前面说过，资产负债表上列示的应收账款是扣除已经计提坏账准备后的净额，但利润表中的营业收入并没有减少。这就会形成当计提的坏账准备越多，计算的应收账款周转次数越多、周转天数越少。然而，这种指标的向好并不是因为业绩的提高，相反，这说明的是应收账款管理出现了问题。如果坏账计提的金额较多，就需要借助报表附注中有关坏账的信息进行调整。

企业进行赊销的目的是增加收入赚取更多的利润，但利润最终要转换为现金才行。那么，因为赊销增加引起的应收账款增加，现金和经营活动现金流量净额也是要随之增加的。如果现金没有增加反而减少，则可能表明企业放宽了信用政策却没有好好管理，甚至有可能是随意发货。另外，我们可以借助收现比即现金流量表中的销售商品、提供劳务收到的现金与利润表中的营业收入的比率来对应收账款的回款质量进行分析。

（2）存货周转率

对于生产型企业来说，存货是其主要资产，而存货的周转速度越快，存货卖出的速度就越快，企业的盈利能力就越强。和应收账款一样，存货同样有存货周转率和存货周转天数两种形式。

存货周转率 = 营业成本 ÷ 平均存货

存货周转天数 =365÷ 存货周转率

存货周转率越高，说明企业对存货的管理效率越高。反之，可能表明存货的积压或货物滞销，或者单纯地提高了产量，原因我们在前面也讲述过。但也不是越少越好，存货过少也会影响企业的流转需要。

也有人会使用营业收入计算存货周转率，具体是使用营业收入还是营业成本要看分析的目的。在分析短期偿债能力时，评估资产未来的变现能力需要计量存货转换为现金的金额和时间，所以要采用营业收入。另外在分解总资产周转率时，为了分析的系统性通常也使用营业收入。但如果出于企业关于存货管理的业绩考量，则使用营业成本来计算。实际上，两种分析的差额是由毛利引起的。

一般来说，销售的增加会带来应收账款、存货和应付账款的增加，不会引起周转率的明显变化。当企业突然增加订单，此时就会先增加存货，然后采购原材料使得应付账款增加，最后销售而使应收账款增加。所以，在没有最终实现销售之前，通常表现为存货周转天数的增加，实际上这种增加是好现象。如果是因为企业预见到未来的销售会萎缩，从而减少存货时引发的周转天数的下降才是我们应该关注的。

我们在前面说过，存货是由原材料、在产品、产成品等构成的，那么如果产成品大量增加，而其他项目却没有增加甚至在大量减少，这并不是一个好的信号，它表明可能存在销量下降，企业在放慢生产的情况。这时存货的总金额可能不会有什么变化，但实际上内部的构成已经变了，而如果单看存货周转率的话，在这种情况下因为存货金额并没有变化，存货周转率是不会发生变化的，所以在分析时还要记得看报表附注中存货的构成情况。

除了应收账款周转率和存货周转率这样的对流动资产周转情况的分析，还有如固定资产周转率这样对非流动资产周转情况的分析，以了解企业的固定资产对收入造成的影响。固定资产周转速度越快，说明固定资产的利用率越高，产能转化越好，企业的盈利能力越强。

3. 盈利能力分析

（1）净利率

盈利能力是每个报表使用者都比较关心的信息，我们通常会计算一家企业的毛利率和净利率，实际上这就是在对企业的盈利能力进行分析。

拿净利率来说，它是净利润与营业收入的比（净利率 = 净利润 ÷ 营业收入）。从毛利率到净利率，中间还隔着销售费用、管理费用等期间费用以及投资收益、营业外收支等其他收入与支出，所以我们对净利率进行分析时，还需要对利润表的结构比例变化进行分析。通常我们会观察利润表中与上年变化较大的项目，并对其进行重点分析，如果有必要，可以制作一份“利润表结构百分比变动表”出来，这样更直观些。表的结构分析是利润表分析的重要内容，主要包括本年数据与上年数据的变动金额，本年结构和上年结构的百分比变化。

找到重点分析的项目后，可以对其展开分析，比如收入主要由哪些产品提供、在哪些地区分布等，结合市场竞争和公司资源情况，分析产品的销售状态，有没有可能被替代等，实际上就是结合我们前面在战略分析中提到的指标进行综合分析。要知道分析是个交错的过程，这些分析的方法在每步分析中都可能交错使用。

（2）杜邦分析

另一个经常使用的分析盈利能力的方法就是杜邦分析体系，其原理是利用主要财务比率之间的内在联系，对企业的财务状况和经营成果进行分析。涉及企业的资产负债表和利润表。核心是权益净利率（净资产收益率），它可以被分解为总资产净利率和权益乘数。总资产净利率是公司盈利能力提升与否的关键指标。我们知道，股东的报酬由总资产净利率和财务杠杆共同决定，但如果财务杠杆过高，就会增加企业的风险，而企业价值实际上却并不会增加，所以提高权益的基本动力就是总资产净利率的提升。

资本是逐利的，总是流向投资报酬率高的行业和公司，因此，行业内各企业之间的权益净利率通常会比较接近。如果一个企业的权益净利率经常高于其他企业，就会引来竞争者，迫使该企业的权益净利率回落到平均水平。而如果一个企业的权益净利率经常低于其他企业，则通常会被淘汰出局，从而使剩下的企业的权益净利率回归正常。这实际上就是我们常说的回归均值。

在杜邦分析法下，权益净利率 = 总资产净利率 × 权益乘数 = 总资产净利率 × 总资产周转率 ×［1÷（1– 资产负债率）］，结合上市公司报表分析时你会发现一个有趣的现象，企业在上市后权益净利率往往会下降，这实际上是因为总资产周转率在上市后会因为融资而扩大的总资产而降低，而营业收入的增长幅度通常低于总资产的增长幅度。扩大的总资产也同样会降低资产负债率。当总资产周转率和资产负债率双双下降，那么可能导致权益净利率的下降或上升，最终具体是下降还是上升，就取决于总资产净利率的增减幅度了。

这就可以看出，实际上，运用杜邦分析法就是一个层层拆解、分析、比较的过程，在拆解的过程中一步步找到最终影响企业盈利能力和经营战略的因素。这更像我们所熟知的“分而治之”的策略，把大问题拆解成小问题，一个个攻克。比如我们把总资产净利率分解为营业净利率和总资产周转次数，这实际反映的是企业的经营战略。一种是营业净利率高，周转次数低；相应的另一种就是营业净利率低，周转次数高。这并不矛盾，想一想，企业为了提高营业净利率，就要增加产品附加值，这就需要增加投资，势必引起周转次数下降；相反，加快周转就要降低价格，这又会引起营业净利率的下降。所以无论是“高盈利，低周转”还是“低盈利，高周转”，都是和自身所处的环境与资源相匹配的。这背后实际上就是我们所说的“薄利多销”和“奢侈品销售”的动因。

就拿“薄利多销”来说，如果企业在收益率和负债率都没有更大的提升空间的情况下，提升周转率不失为一个好办法。通常情况下，要提高销售净利，要么是提高售价，要么是缩减成本费用，或者说提高费用的有效率，使其尽可能多地转化为利润。通过提高周转率可以提高销售额，而提高周转率的策略，就是薄利多销。薄利意味着降低营业净利率，多销意味着提升销售额和总资产周转次数。

我们加快周转率能达到快速回收资金的目的。拿总资产周转率来说，总资产周转率是营业收入总额和总资产之比，它反映着每 1 元钱的资产能带来多少销售额，代表公司资产产生收入的能力。从对比分析中可以看出企业与行业中同类企业的差距，发现企业自身管理存在的问题，可以促进企业挖掘自身潜力，提高企业产品的市场占有率。

为什么说“薄利多销”运用的是周转效应呢？我们知道，总资产周转率的数值越高，代表着企业资产的周转速度越快，销售能力越强，同时也表明企业资产利用效率越高。我们可以看到总资产周转率的分子是总营业收入，牺牲单个产品净利而获得的营业收入总额的提升，也就会带动总资产周转率的提升。反过来看我们刚刚说的周转速度越快，销售能力就越强，这也会带动更多的销售。可以看出这是正循环的提升效应。实际上，现实生活中有很多周转的身影，比如餐饮业的翻台率、医院病床的周转率都是这个道理。如果你仔细观察，会发现很多生活中的财务趣味。

在实际中，市场中产品的定价能力越强的企业，恰恰是不需要采用“薄利多销”手段来达到提高收益的目的的。也就是“高盈利，低周转”。那么哪些企业适用于“薄利多销”策略呢？在市场中缺乏定价权的企业，或者企业产品处于激烈竞争中的企业，就适用“薄利多销”策略。以及在推广宣传期，迫切需要打开市场的企业也会采用此策略。通过提高周转率来带动销售收入，进而反哺销售能力，抢占市场占有率。另外打折销售的行为，也是对提高周转率的运用。

这就是杜邦分析的运用。它实际在告诉我们：要获得高报酬，要么提高总资产周转率，要么提高每次周转的利润率。这实际上要求企业尽可能地优化企业的资产系统，降低各种资源消耗，提高效率。从提高利润率的角度来看，应该提高毛利率，提高费用转化的有效率。从提高总资产周转率的角度来看，要最大限度地降低不良资产占用，提高资产利用效率，有序开展经营活动。

权益乘数实际就是财务杠杆，反映的是企业的财务策略。它和总资产净利率经常沿反方向变化。试想，因为债权人不会分享超过利息以外的收益，所以更善于“锦上添花”，向一些经营活动现金流量净额比较稳定的企业提供贷款。而企业为了稳定现金流量，就会选择降低价格以减少竞争，或增加营运资本来防止现金流中断，这都会导致总资产净利率的下降。

对于优秀的企业来说，自身经营所带来的现金流量足以支撑企业经营且尚有剩余时，企业是不会主动提高财务杠杆的，反而会通过提高总资产净利率来提高利润。

4. 价值创造

有句话说，如果你不知道它的价值，就把它丢到市场上去，市场会给出自己的判断。对于企业来说，上市公司在资本市场上的表现如何，我们通常会使用市盈率或市净率这两个指标来分析。

（1）市盈率

市盈率表示投资者觉得该企业是不是未来可期，它代表了对企业未来前景的预期。如果投资者预期收益将从当前水平大幅提升，则市盈率就会相当高，反之，市盈率则会相当低。通常，成熟市场上的成熟企业，其市盈率都是很稳定的，这预示着收益的稳定性。

从投资者的角度来说，市盈率也反映了投资者愿意为企业支付的溢价。比如一家企业的市盈率是 20 倍，就说明投资者愿意为这家企业赚的每 1 元钱来支付 20 元钱去购买这家企业的股票。也是对未来的看好的意思。

市盈率 = 每股市价 ÷ 每股收益

需要说明的是，处于不同生命周期的两家企业，其市盈率是没有可比性的。因为在不同的生命周期中，企业的增长潜力是不同的，这点我们在前面战略部分也有涉及。

除了市盈率，我们通常还会关注市净率。

（2）市净率

市净率 = 每股市价 ÷ 每股净资产

市净率体现了市场对公司净资产质量的评价。净资产代表的是全体股东共同享有的权益，是股东拥有公司财产和公司投资价值最基本的体现，它反映的是企业的内在价值。通常来说，市净率较低的股票，具有较高的投资价值，但如果过低，则可能说明投资者并不看好该股票，因此，在判断时还要考虑市场环境以及企业的实际经营情况。

另外，市净率实际上还有一个作用，就是在企业利润为负的情况下，市盈率失效，可以使用市净率作为一项估值指标。并且每股净资产相对每股收益来说也比较稳定，所以有时候市净率的指标相对更好用些。

（3）分析工具

那么，知道了这些指标，又要怎么分析呢？

实际上，我们通常有两种比较方法——可以与自己的历史进行比较，也可以与同行业其他企业进行比较。

与自己比——回顾历史，展望未来。

与自己比永远最具有意义，因为你可以从中看到自己的历史与未来。可以与过去的自己比，通常情况下，我们会选用过去 3~5 年的数据进行分析，基本上可以看出企业发展的大致方向。特殊情况下，比如在对现金质量进行分析的时候，也可以拉长时间距离，比如将时间轴拉长到 10 年期，以方便我们比较数据的变化。

也可以与自己的目标比，比如战略目标、内控目标等，有助于我们找到企业的变化之处，以及影响企业变化的原因，从而帮助改善企业的管理。

与同行业比——找到自己的定位。

与同行业平均比，比较有助于帮助我们找到自己的定位。这是一个横向的角度。通常在同行业中，企业之间的经营情况大致相同，看清企业在行业中所处的地位也可以更好地帮助我们了解企业现在的状况。另外，还可以发现企业的异常，帮助我们看清企业管理的能力。

对标行业的标杆，可以看清企业与标杆企业之间的差距，找到企业的不足与长处，方便进一步分析。

### （四）前景分析

前景分析是哈佛分析框架的最后一步，是在前面分析的基础上，对未来经营状况和发展趋势做出合理的预测和估计。只有企业未来的发展得以保证，才能让投资者对企业的发展增强信心。

分析是一个动态的过程，不能用静态的眼光去分析。前景分析需要从过去和现在的经营中提取出对未来判断的基础，就需要更多的职业判断和更加谨慎，对企业的发展机遇、存在的挑战、发展风险以及未来价值等方面进行预测。

以上就是我们进行财务报表分析的思路以及常用的分析工具。实际上，我们在全书穿插了大量的案例，并以海螺水泥的财务报表为例来进行说明，接下来，我们将运用哈佛分析框架对海螺水泥的财务报表进行分析，以进一步了解财报分析的运用。

## 二、海螺水泥财务报表分析

### （一）战略分析

在分析以前，要先搞清楚企业所处的经营环境，行业状况以及市场的规模、竞争程度等。我们通常从公司披露，或者统计局网站、一些机构的行业研究报告中获取信息。

海螺水泥是我国水泥行业的龙头企业，熟料和水泥的生产均处于全国前列，是亚洲最大的水泥及熟料供应商。公司成立于1997年，同年在港交所上市，是国内最早在境外上市的水泥企业，2002年在上交所上市。拥有165家控股子公司、7家合营公司和1家联营公司。

公司生产的水泥产品被广泛用于机场、高铁等设施工程，其中不乏众多标志性工程，比如上海东方明珠电视塔、上海磁悬浮高速铁路（轨道梁）、南浦及杨浦大桥、芜湖长江大桥、浦东国际机场、厦门海沧大桥、连云港核电站、杭州湾跨海大桥、杭宁高速、京福高速、洛湛铁路、武广铁路等。同时，产品出口欧洲、非洲、亚洲、美洲的20多个国家和地区。

水泥按用途和性能可分为通用水泥、专用水泥、特性水泥三大类，按抗压强度可分为32.5级水泥、42.5级水泥和其他高级水泥（如52.5级、62.5级）。水泥销售受制于销售市场半径，企业间的竞争也多在此范围内。

水泥行业属于基础建筑材料行业，有着资源、能源消耗大，产品附加值低，对环境污染大的特点，也因此，水泥行业成为国家节能减排政策施行的重点对象之一。另外，水泥生产在建厂时投入巨大，在生产时又对原材料极度依赖，消耗大且难以替代，因此矿产资源对企业的生产有着至关重要的作用。所以对企业来说，进入和退出的障碍均较大。水泥因为其价格低廉，200多年来一直被广为使用，而其替代品多为轻钢建筑之类的新型材料，其成本较为高昂，需求方出于经济的考虑还是会选择水泥，所以替代品的威胁并不大。但水泥企业会受制于煤炭的价格波动，这是因为水泥生产需要大量的煤炭，其价格波动自然会影响水泥的生产成本。

我们在前面分析过，海螺水泥拥有自己的石灰石矿产资源，这让海螺水泥的原材料得以保证。在环保方面，海螺水泥2019年全年环保技改投资超18亿元，共计立项脱硫、脱硝、收尘、噪声治理等316项技改项目，提高了环保治理能力。这些投入既消减了资源波动对生产成本的影响，又降低了资源消耗，使得海螺水泥形成成本优势。另外，面对激烈的竞争，海螺水泥拥有国家一级混凝土实验室和水泥节能设备研发企业，并于2018年建成我国首个智能化水泥工厂，实现了水泥生产全过程的智能调度，提高了生产效率。

### （二）会计分析

对于海螺水泥来说，其为典型的重资产企业，2019年固定资产占总资产的33%，近5年平均占到总资产的47%，所以固定资产相关的政策变更会对企业绩效产生重要影响。查看海螺水泥固定资产折旧方法，公司披露显示：除永久业权土地外，公司将固定资产的成本扣除预计净残值和累计减值准备后在其使用寿命内按年限平均法计提折旧（见表6-1）。这种方法是最为常见的折旧计提方法。往前查看2015年至2019年的固定资产折旧政策，固定资产折旧政策均未见有变化（见表6-2）。除固定资产外，也未见海螺水泥发生其他会对财务状况和经营成果产生重大影响的会计政策变化。

表 6-1　海螺水泥固定资产折旧年限表

| 类别 | 使用寿命 / 年 | 残值率 /% | 年折旧率 /% |
|---|---|---|---|
| 房屋及建筑物 | 30 | 5 | 3.17 |
| 机器设备 | 15 | 5 | 6.33 |
| 办公设备及其他设备 | 5 | 5 | 19 |
| 运输工具 | 5~10 | 5 | 9.5~19 |

表 6-2　水泥行业固定资产折旧方法对比表

| 项目 | | 海螺水泥 | 华新水泥 | 万年青 |
|---|---|---|---|---|
| 房屋及建筑物 | 折旧年限 / 年 | 30 | 25~40 | 20~35 |
| | 年折旧率 /% | 3.17 | 2.4~3.8 | 2.74%~4.8 |
| 机器设备 | 折旧年限 / 年 | 15 | 5~18 | 5~10 |
| | 年折旧率 /% | 6.33 | 5.3~19.2 | 6.4%~9.6 |
| 办公设备及其他设备 | 折旧年限 / 年 | 5 | 5~10 | 5 |
| | 年折旧率 /% | 19 | 9.6~19.2 | 19.2 |
| 运输工具 | 折旧年限 / 年 | 5~10 | 4~12 | 8~12 |
| | 年折旧率 /% | 9.5~19 | 8~24 | 8%~12 |

我们选取同行业位于湖北的华新水泥和位于江西的万年青来和海螺水泥比较，发现海螺水泥的固定资产折旧年限及年折旧率均处于行业平均水平。

## （三）财务分析

我们先来看一下海螺水泥的表现，2019 年实现营收 1570 亿元，同比增长 22.27%，其中主营业务收入 1481 亿元，其他业务收入 89 亿元；实现净利润 343 亿元，同比增长 12.09%。经营业绩开创历史新高。单看这两个数据，给我们的感觉是收入和利润都在增长，但是，我们还需要进一步分析才行。

把时间拉长，2011 年至 2019 年，营业收入在 2015 年下滑过一次，然后逐步上升（见图 6-4）。这是因为 2012—2016 年，水泥行业市场进入平台期，需求下降，供给增加，供需失衡引起行业整体下降。2015 年水泥行业整体触底。对比同行业同时期的华新水泥，其营业收入处于同一状态（见图 6-5）。

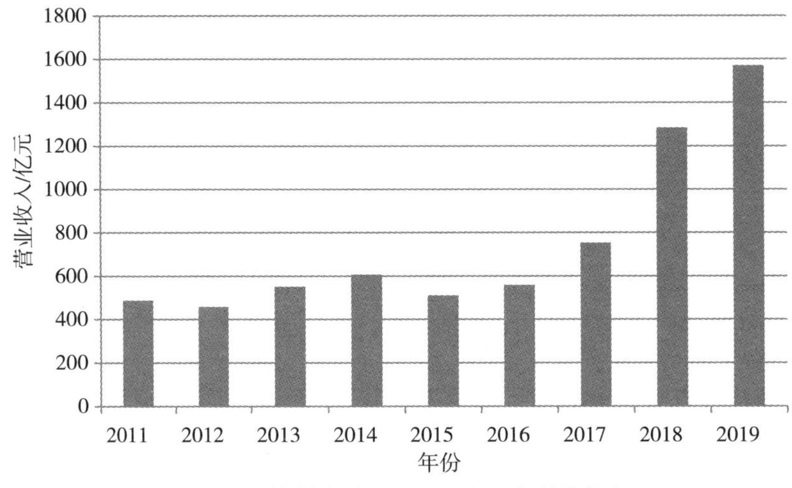


图 6-4　海螺水泥 2011—2019 年营业收入

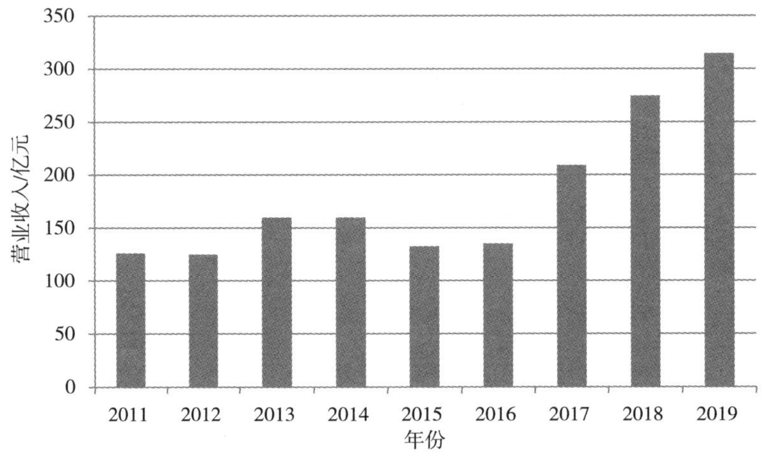


图 6-5　华新水泥 2011—2019 年营业收入

但是当我们加入营业收入增长率的分析时，实际上，海螺水泥的营业收入增速在2018年达到顶峰后，于2019年出现了下滑，从2018年同比增长70.50%下降至2019年同比增长22.27%（见图6-6）。那么，这是个例吗？还是行业共性？又是什么原因引起的呢？

我们对比华新水泥和万年青，其2019年的营收增速也都出现了下降。根据水泥协会关于2019年上半年数据的报道来看，2019年上半年水泥行业量价齐升，行业绩效保持增长态势，但增速比2018年明显回落。由此可见，增速放缓属于行业共性。面对营收增速的下降，海螺水泥是怎么应对的呢？

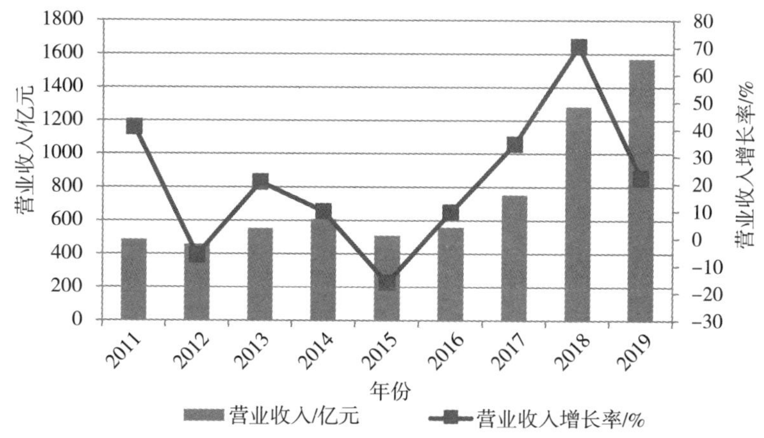


**图6-6 海螺水泥2011—2019年营业收入及营收增长率**

海螺水泥加大了海外业务来应对国内市场的激烈竞争，2019年海外业务营业收入比上年增长74.55%。老挝琅勃拉邦项目竣工投产，东南亚、中亚等地区在建及拟建项目有序推进。但随着2020年年初疫情的暴发，海外市场也会受到影响，海螺水泥还是要寻求国内市场的突破，来应对营收增速的下降的。国内项目中，新建成投产2台水泥磨，10个骨料项目和3个商品混凝土项目。新增熟料产能90万吨，水泥产能625万吨，骨料产能1690万吨，商品混凝土产能240万立方米。另外，海螺水泥还布局水路运输，这使得企业显著降低了运输成本。除此之外，在长江沿岸石灰石资源丰富的地区修建熟料生产基地，并在沿海无资源但水泥市场发达的地区收购小型水泥厂，进行改造后就地生产，打破销售半径的限制，逐步形成自己的护城河。

接下来，我们看一下海螺水泥的偿债能力。

海螺水泥的流动比率和速动比率在2019年均在3以上，即使在2015年行业低迷时，速动比率也在1以上，可以说是较为安全的（见图6-7）。流动比率和速动比率的差别在于存货，而海螺水泥的流动比率和速动比率的数值极为接近，这说明存货占流动资产比例不高，同时，存货周转率高。

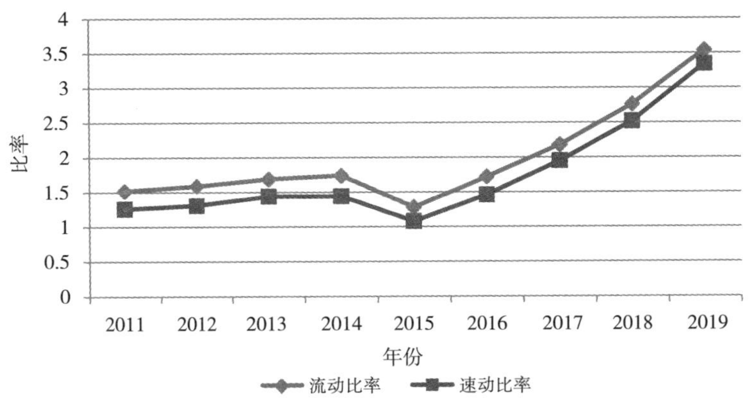


**图6-7 海螺水泥2011—2019年流动比率及速动比率**

海螺水泥的现金流量比率也很高，查看其现金流量表，其经营活动现金流量为正，筹资活动现金流量为负，表明海螺水泥的现金主要靠自己的经营活动产生，并没有大举进行外部融资活动（见图6-8）。

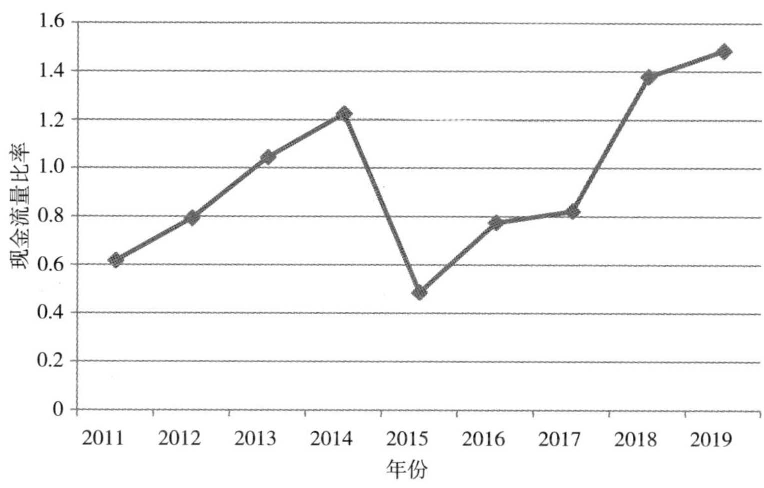


**图 6-8　海螺水泥 2011—2019 年现金流量比率**

从海螺水泥的现金储备来看，2019 年货币资金 549.8 亿元，占总资产的 31%，其中现金占总资产的 12%，不得不说海螺水泥的货币储备足够充分。

长期偿债能力方面，资产负债率持续走低，从 2011 年的 44.24% 下降到 2019 年的 20.39%。远低于行业水平。我们前面说过，看负债关键要看有多少有息负债，从图 6-9 可以看出，海螺水泥的有息负债率只有 6.57%，短期借款、长期借款、应付债券和一年内到期的非流动负债合计只有 117.45 亿元，可以说有息负债寥寥无几，无论是从短期还是从长期来看，都没有还款压力。现金支付能力比较强。

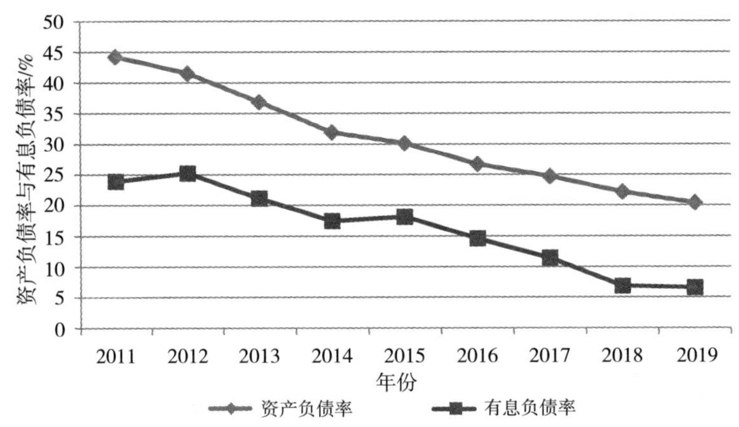


**图 6-9　海螺水泥 2011—2019 年资产负债率及有息资产负债率**

可以说，海螺水泥属于不差钱的企业，但这同时也说明了企业的资金使用效率不高。除了货币资金外，海螺水泥还购买有 185 亿元的理财产品，其中其他应收款中委托理财 20 亿元（见表 6-3），交易性金融资产中短期理财 165 亿元（见表 6-4）。

**表 6-3　海螺水泥委托理财金额**

单位：元

| 客户类别 | 2019 年 | 2018 年 |
|---|---|---|
| 1. 应收子公司 | 9,946,349,070 | 23,267,287,115 |
| 2. 应收其他关联公司 | 98,409,407 | 91,214,245 |
| 3. 委托理财 | 2,070,767,123 | 10,123,876,800 |

**表 6-4　海螺水泥交易性金融资产**

金额单位：元

| 种类 | 2019 年 12 月 31 日 | 2018 年 12 月 31 日 |
|---|---|---|
| 以公允价值计量且其变动计入当期损益的金融资产 | | |
| －外汇衍生工具 | 524,634 | 25,140,194 |
| －短期理财产品 | 16,782,212,437 | — |
| 合计 | 16,782,737,071 | 25,140,194 |

于 2019 年 12 月 31 日，以公允价值计量且变动计入当期损益的金融资产主要包括本集团向特定银行购买的非保本保息理财产品共计人民币 16,500,000,000 元，该等理财产品将于 2020 年到期，本年公允价值变动为人民币 282,212,437 元。

随着营业收入的增长，经营活动产生的现金流量也水涨船高。现金流量表显示，海螺水泥 2019 年经营活动产生的现金流量净额为 407.4 亿元，为历史新高。海螺水泥属于能赚钱的企业，手里握有大量现金，但并没有利用财务杠杆来提高权益净利率。我们前面说经营要用别人的钱赚钱，合理使用杠杆就为此道。

实际上，这也预示着海螺水泥的营运能力较佳。我们来看下海螺水泥的应收账款情况（见图 6-10，图 6-11）。

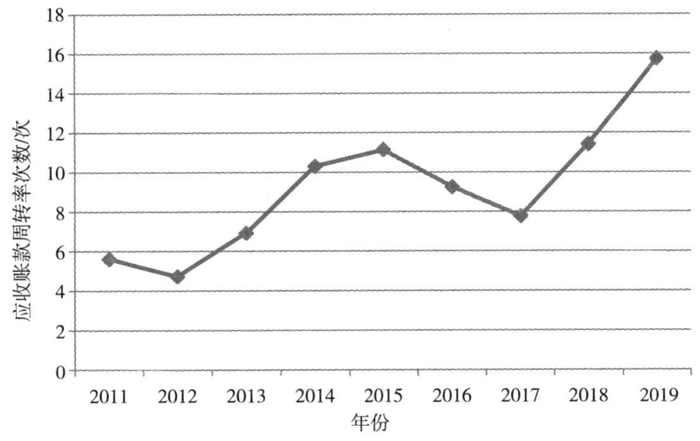


**图 6-10　海螺水泥 2011—2019 年应收账款周转率**

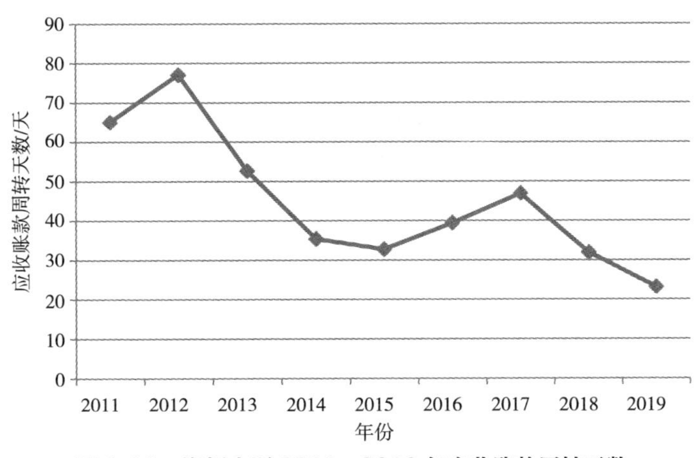


**图 6-11　海螺水泥 2011—2019 年应收账款周转天数**

可以看出，海螺水泥的应收账款周转率在显著提升，周转天数在显著缩短，2019 年的周转天数只有 20 多天，表明公司收款期短，收益高。并且应收票据也多为银行承兑汇票。而应付票据几乎都没有经过银行承兑。此外合同负债也在逐年增长。这足以说明海螺水泥在供应链中具有极强的话语权，上、下游把控能力在增强，有效地将营运资本压力转嫁给了上、下游企业，也就是我们俗称的“两头吃”。

计算销售商品、提供劳务收到的现金与营业收入的比可知，海螺水泥的收现比一直在 1.1 以上，2019 年的收现比为 1.25，也就是说，每实现 1 元收入实际可以收到 1.25 元的现金，这说明海螺水泥的销售回款质量相当高，同时也验证了海螺水泥优秀的营运能力（见图 6–12）。

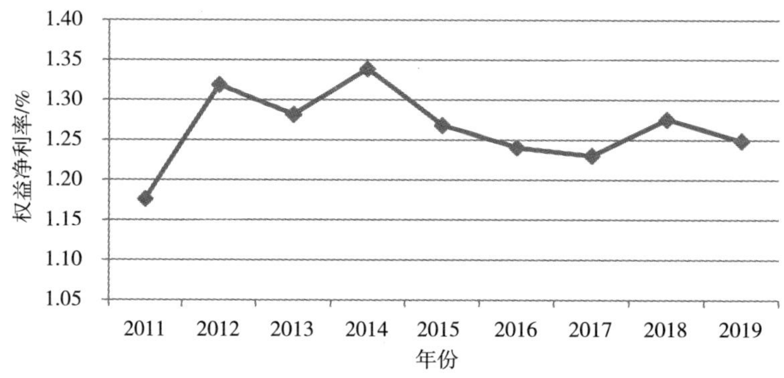


**图 6-12　海螺水泥 2011—2019 年收现比**

盈利能力方面，我们看下海螺水泥的权益净利率，2019 年为 27.03%，相比 2018 年有所回落，但依然在 20% 左右。在经历 2012—2016 年的行业低谷后，2016 年之后的权益净利率在逐步回升（见图 6–13）。

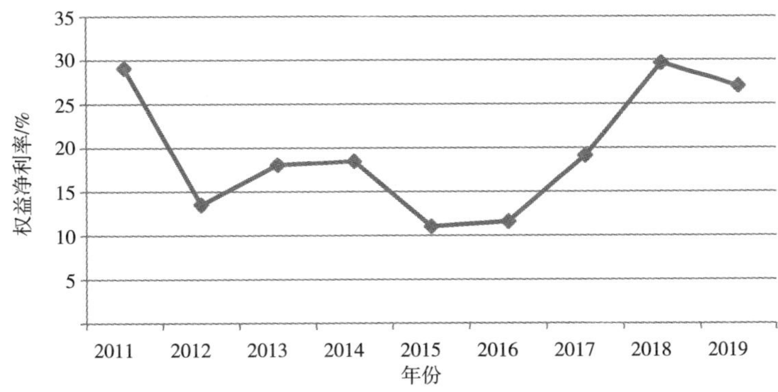


**图 6-13　海螺水泥 2011—2019 年的权益净利率**

前面讲了，在杜邦分析体系中，权益净利率是总资产净利率和权益乘数共同作用的结果。通过对净资产收益率的拆解可以发现，海螺水泥并没有通过提高杠杆来提高股东报酬，而是通过提高总资产周转率来带动利润的提升，可见海螺水泥在对资产系统进行不断的优化，从而提高效率。从财务披露中可以看出，海螺水泥通过降低不良资产的占用，优化资产，提高资产利用效率。

但海螺水泥 2019 年的权益净利率在总资产周转率提升的情况下依然出现了下滑，是什么原因呢?

我们看海螺水泥的毛利率和净利率，在 2019 年都出现了下滑。同时，净利润增速也在下滑（见图 6–14，表 6–5）。

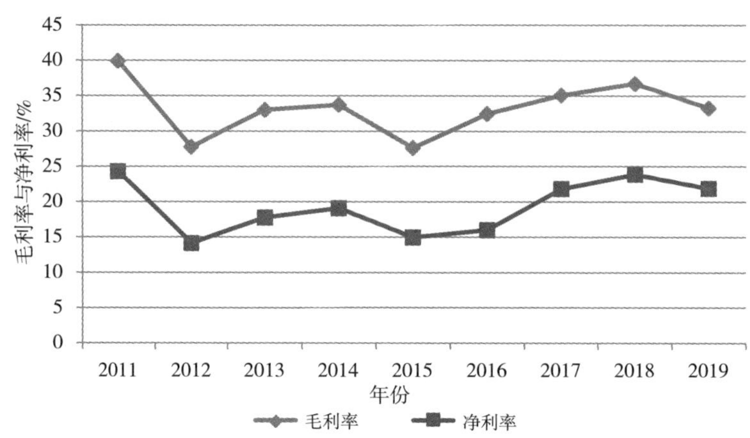


图 6-14　海螺水泥 2011—2019 年毛利率及净利率

表 6-5　海螺水泥主营产品情况

| 分品种 | 营业收入 / 千元 | 营业成本 / 千元 | 毛利率 /% | 营业收入比上年增减 /% | 营业成本比上年增减 /% | 毛利率比上年增减 /% |
|---|---|---|---|---|---|---|
| 建材行业（自产品销售）42.5 级水泥 | 79,106,506 | 42,154,254 | 46.71 | 20.34 | 19.83 | 上升 0.23 |
| 建材行业（自产品销售）32.5 级水泥 | 20,444,295 | 10,522,745 | 48.53 | −19.43 | −17.30 | 下降 1.33 |
| 建材行业（自产品销售）熟料 | 9,121,757 | 4,996,985 | 45.22 | 37.61 | 38.01 | 下降 0.16 |
| 建材行业（自产品销售）骨料及石子 | 1,022,439 | 300,592 | 70.60 | 26.10 | 20.05 | 上升 1.48 |
| 建材行业（自产品销售）商品混凝土 | 70,718 | 53,078 | 24.94 | −15.06 | −18.36 | 上升 3.04 |
| 建材行业（贸易业务） | 38,348,548 | 38,285,906 | 0.16 | 52.12 | 52.13 | 下降 0.01 |

从主营业务收入构成中可以看出，海螺水泥的产品中毛利率最低的是贸易业务，2019 年毛利率仅有 0.16%，且比 2018 年还下降了 0.01 百分点。2019 年实现营收 383.49 亿元。计算该业务占主营业务收入的比例可知，该业务占比从 2018 年的 20.36% 提升到了 2019 年的 25.88%，这显然拉低了毛利率的整体水平。但是对于建材贸易业务的开展，不能仅以利润的多少来评判，还要考虑其战略意义。

原材料的上涨也压缩了利润空间，从表 6–6 可以看出，原材料的单位成本与2018年相比增长了20.95%。另外受国家淘汰低标号水泥政策的影响，32.5级标号的水泥制品在逐步减少，42.5级标号水泥在逐步提升，这对原材料的要求也更高，而42.5级的水泥毛利率要低于32.5级水泥，这也使得利润率被拉低。

**表6-6　2019年水泥熟料综合成本及同比变动**

| 项目 | 2019年 | | 2018年 | | 2019年相比2018年 | |
|---|---|---|---|---|---|---|
| | 单位成本 | 比重 | 单位成本 | 比重 | 单位成本增减 | 成本比重增减 |
| 原材料 | 44.17元/吨 | 24.75% | 36.52元/吨 | 21.09% | 20.95% | 3.66% |
| 燃料及动力 | 94.47元/吨 | 52.93% | 98.97元/吨 | 57.16% | -4.55% | -4.20% |
| 折旧费用 | 12.03元/吨 | 6.74% | 12.07元/吨 | 6.97% | -0.33% | -0.23% |
| 人工成本及其他 | 27.80元/吨 | 15.58% | 25.58元/吨 | 14.78% | 8.68% | 0.79% |
| 合计 | 178.47元/吨 | 100% | 173.14元/吨 | 100% | 3.08% | — |

注：上述各项成本为本公司自产品成本，不含贸易业务成本。

报告期内，公司水泥熟料综合成本同比上涨3.08%，主要是受产品销售结构变化、外购熟料增加以及原材料采购价格上涨影响。

除了利润水平，我们还要看利润的含金量，也就是净利润中的经营现金流比例有多高。从长期来看，一家健康企业的现金流和利润水平应该逐渐趋同。海螺水泥2019年经营活动现金流量净额 ÷ 净利润为1.19，与2018年的1.18接近。表示每1元净利润实际流入1.19元现金。过去这些年，这一比率都在1以上，说明净利润的质量较高（见图6-15）。

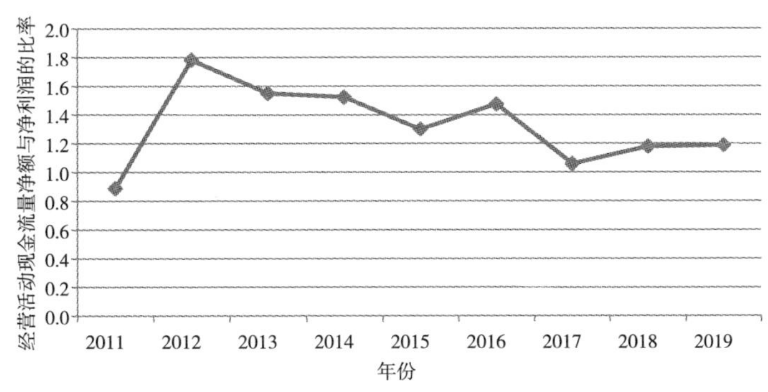


**图6-15　海螺水泥2011—2019年经营活动现金流量净额与净利润的比率**

海螺水泥自上市以来至2020年底累计分红18次，累计分红423.11亿元，可以说是股东回报较好的一家企业。

### （四）前景分析

前景分析是哈佛分析框架的最后一步，在战略分析、会计分析和财务分析的基础上对企业的未来前景做出预判。对于水泥行业来说，水泥的需求主要体现在三大方面，房地产、基建、农村建设。房地产和基建是水泥需求的重点，但在人口自然增长率呈现下降的态势，以及“房住不炒”的理念之下，房地产对水泥产品的需求长期来看会趋于理性。在国家鼓励基础建设项目投入的背景下，各地的基建项目投资会得到积极推动，基建投资增速可能会出现上升态势。另外，水泥的价格具有明显的周期性，而影响价格的核心在供需关系，未来价格能否持续上涨直接影响着水泥企业的盈利情况。对于环境保护方面的要求，需要企业投入大量的环保成本，这对利润的影响如何消除，是水泥企业需要关注的。

对于海螺水泥来说，毛利率和净利率的下降是其需要重点关注的。从原材料持续上涨的情况来看，未来成本增加对利润空间的压缩仍会对毛利率产生影响，海螺水泥需要通过有效的方法来控制成本的上涨。另一个需要重点关注的就是营收增速的放缓，作为成熟的水泥生产企业，海螺水泥已占据有利的竞争地位，如何保持这种优势？整个水泥市场能否持续增长？这些都是隐藏在营业收入的增长和利润的增长之下的实际情况，是海螺水泥需要考虑的。这些问题未来能否解决，是决定其发展的一个重要因素。

通过这四个维度的分析，我们对一家公司的经营状况等应该有了全面的了解。可以看出，财务分析并不仅仅局限于对三张报表的分析，在报表之外、数字之外，有着更多需要我们去了解的。报表中的数字只是一个表现形式，是对企业过去经营的一个总结。实际上，在实务中，企业财务报表分析已经逐步前移到业务前端，充分与业务相结合，这样能更好规避财务报表滞后所带来的信息后移。

另外，有些分析单从财务数据和企业的披露是看不出来什么的，还需要比如实地走访、查看相关合同，比如投资的项目是否真的存在，即使有现金流出，也未必就能确定投资项目就一定存在，只有通过实地察看才知道。

财务分析并不要求我们面面俱到，而是要求我们要有所取舍。可能你也发现了，我们并没有对所有的指标都进行分析，而是选取了对企业至关重要的点去分析。通常我们在对一家企业进行财务分析时，也是先看一下基础数据，然后对有疑问的点去分析，并不会对所有项目都进行分析。当然，在初接触财务分析时，可能一下子还找不到该重点分析什么，那么不妨找一个你感兴趣的点入手。比如你就想了解这家企业的创新能力，那就对无形资产、研发费用等进行分析看看。实际上，所有的数据都是相连的，你可以从一个点引申到其他点。分析也讲究相互验证，比如对外投资增加了，那一定会花钱出去，对应的现金流量就会有流出，这就是分析之间的相互验证。

放下获得答案的冲动，从问一个好问题开始。这其实就是财务分析的开始。

图书在版编目（CIP）数据

一本书掌握财务分析 / 孙伟航著. —杭州：浙江大学出版社，2022.4
ISBN 978-7-308-22309-6

Ⅰ.①一… Ⅱ.①孙… Ⅲ.①会计分析 Ⅳ.①F231.2

中国版本图书馆CIP数据核字（2022）第014390号

**一本书掌握财务分析**

孙伟航　著

责任编辑　顾　翔
责任校对　陈　欣
封面设计　VIOLET
出版发行　浙江大学出版社
（杭州市天目山路148号　邮政编码310007）
（网址：http://www.zjupress.com）
排　　版　杭州林智广告有限公司
印　　刷　杭州钱江彩色印务有限公司
开　　本　710mm×1000mm　1/16
印　　张　16.75
字　　数　249千
版 印 次　2022年4月第1版　2022年4月第1次印刷
书　　号　ISBN 978-7-308-22309-6
定　　价　59.00元


浙江大学出版社市场运营中心联系方式：（0571）88925591;http://www.zjdxcba.tmall.com